처음 듣는 조선족의 역사

이 도서의 국립중앙도서관 출판시 도서목록(CIP)은 e−CIP 홈페이지(http://www.nl.go.kr/cip.php)에
서 이용하실 수 있습니다. (CIP제어번호 : CIP2010002726)

주돈식

처음 듣는 조선족의 역사

푸른사상
PRUNSASANG

머리말

　우리는 흔히 스스로를 반만년 역사 민족이라 일컫는다. 그런데 그 반만년의 살아온 내용은 잘 알려져 있지 않다. 제주도(濟州道)가 언제, 어떻게 우리 영토가 되었는지, 단군왕검은 과연 한 사람뿐이었는지 등과 같이.

　국사는 우리가 어렸을 때는 동화로, 커가면서는 나를 알기 위해 듣고, 읽고 한 내용들이다. 그러나 독서 범위가 넓고 깊어짐에 따라 공백들이 너무 많이 보였다. 이 공백들을 메워 주기 위해 몇 년 전부터 하나둘 기록해오던 내용을 정리했다.

　이들을 정리 재편하는데 많은 자료로 뒷받침해주신 국립중앙도서관의 여위숙(呂渭淑) 자료 관리 부장 및 여러 부원들과 도서출판 푸른사상의 한봉숙(韓鳳淑) 사장과 임직원 일동에게 각별한 감사를 드립니다.

2010. 여름

주 돈 식

머리말

■

5

| 차례 |

■ 머리말 • 5

제1부

1. 우리는 단일민족(單一民族)인가 • 11

2. 단군(檀君)은 여러 사람이었다 • 20

3. 고조선과 평양성은 어디인가 • 25

4. 탐라국(濟州道)은 어떻게 조선 땅이 되었나 • 34

5. 왕을 토막 내 죽인 연개소문(淵蓋蘇文) • 44

6. "나는 고구려 장수왕의 28대 직손이다" • 52

7. 만주, 지금은 남의 땅 그러나 잊을 순 없어 • 60

8. 성폭행으로 큰 꿈을 놓친 견훤(甄萱) • 65

9. 조선족을 덮친 모스코의 찬바람 • 77

10. 1937년 중앙아시아로 강제이주 된 고려인의 수기 • 130

11. 월북(越北) 인사 이야기 • 141

12. 백제가 큰가? 고구려가 큰가? • 157

제2부

13. 조선족, 해외로 뻗어 • 165

14. 기네스북에 오를 태조 왕건(王建)의 가계 • 173

15. 성도덕 부재의 고려 왕실, 서모 강간까지 • 179

16. 조선 땅을 움켜쥔 사람, 서희(徐熙) • 185

17. 1년에 한 번씩 바뀐 무신정권 • 192

18. 고려의 상전 몽고 • 204

19. 몽고피가 섞이기 시작한 조선족 • 216

20. 충(忠)자 돌림의 혼혈왕들 • 220

21. 평생을 몽고에 살아 • 223

22. 백성과 신하들을 죽을 정도로 팬 왕 • 229

23. 임질(淋疾)에 걸린 왕 • 233

24. 미친 개혁가(改革家) 신돈(辛旽) • 239

제3부

25. 임진왜란 • 251

26. 조선 8도에서 가장 겁 없는 사람 • 257

27. 왕은 도망 준비만 급급 • 264

28. 약탈을 목표로 짜인 일본군 • 270

29. 이윤이 많이 남는 조선 포로 매매 • 275

30. 명군(明軍), 조선 영의정까지 꿇어 앉혀 • 279

31. 이순신, 동양 최고의 명장으로 재평가 • 284

32. 조선군도 전사(戰死) 왜군의 귀(耳) 잘라 보고 • 299

33. 왕릉(王陵) 도굴, 사체(死體)까지 증발 • 305

34. 조선족, 관동지진(關東地震)에 또 한 번 떼죽음 • 319

35. 목은 일본이, 시체는 북한이 • 328

36. 멸망한 서(西)로마 닮아가는 한국 • 333

■ 참고문헌 • 349
■ 찾아보기 • 353

제1부

1 우리는 단일민족(單一民族)인가

단일민족을 떠올리면 우리는 흔히 시조 단군(檀君)을 생각한다. 단군이 신단수 아래 내려와 웅녀(熊女)와 결혼하여 우리 민족이 생겨났으며, 그로 인해 고조선(古朝鮮)이 형성되고 삼한삼국(三韓三國)을 거쳐 내려오는 것으로 생각하기 때문이다. 그것이 우리 민족 형성 과정의 큰 전설적 줄기다. 그러나 우리가 아는 이 줄기에 빼놓을 수 없는 사건들이 있다.

우선 고조선 때에 기자조선(箕子朝鮮)과 위만조선(衛滿朝鮮), 그리고 말갈과 한사군(漢四郡)의 이야기를 들 수 있다. 기자조선에 대해 중국 한(漢)나라 때의 역사서인 『상서대전(尙書大全)』과 사마천(司馬遷)의 『사기(史記)』, 반고의 『한서(漢書)』 등에는 '기자(箕子)가 동쪽으로 갔다'는 이야기가 쓰여 있다. 또 한국의 한(韓)씨, 기(奇)씨, 선우(鮮于)씨의 족보에 기자가 이들의 조상으로 되어 있다. 뿐만 아니라 평양에 기자묘(箕

子廟)라는 무덤도 있다.

기자(箕子)는 『사기』 본기(本紀)에 의하면 상(商)나라 때에 대신이었고 주왕(紂王)의 숙부였으며, 태사(太師)를 지냈고, 기(箕)왕('기'는 지금의 산동성)에 봉해졌다. 그는 주왕의 폭정을 말하다가 투옥되었다. 주(周)의 무왕(武王)이 은(殷)을 멸망시킨 뒤 그를 풀어주었다. 그 후 그는 조선으로 갔다. 2여 년 후에 무왕이 그를 불러 "은(殷)나라가 망한 이유가 무엇이냐?"고 물었다. 기자는 은나라가 망한 이유를 낱낱이 말할 수가 없어서 국가 존망의 도리만을 고했다는 기록으로 보아 그는 치국(治國)의 도(道)에 일가견을 가졌던 학자였던 것 같다. 또 산동성에서 벼슬을 했음으로 지리적으로 보아도 조선으로 건너오기는 수월했을 것으로 보인다. 그가 조선으로 건너갔다는 사실을 알자 주무왕(周武王)은 그를 조선왕에 봉했다는 것이 기록의 주요 내용이다.

『삼국유사』에 다음과 같은 글이 있다.

> 당나라의 『배구전(裴矩傳)』에는 이렇게 적혀 있다. 고려(고구려)는 본래 고죽국(孤竹國. 지금의 海州)이었다. 주나라에서 이곳에 기자(箕子)를 봉해 조선이라 했고, 한나라에서는 이곳을 나누어 삼군을 두고 현토(玄菟), 낙랑(樂浪), 대방(帶方)이라 했다. 통전(通典. 당나라 때 변방의 여러 가지 政典이 기록 되어 있음)에도 이와 같이 기록됐다.

기자조선(箕子朝鮮)의 실존에 비판적인 인사들은 한(韓)씨, 기(奇)씨, 선우(鮮于)씨 족보에 기자를 자기들 조상으로 등재하고 있는 문제에 대해 '존경받는 인물을 자기들 조상으로 한 예는 많다'는 점을 지적하고 있다. 그는 중국 문물을 가지고 왔기에 조선인들의 존경과 추앙을 받았을 가능성이 많아 보인다.

기자의 동래설(東來設)이 확인된 것은 아니지만 만일 그가 조선에 와서 왕으로 봉직했다면 그것은 기자 한 사람만의 문제이겠는가. 그의 본거지인 산동성에서 배만 한 번 타면 올 수 있는 가까운 거리에 조선이 있다는 점에서 더욱 그렇다. 중국이 상(商)에서 은(殷)으로 다시 주(周)로 바뀌는 내란을 참작하면 더욱 주변국으로 유민(流民)이 많았을 것이다.

기자의 생존 연대가 기원전 1000년이었으니, 당시 조선은 문물을 갖춘 국가시대 훨씬 전이다. 사마천의 『사기』에서는 기자의 묘가 양(梁)나라의 몽현(蒙縣)에 있고 생전에도 그곳에서 살았다고 했는데, 고조선 자체의 위치가 만주가 아닌 조선반도를 중심해서 서쪽으로 훨씬 이동해야 한다는 설도 있어 단편으로 추측하기는 어렵다.

일연(一然)의 『삼국유사』 중 위만조선(衛滿朝鮮)편에 다음과 같은 기록이 있다.

『전한서(前漢書)』 조선전(朝鮮傳)에는 이렇게 기록했다.
  "처음 연(燕)나라 때부터 자주 진번, 조선을 침략해온 뒤 관리를 두고 성을 쌓았다. 진나라가 연나라를 멸망시키고 요동(遼東) 연방에 예속시켰지만, 한나라가 일어난 뒤 '너무 멀어서 지키기 어렵다'면서 다시 요동의 옛 변새(邊塞)들을 수축해 패수(浿水)로 경계를 삼고는 연나라에 소속시켰다. 연왕 노관(盧綰)이 반기를 들고 흉노에 들어가자, 연나라 사람 위만(衛滿)이 망명해 무리 천여 명을 모아 동쪽으로 달아나, 변쇄(邊塞)를 나와 패수를 건넜다.
  (…중략…)

(위만이 왕위를) 아들에게 전해 손자 우거(右渠)에 이르렀는데 진번과 진국
이 글을 올려 천자를 뵈려 했지만 (우거가) 가로 막아서 통하지 못했다. (…중
략…)

천자가 보낸 좌장군 순체(筍彘)가 우거의 아들 장(長)과 노인(路人, 朝鮮
相, 벼슬 이름)의 아들 최(崔)로 하여금 그 백성들을 달래게 하여 성기를 죽
였음으로 드디어 조선이 평정되었다. (그 땅을) 진번 임둔 낙랑 현토의 네
고을로 삼았다."

여기서 우리가 알 수 있는 것은 위만조선은 연나라 사람 위만(衛滿)
이 세운 나라인데 역시 천자가 보낸 군대에 의해 평정되었다는 것이
다. 그리고 그 땅에 한사군(漢四郡)을 설치했다는 것이다.

이 논리는 조선이 중국 식민시대로 출발했다는 일본 사람들이 즐겨
이야기했던 조선 비하의 소재였기도 했다.

고려시대엔 몽고의 속국으로 지배를 받으며, 몽고의 부마국(駙馬國)
으로 전락하였고, 충(忠)자 돌림의 왕들(元宗, 忠烈, 忠宣, 忠肅, 忠惠, 忠穆,
忠定)은 몽고 여자들과 결혼을 최상의 영예로 알 뿐 아니라 왕위(王位)
를 유지하는 탄탄한 방편으로 알고 살았다. 궁중이 이렇게 몽고와의
혼혈로 얽히면서 민간인들 중에도 자발적으로나 강압적으로 몽고와
의 결혼이 성하게 되었다. 몽고인과는 외모가 거의 같아 밖으로 표시
는 나지 않지만, 안으로 몽고의 피는 상당히 많을 것으로 추측된다.

고려의 윤관이 9성을 쌓아 국토를 넓히고 북에 사는 여진족을 차단
한 일은 우리가 잘 아는 일이다. 여진과 조선족 사이는 우리가 표면적
으로 아는 것보다 훨씬 밀접했던 것 같다. 함경도에서는 여진족과 조

선족이 함께 어울려 살았고, 지방관과 군대 등에도 함께 자리를 같이 했다. 고려 말 이성계(李成桂) 휘하에는 많은 여진족 군인들이 섞여 있었다. 70년대에 본인이 어느 조직체에 근무했을 때 그곳의 함경도 출신 중간간부는 자기는 여진의 핏줄이라고 공언하기도 했다.

여진(후에 淸이 되었음)과 말갈은 북방에서 조선족과 함께 살았다. 여진은 이성계(李成桂)와 함께 그 휘하 군대로 복속되어 있었고 이태조 건국에 일역을 맡았던 여진인 등지란(佟之蘭. 여진의 본 이름은 두란 티무르[豆蘭 帖木兒])은 건국 후 건국공신에 책록되어 이(李)씨 성을 하사 받아 '이지란'이 되었으며, 이태조의 조카사위가 되었다. 이지란은 그 후 내직(內職)에도 근무하여 명실 공히 조선인으로 활동했다. 그는 정사좌명(定社佐命) 벼슬을 받았다. 그의 부인은 곡산 강(康)씨(이태조비 신덕왕후 강씨의 조카딸)이다. 여기서 우리가 생각할 수 있는 것은 이지란이 건국공신이 되고 높은 벼슬까지 했다면 그것이 이지란 혼자만이 외롭게 그리 되었겠는가 하는 문제다. 특히 그가 이태조의 조카사위라는 점에서 더욱 그렇다. 그는 내직에 근무했어도 어색함이 없었다.

다음은 말갈 문제다. 말갈의 활동 양상은 「신라본기」와 「백제본기」, 그리고 「고구려본기」에도 기록되어 있다.

『삼국사기』 「고구려본기」의 말갈은 「백제본기」나 「신라본기」에 보이는 말갈 세력과는 뚜렷이 구분되는 숙신(肅愼), 읍루(挹婁) 계통의 집단이었다. 본래 말갈은 수(隋)와 당(唐)대에 중국 동북방에 거주하던 이민족의 이름이다.

『삼국사기』에 기록된 말갈은 숙신 계통의 말갈과 구별되는 개념이었다. 이 말갈의 계통에 대해서는 예족설(濊族設), 옥저(沃沮)와 예맥(濊貊) 사이에 있던 별종설(別種設), 고구려 안의 말갈설 등이 제기되고 있다.

고구려 별종설은 중국 동북방에 있는 말갈이 고구려를 지나 침입할 수 없는 사실을 들어 그 실체를 옥저와 예맥 사이에 있는 별종으로 보고 있는 것이다. 이 견해는 「백제본기」와 「신라본기」에 보이는 말갈이 만주 지역에 있던 원래의 말갈과는 다른 점을 인정하고 있다.

그러면 이 별종설로 불리던 말갈은 어디로 간 것일까. 이들이 국외로 이동했다는 역사기록은 없다. 그렇다면 이 별종설의 말갈은 조선족에 흡수되어 살았다고 보는 것이 타당할 듯하다.

신라가 3국을 통일한 후 무력에 의한 통일이라는 점에서 군대의 중요성이 강조되었다. 국가의 크고 작은 일이 있을 때는 군부대 동원이 많았다. 이중 효소왕(孝昭王) 2년(693)에 완비된 중앙군이 있었다. 이 중앙군을 당시 신라에서는 9서당(誓幢)이라 해서 9부대를 색깔로 구분했다. 그런데 이 여러 부대의 하나로 말갈국인(靺鞨國人)(新羅民, 高句麗民, 百濟民, 靺鞨國人, 報德城民, 百濟殘民)이라는 부대가 있었다. 말갈인들이 얼마나 많았는지를 알려 주는 표시다. 또한 이 부대표시를 보면 '백제잔민' 즉 백제의 자유민이라는 뜻으로 당시까지 인종적 융화를 이루지 못하고 '말갈국인', '잔유민' 구분을 하고 있었음을 알 수 있다. 이렇게 보면 말갈인은 한두 사람이 아니었음을 알 수 있다. 이런 기반 위에서 견훤(甄萱)의 후백제가 건국될 수 있었음을 느낄 수 있다.

신용하(愼鏞廈) 박사는 「한국 원민족(原民族) 형성」이라는 글에서 "우리 민족은 '한(韓, 桓, han), 예(濊), 맥(貊)의 3부족의 결합에 의해 형성되었다. 사회학적 관점에서, 단군신화에 포함되어 있는 신화적 요소를 접어두고 사실적 요소만을 분리하여 재구성해보더라도 단군신화는 고조선의 건국설화임을 바로 알 수 있다.'고 했다.

전 세계의 원시부족들은 토템을 갖고 있으며, 이 토템들은 동물이 가장 많고 기타 추상물 토템도 있다. 부족의 이름들은 대체로 토템이름과 관련되어 있다. 태양은 동물 토템은 아니지만 태양 토템을 일종의 정신적 토템이라고 해석한다면 단군신화에는 3개의 토템이 나오는데 다음과 같다.

(1) 태양(해) 토템 부족
(2) 곰[熊] 토템 부족
(3) 범[虎] 토템 부족

태양 토템 부족은 환인, 환웅에서 선명히 들어나듯이 환(桓 또는 han) 부족이다. 이들은 한울님의 아들, 자손이라고 생각하며, 태양, 밝음, 광명, 새빛, 햇볕을 숭배한다. 곰 토템 부족은 맥 부족을 가리킨다. 『후한서(後漢書)』에 맥이(貊夷)는 웅이(熊夷)라고 분명히 기록되어 있다. 범 토템 부족은 예 부족을 가리킨다고 할 수 있다.

『후한서』「동이열전(東夷列傳)」예조(濊條)에는 "예(濊)는 해마다 10월이면 하늘에 제사를 지내는데 춤추며 노래 부르니 이를 무천(舞天)이라한다. 또 범[虎]을 신으로 여겨 제사 지낸다"고 기록했다.

단군신화는 한울림의 자손아들이라고 생각하는 태양 숭배 부족인 한 부족의 수장 환웅이 무리 3천을 거느리고 주도적으로 곰 토템 부족인 맥 부족과 범 토템 부족인 예 부족과 결합하여 조선이라는 최초의 고대국가를 건설했다는 구두체(口頭體) 역사인 것이다.

고문헌과 단군신화는 고조선이 한 부족과 맥 부족, 예 부족의 3부족이 한 부족을 중심으로 결합하여 형성된 고대국가임을 알려 주고 있다.

한, 맥, 예 3부족의 결합 방식은 한 부족을 중심으로 하고 맥 부족은 보조로 한 혼인동맹(婚姻同盟)에 의한 것이었다. 이때 가장 선진적 부족으로서 국가 형성을 주도한 한 부족에서 '왕'을 내고 보조 역할을 한 맥 부족에서 왕비(王妃)를 내는 규칙이 합의되었음을 단군신화를 통해 알 수 있다. 단군신화에 나오는 웅녀는 곰이 변신한 여자가 아니라 맥 부족 여자임은 더 말할 필요가 없다.

한국 고대 민족사에서는 부족들이 결합에 의해 국가를 형성할 때에 혼인동맹에 의한 결합 방식이 때때로 활용되어 왔다. 예컨대 고구려는 처음 5부의 결합으로 국가 형성이 이루어졌다. 『삼국지(三國志)』 「위서(魏書) 동이전(東夷傳)」 고구려조에 의하면 고구려는 초기엔 연노부(涓奴部), 절노부(絕奴部), 순노부(順奴部), 관노부(灌奴部), 계루부(桂婁部)의 5부 중에서 처음엔 연노부에서 왕을 내기로 했다가 힘이 약해지자 다음으로 강한 절로부에서 왕비를 내기로 한 것과 같다. 고조선이 어떤 이유로 결혼동맹 방식을 채택했는지는 분명한 자료가 없다.

고조선 원민족의 형성에서 빼놓을 수 없는 것은 고조선 언어다. 고

조선이 한, 맥, 예 세 부족으로 형상되었다 하더라도 3부족 간의 언어에는 상당한 차이가 있을 것이다.

문화인류학회의 보고에 의하면 한 성안에 거주하는 사람이라도 부족이 다르면 언어소통이 되지 않는다 한다. 그러나 초기 고조선 언어는 1500년 간을 함께 통치를 받았기 때문에 고조선어로 상당한 언어 유통이 되었을 것으로 본다.

고조선의 국가 형성은 청동기 사용이 시작된 B.C. 30세기에서 B.C. 24세기경이 유력하다. 그러다가 B.C. 3세기경에는 중국의 연(燕), 진(秦), 한(漢)의 침략을 받아 국가가 서서히 해체되었다.

이제 우리는 애국적이거나 배타적인 관점을 떠나 중립적 자세로 우리는 누구이며 어떻게 살아왔는가를 검토할 때다. 역사적 사실을 종합해보면 우리 민족은 식민으로부터 출발한 것도 아니고 그렇다고 수수한 단군의 피만이 흐른다고도 하기도 어려울 것이다. 한 민족이 수천 년을 살아왔다면 여러 부족이나 민족의 피가 섞이는 것은 당연하다.

우리는 단군이 하늘에서 내려왔다는 것과 같은 북방계의 산악지역의 천손설화(天孫說話)와 박혁거세가 알에서 나왔다는 남방계의 물과 관련된 난생설화(卵生說話)를 믿는 데 있어 충돌 없이 조화를 보이고 있다. 이와 같이 문제는 우리가 단일민족이냐 아니냐의 구분보다도 어떻게 조화를 이루느냐일 것이다. 우리는 미국과 같이 흑백의 극단적인 복합민족도 아니고 스위스처럼 다언어 국가도 아니지만 그렇다고 단일민족이라고 선뜻 대답하기도 어려운 지경이 아닐까.

2 단군(檀君)은 여러 사람이었다

조선족 역사를 말할 때에는 혼란이 가지 않도록 몇 가지 개념을 정리할 필요가 있다. 그 정리 대상은 단군(檀君), 고조선(古朝鮮), 기자조선(箕子朝鮮), 위만조선(衛滿朝鮮), 평양성(平壤城) 등이다. 개념정리의 첫 번째는 우리의 시조가 단군왕검이라는 데엔 이론이 없지만, 단군은 과연 한 사람이었을까 하는 점이다.

단군신화나 단군의 존재에 대해 우리 역사상 무게 있게 처음 언급된 것은 고려 때 중(僧) 일연(一然)이 쓴 『삼국유사』에서다. 『삼국유사』에는 제2 기이(紀異) 상(上)에

옛날 환인(桓因)이 서자 환웅(桓雄)이 자주 천하에 뜻을 두어 인간 세상을 얻기 원했다. 아버지가 아들의 뜻을 알고 내려다보았더니 세 가지 위험이 있었으며 태백산이 인간 세상을 널리 이롭게 할 만한 곳이었다. 그래서 천부인 세 개를 주고 가서 다스리게 했다.

환웅(桓雄)이 3천 무리를 거느리고 태백산 마루 신단수 아래 내려와 그곳을 신시(神市)라 했으니 이분이 바로 환웅천황이다. (…중략…)

이때 곰 한 마리와 범 한 마리가 같은 동굴에 살면서 항상 신인 환웅에게 빌어서 사람으로 변하기를 원했다. 그러자 신인이 성스러운 쑥 한 다발과 마늘 스무 개를 주면서 "너희들이 이것을 먹고 백 일 동안 햇빛을 보지 않으면 곧 사람의 모습을 얻을 수 있다."고 말했다. 곰과 범이 이것을 얻어 먹으면서 삼칠 일을 참은 끝에 곰은 여자의 몸을 얻었지만 범은 참지 못해 사람의 몸을 얻지 못했다. 곰은 더불어 혼인할 사람이 없음으로 늘 신단수 밑에서 잉태할 수 있게 해달라고 빌었다. 환웅이 잠시 사람으로 변해 혼인하고 아들을 잉태해 낳으니 단군왕검이라 불렀다. (…중략…)

단군은 평양성에 도읍하고 비로소 조선이라 했으며 나라를 다스린 것은 1500년 간이었다.

이로써 환웅이 무리 3천을 거느리고…… 단군왕검이 평양에 나라를 세워 1500년 간 나라를 다스렸다는 건국신화를 갖게 되었다. 여기서 등장하는 인물은 '환인(桓因)'. 그런데 문제는 신화가 아무리 비논리적이라고 하더라도 단군 한 사람이 1500년을 지배했다는 것이다.

그렇다 하더라도 우리가 반만년 역사를 자랑하고 있는 판에 논리에 맞지 않는다 해서 이를 버릴 수는 없다. 현대적 논리로 이를 승화시켜 재해석하는 것이 가장 합리적일 것이다. 신화는 그것이 민족의 역사적·사회적 사실을 축적하고 있기 때문에 중요한 줄거리는 보존해서 유구한 민족의 건국철학으로 보존하는 것이 바람직하다.

이 신화를 분석해보면 단군의 아버지 환웅(桓雄)은 무리 3천을 거느리고 태백산에 내려온 것으로 되어 있다. 무리 1~2명도 아니고 3천 명이 함께 내려왔다는 것은 태백산정이나 일정한 지역을 점령하기에 충분한 숫자다. 환웅이 그 아들 단군을 세워 도읍을 하고 나라 이름과 더 구체적으로 도읍지까지 명시했다는 것은 이미 단군에게 나라를 세습했음을 뜻하는 것 같다. 이미 세습이 권력 승계의 한 방법이었음을 알 수 있다. 그리고 환웅이 거느린 무리 3천 명은 '단군'이라는 지배 계급으로 화했을 가능성이 많다. 옛날의 권력 세습이 개개인에 의한 것보다 집단이나 직종 군으로 이루어진 점을 이해하면 그 가능성은 더 크다 할 것이다.

이렇게 볼 때 고유명사가 아니고 무당 또는 제사장(몽고의 무당이라는 텡그리에서 당골내가 나왔을 가능성도 있음)이라는 뜻과 정치의 복합명인 단군은 제정일치로 세습되는 다음 후계자도 계속 단군이라 불렸을 가능성을 엿볼 수 있다. 제사장의 업무는 성격상 혼자 업무처리를 하기는 어려운 실정도 참작할 수 있다.

학계의 공인은 못 받고 있지만 『규원사화』와 『한단고기(桓檀古紀)』에는 단군이 통치했다는 1500년 간을 '단군세기(檀君世紀)'라 이름을 붙이고, 이 기간에 47명의 단군이라 이름한 지도자가 통치했음을 기록하고 있다. 후계자를 뽑는 장면도 명기되어 있다. 그리고 지도자 한 사람 한 사람의 성격과 통치 내용, 재위 기간과 생존 기간 등을 설명했다. 한국역사연구회에서 펴낸 『한국 고대사 산책』에서도 "단군은 특정한 어느 개인을 가리키는 고유명사가 아니라 당시 사회에 통용되던 보통 명사와 같은 것이다."라고 복수 단군의 가능성을 시사하고 있다.

예를 들면 『한단고기(桓檀古紀)』에 다음과 같은 글이 나온다.

제5세 단군 구을, 재위16년.
임술 원년(B.C. 2099년) 명을 내려 태백산에 단(壇)을 쌓고 사자를 보내어 제를 올리게 했다. (…중략…)
7월 단제께서 남쪽을 순수하사 풍류강을 건너 송양(松壤)에 이르러 병을 얻으사 곧 붕어하시니 대박산(大搏山. 위치모름)에 묻혔다. 우가(牛加)인 달문(達門)이 뭇사람으로부터 뽑혀 대통을 계승하였다.

단군문제에 대해 신용하 선생은 "단군이 고유명사와 보통명사의 두 가지 내용을 모두 가지고 있음을 주목할 필요가 있다."고 지적했다. 하나는 단군을 한 부족의 군장 환웅과 맥 부족의 왕비 사이에 태어나서 고조선을 건국한 제1대 제왕이요, 고조선의 시조라고 보는 견해이다. 이 경우의 단군은 고유명사의 성격을 가진 것이지만, 그것은 단수가 아니라 복수가 된다.

다른 하나는 하느님 후손 밝달 임금이라는 뜻으로 고조선의 역대제왕들을 모두 일컫는 호칭으로 보는 경우다. 즉 고조선 시조는 제1대 단군이고 그다음 제왕은 제2대 단군이며, 제3대 단군, 제4대 단군, 제5대 단군… 하는 식으로 내려가는 것이다. 이 경우의 단군은 보통명사라고 볼 수 있다. 단군의 호칭 용법은 위의 두 가지 호칭 용법이 모두 사용된 것 같다.

단군신화를 상세히 보면 거기에는 세 사람이 등장한다. 아버지인 환인(桓因)과 아들 환웅(桓雄), 그리고 단군(檀君)이다. 이를 기독교에 비교해보면 여호와나 하나님은 환인이고, 하나님의 뜻을 받들어 역사(役

事)하는 성령(聖靈)은 아버지 환웅(桓雄)이며, 그리고 그 아들 예수는 단군에 해당된다. 이는 당시 중동지방에 널리 유행하던 삼위일체설의 영향일 것이라고 설명하는 사람도 있다. 이렇게 보면 우리 민족은 이스라엘 민족에 비유될 수 있을 것이다.

ℨ 고조선과 평양성은 어디인가

   태조 이성계(李成桂)가 나라를 세우기 전인 고대 우리 역사기록에서 '조선(朝鮮)'이란 용어가 처음 등장한 것은 일연이 쓴 『삼국유사』에서 단군신화를 설명하면서라고 앞서 밝힌 바 있다. 그 후 이성계의 후기 조선과 구분 짓기 위해 '오래된 조선'이라는 뜻으로 고조선(古朝鮮)이란 용어를 썼다. 이는 또 기자조선이나 위만조선과 혼동을 피하고 단군이 세운 나라라는 뜻으로 이 용어를 사용하고 있다.

   일연은 "요 임금이 즉위한지 50년이 되던 해인 경인년에 평양성에 도읍하고 비로소 조선이라 했으며, 또 백악산 아사달로 도읍을 옮겼는데 그곳을 궁홀산 또는 금미달이라고도 한다. 나라를 다스린 것은 1500년 간이었다……."라고 쓰고 있다.

   조선이 어디인지는 차지하고 이 글은 우리가 최초로 국가를 세웠다는데 의미가 있다. 일연의 글대로 하면 고조선의 건국연대는 2333년

이 되고 이를 우리는 단기(檀紀)라 불러왔다. 단기에 토대를 두고 서기 2100년을 합치면 4400년이 되어 5000년 역사라는 뜻으로 '반만년' 역사라는 유구한 내력을 강조해왔다. 그러나 이제는 단기도 쓰지 않고 따라서 반만년 역사라는 말도 서서히 사라졌다.

왜 그런가? 단기(檀紀, 檀君紀元)를 버리는 것은 『삼국유사』와 함께 단군을 포기하는 것이 아닌가? 그러면 우리 조선은 언제, 그리고 어디에 건국되었다는 것인가?

단기(檀紀)의 포기는 단군의 포기랄 수도 있다. 그러기에 오래전에 단기의 문제를 느끼면서도 바로 이런 문제 때문에 단기를 서기와 병행해서 써왔다.

그러나 세계 역사를 보면 청동기 시대에 들어서야 청동기를 사용하는 지배자가 나오고, 이를 중심으로 국가가 형성되었다. 우리나라도 청동기를 사용하기 시작한 것은 대략 일연이 단군의 국가를 건립한 연대로 본 기원전 2333년보다 훨씬 뒤인 기원전 10세기 무렵인 것으로 추측한다. 이렇게 보면 고조선은 기원전 6~7세기경 건립되었다는 것이 보다 합리적일 수 있다. 중국의 『전국책(戰國策)』이나 『사기(史記)』에 의하면 기원전 4세기 무렵에 조선이란 나라의 지배자가 왕(王)을 칭하고, 중국 연(燕)나라와 각축하면서 상당한 세력을 형성하고 있었다고 기록하고 있다. 이런 문헌을 종합해보면 고조선은 적어도 4세기 이상, 더 올라가서 7세기경에 존재해서 중국의 한(漢)나라에 의해 108년에 멸망당할 때까지 존재했던 것으로 보인다.

위치와 더불어 고조선(古朝鮮)의 문제는 정치체제와 사회 성격이 어느 정도인가가 관심의 또 다른 대상이다. 근래의 연구는 고조선을 상당히 발전된 사회로 보고 있다. 그 점에는 많은 견해가 일치하는 만주(滿洲) 요동(遼東) 지방의 청동기 문화 발전 수준이나 당시 중국문헌에 고조선을 상당히 큰 세력으로 인식하고 있었던 기록으로도 그들의 평가가 과학적임을 알 수 있다. 그 발전 수준에 대해 북한학계(北韓學界)에서는 노예제도에 바탕을 둔 강력한 국가로 규정하고 있다. 고무덤 발굴에서 주인공의 사망에 여러 사람들이 함께 순장을 한 흔적으로 보아 노예가 많았던 것으로 인식하고 있다. 영역도 요하(遼河) 서북부에서 한반도 북부에 이르는 광대한 지역에 걸쳐 동북아시아의 최대 정치세력이었던 것으로 평가하고 있다. 다만 고조선이 이런 정치력을 가졌으면서도 이를 중국과 같이 영토 팽창에 활용하지 않았다는 것이 조선족의 특색이었다. 중국은 그들의 중앙집권세력을 활용하여 당초의 국토[河北地方]로부터 위글, 서장, 만주 등 무려 수십 배를 확장한 것과 대조를 보이는 것이다.

남한학계의 견해로도 고조선은 대체로 발해만을 끼고 요동반도에서 한반도 서북부를 포함하는 지역을 고조선의 영역으로 보고 있다. 다만 전영역이 중앙 정부의 직접 통치를 받는 단계였다기보다는 각 지역의 소집단들이 느슨하게 연결된 연맹 형태가 아니었는지 파악하고 있다. 고조선 뒤에 일어난 고구려(高句麗)가 이렇게 6부 연맹 체제를 했던 것이 그 참고자료가 될 수 있다.

고조선(古朝鮮)의 영역은 주변에 많은 나라들이 생겨났다는 점에서 시대에 따라 여러 형태로 성격이 바뀌었을 것으로 보인다. 고대사회는 오늘처럼 국경선이 확실한 것도 아니고 많은 공지가 있고 여러 종족이 흩어져 살았기 때문에 항시 유동적인 체제를 보였을 것으로 짐작된다. 따라서 고조선의 영역도 만주 지방이나 대동강 유역에 시종일관 고정되어 있었다고 단정하기도 어렵다. 고조선은 청동기 시대에 성립되어 철기 문화가 보급되는 단계까지 존속했었다.

초기 청동기 시대에는 국가건설에 뒤이어 공동체적 잔재를 많이 가진 사회였겠으나 후기 철기 문화 시기에는 철기를 활용한 강력한 지배체제를 가진 사회로 발전했을 것이다. 따라서 고조선의 영역도 끝없이 변화했을 것으로 볼 수 있다.

우리가 고조선에서 갖는 주된 관심은 그것이 우리 역사상 최초의 국가였으며, 어떤 과정을 통해 원시사회가 해체되고 청동기와 철기사회로 바뀌어갔는가 하는 점을 규명하면서 이럴 때마다 인간관계가 어떻게 변했나 하는 점을 설명할 필요가 있기 때문이다. 그것은 또한 우리의 전근대 역사의 전개일 수도 있으니까. 역사에서 설화와 방증이 다를 수 있어도 설화는 설화대로 그 민족의 의지와 염원(念願)이 담긴 것으로 의미를 갖는다.

평양은 고려 때의 서경(西京. 지금의 평양)으로 보는 견해가 많았으나 『위략(魏略)』의 기록에는 "연나라 장수 진개의 침입으로 서방 2천 리의 땅을 잃고 비로소 조선이 약해졌다."는 구절이 있다. 이 기록에 의하면 초기 평양은 지금의 평양보다 훨씬 서쪽에 있어야 하고, 멸망 당시의 고조선은 낙랑의 위치를 볼 때 평양 일대에 있었음이 분명해진다.

따라서 고조선은 한반도와 만주 일대를 축으로 하여 약간 서쪽으로 이동함이 옳을 것 같다. 중국에서 가장 오래된 지리서인 『산해경(山海經)』에는 "황해의 안쪽과 발해(渤海)의 북쪽에 나라가 있으니 이름을 조선이라 한다."고 했다. 또 『사기』와 『소진열전(蘇秦列傳)』에는 "연나라 동쪽에 조선과 요동이 있다."라고 했으며, 『흉노전(匈奴傳)』에는 "하북(河北) 상곡(上谷)이 동쪽으로 예맥 조선에 접해 있다."고 하여 고조선이 만주의 복판에 자리 잡고 있었음을 명시해주고 있다. 『후한서』는 예전(濊傳)에서 "예와 옥저, 그리고 고구려의 땅이 모두 조선의 영토였다."고 기록한 것으로 보아 고조선의 영토는 동으로는 동해, 서쪽으로는 난하(灤河. 북경 위를 지나 발해만으로 흐름), 남쪽으로는 청천강을 경계로 했다.

고조선의 북쪽에는 부여(夫餘)가 있었다. 부여국은 약 4세기 동안 북만주의[夫餘]와 장춘(長春) 농안(農安) 일대와 길림(吉林) 부근, 거기에서 흑룡강까지 걸쳐 있었던 것으로 전해진다. 부여는 북만주 일대에 자리했다.

『삼국지(三國志)』 「부여전(夫餘傳)」에 의하면 "부여는 장성한 북쪽의 현도에서 1,000리나 되는데 남쪽으로는 고구려와 접해 있고, 동쪽으로는 읍루와 접해 있으며, 서쪽으로는 선비(鮮卑)와 접해 있다. 북쪽에는 약수(흑룡강)가 있다. 땅의 넓이는 한 변이 2,000리나 되고 호수(戶數)는 8만이나 된다. 그 지방 백성은 궁궐이 있고 창고가 있으며, 감옥도 있다. 산과 언덕이 있지만 넓은 늪도 있어서 동이(東夷)지방 중에서는 평평한 지역이 제일 많다."고 했다(『滿洲의 역사』 참조).

오늘날의 내몽고와 장춘(長春)을 연상하면 대략 모습이 그려진다. "땅은 오곡을 가꾸기에는 적합하나 과실을 가꾸기에는 적합하지 않다."고 했다. 북만주의 넓은 평야와 추운 날씨, 그리고 그 넓은 평야에서 사는 사람들의 풍족한 생활을 대략 묘사한 것 같다. 고구려의 건국 신화가 모두 부여에서 출발되었음을 보면 부여의 생활과 민도는 상당히 높았던 것으로 보인다. 『삼국지』는 이어 부여족의 습속에 대해 "몸이 건장하며 용감하다."라고 했다. "성격이 온후하고 조심스러워 남의 것을 빼앗지 않고 음식을 먹을 때엔 그릇을 쓰고 많은 사람들이 모인 곳에서는 높은 사람에게 절을 하며, 마루에 오르고 내릴 때엔 읍하고 사양한다. 정월에는 하늘에 제사하고 국중(國中)대회 때엔 연일 마시고 노래하고 춤을 춘다. 나라에선 흰옷을 숭상한다. 두루마기를 모두 흰색으로 입으며 신은 가죽신을 싣는다. 먼 길을 떠날 때는 비단으로 옷 치장을 하고 금과 은으로 모자를 장식하고 주옥(珠玉)으로 된 패물을 차며 희귀한 모피로 목도리를 두른다."고 했다. 이들의 습속을 보면 "읍하고 사양하며 흰옷을 좋아하고 노래를 좋아하며, 정월 제사를 지내는 것" 등 여지없는 조선족이다. 다만 순장하는 풍습제도(이는 고조선 때에 금지되었음)와 형이 후손이 없이 죽으면 아우가 형수를 취하는 형사취수(兄死取嫂)의 제도는(고구려 이후에 없어졌음) 다르고, 그 밖의 습속은 우리가 들어도 익숙한 것이 많다.

부여의 관습에 대해 「위서(魏書)」는 "나라에는 임금이 있으며 벼슬 이름은 모두 가축의 이름을 땄다. 마가(馬加), 우가(牛加), 구가(狗加) 하는 식이었다. 사회의 빈부는 크게 있어 강자는 수천 호를 거느렸고,

약자는 수백 호를 거느렸다. 읍락에는 호족(豪族)과 하호(下戶. 노예)가 함께 살아" 귀족 노예제도 아래에 있었음을 보여준다. 왕권 계승 등은 부족장들이 결정했다.

『삼국지』 등에 의하면 부여왕 위구대(慰仇臺)는 적자가 없어 제가(諸加)들이 평의하여 서자인 마여(麻餘)를 왕으로 옹립한 일이 있다. 부여 사람들의 생활 규범은 매우 엄격하여 법을 어길 경우 사형에까지 처했다. 「위지(魏志)」에 의하면 사람을 죽인 자는 사형에 처하고, 그 집을 몰수하며, 가족은 노비로 한다. 절도를 한자는 훔친 물건의 12배를 배상시키고, 남녀가 간음하거나 투기를 하면 모두 사형에 처한다. 아내를 얻고자 하면 여자 집으로 소나 말을 보낸다. 죄수에 대해서는 국중 대회와 경사 일에 감형을 시키거나 옥문을 열어 죄수를 석방하였다. 부여 사람들은 투기를 증오하여 투기를 범하면 죽인 뒤에 그 시체를 남산 위에 버린다.

고대국가의 위치는 좌우로 편차가 많을 수 있고, 고조선도 중심이 서에서 동으로 이동한 것으로 보는 것이 설득력 있다. 또한 고조선이 한군데에서 계속 존재했다고 볼 수만도 없다. 매장 문화재로 보아 펜촉처럼 생긴 비파형 동검이 중국의 황하 유역과 한반도의 대동강 유역에서 공동으로 출토되고 있음도 우연이라 할 수 없을 것이다. 고조선이 황하 유역에 있다가 그 일부가 대동강 유역까지 이동했으리라는 추측이다.

이러한 유적으로 보아 고조선은 비록 동쪽에서 서쪽으로 밀려오기는 했다 해도 매장 문화재로 보아 중국의 한(漢)족과 조선의 한(韓)족은 엄밀히 구분되어 있다 할 수 있다. 조선의 한(韓)족은 오히려 말갈(靺鞨)이나 여진(女眞)과의 혈통적 관계가 두터웠던 것이 아닌가 보인다.

고조선은 단순히 설화나 고문서에 의해 거론되는 것이 아니라 그 건군의 과학적 근거가 있다. 하나의 나라가 성립되든지 하나의 나라가 해체되는 것은 그 시대에 사용하던 연모와 직접 관련이 있다. 세계적으로 고대 나라들이 출현하는 것은 대략 석기 문화가 종식되고 청동기 문화가 일어나, 쓰는 연모와 무기들이 청동기를 활용하던 시기에 이르는 때이다. 그럼으로 청동기 시대가 되면 이 청동기를 먼저 활용한 부족의 나라가 출현하게 된다. 이러한 일반론과 함께 고조선 출현도 청동기 사용시기와 일치한다.

북한 고고학계의 발굴 보고에 의하면 B.C. 40세기 후반기에 대동강 유역에서 이미 청동기가 사용되었고, B.C. 30세기 초·중엽에 청동 무기가 사용되었음을 증명하는 여러 유물들이 발굴되었다. 5,769년 전의 집터 발굴에서 비파형 청동 창끝이 발굴되었는데 이는 B.C. 38세기경의 것이다.

남한 고고학계의 발굴에서도 경기도 양평군 상자포리에서 출토된 변형 비파형 청동 단검은 기원전의 오래된 것이었다. 이것은 B.C. 30~25세기경의 것으로 한반도에서도 청동기 문화가 보급되기 시작한 것이었으며 이로 보아 한반도의 고대국가는 B.C. 2333년보다 더 일찍 건국될 수 있는 단계에 있었다고 볼 수 있다.

북한은 1993년 옛날부터 강동읍에 있는 '단군묘'라고 전해오던 단군릉을 발굴했다. 이 안에서 인골이 나왔는데 이를 측정해보니 1994

년을 기준으로 하여 5011±267년 전의 것이었다. 북한 고고학계는 놀라 여러 기관에서 30~40차례 측정을 했으나 같은 결과였다. 이를 토대로 계산해보면 이는 제1대 단군임이 틀림없는 것이고 조선의 건국도 B.C. 30세기경으로 확정될 수 있다.

그러므로 북한 고고학계는 1994년부터 견해를 일신하여 단군을 실제 인물로 인정하고 한국민족의 기원과 형성을 새롭게 연구·고찰하려는 방향전환을 했다. 북한은 그 이전까지는 단군을 비실제적 전설로 보았으며, 고조선을 연구하면서도 단군신화 등을 가볍게 보았다. 오히려 남한의 일부 학자들이 오래 전부터 민족주의자로 공격을 당하면서도 단군조선의 실제를 인정하고 고문헌으로라도 증명하려고 노력한 것과 대조를 보인다(『대동강문화(大同江文化)』, 중국 : 외문출판사, 2001 참조).

⚡ 탐라국(濟州道)은 어떻게 조선 땅이 되었나

　제주도는 오래전부터 탐라국이 통치를 했다. 그러면 이 탐라국은 언제 조선에 영유된 것일까? 탐라국의 성립에 관해서는 문헌기록이 없다. 때문에 설화, 전설, 신앙 관습에 대한 편편을 모아 구성할 수밖에 없다.

　제주도의 탐라국이 성립되기 전에 요동반도와 조선반도 북부에서는 진(秦)과 한(漢)의 침략전쟁이 한창이었다. 이에 따라 북방 조선민족의 대이동이 일어나게 되었다. 고조선 문명권의 원민족들이 전쟁이 없는 동남방으로 이동할 수밖에 없었다.

　B.C. 3세기 초에 진의 일부인 연의 장군 진개(秦開)가 고조선의 서부 영토를 침략하여 점령했기 때문에 고조선과 그와 연맹한 맥족과 예족이 동남방으로 이동하기 시작했다.

　B.C. 195년경에는 연에게 점령당했던 고조선 구영토에 남아 있던

고조선 후예 위만(衛滿)이 부하주민 1천여 명과 함께 고조선에 투항해 왔음으로, 고조선 준(準)왕은 위만을 일단 고조선 서부 지역에 살면서 서방을 지키게 하였다. 그러나 위만은 B.C. 194년에 정변을 일으켜 고조선의 왕 준을 내쫓고 정권을 장악하였다. 이렇게 하여 조선에서 위만 왕조가 성립되었다. 쫓겨난 준왕은 수천 명의 추종자와 궁인들을 거느리고 해로로 남하하여 진국(辰國) 땅에 마한(馬韓)을 세우고 스스로 한왕(韓王)이라 칭하였다. 이 과정에서 북방으로부터 남방으로의 선진 민족의 이동이 증가하게 되었다.

『후한서』는 이때의 상황을 "처음에 조선왕 준이 위만에게 패하여, 자신의 남은 무리 수천을 거느리고 바다로 도망하여 들어가서[走入海] 마한을 공격하여 부수고 스스로 한왕이 되었다. 준의 후손이 멸절되자 한인이 다시 자립하여 진왕이 되었다."고 기록하였다. 『삼국지』의 「위서(魏書) 동이전(東夷傳)」에서는 "후 준이 왕을 참람되이 호칭하다가 연나라 망명인 위만의 공격을 받아 나라를 빼앗겼다. 그는 근신과 궁인을 데리고 도망하여 바다에 들어가서 한의 지역에 거주하면서 스스로 한왕이라 칭하였다."고 설명했는데 그 주(註)에 『위략(魏略)』에 이르기를 "준(準)의 아들과 친족으로서 (조선)나라에 남은 사람들도 이로 인해 한씨성을 모칭하였다. 준은 해중에 있었음으로 조선과는 서로 왕래하지 아니하였다."고 설명했다. 전체적 문맥으로 보아 준왕 자신은 바다를 경유하여 진국에 들어가서 한왕이 된 것으로 볼 수 있으나 준왕의 세력 즉 고조선 왕족이나 귀족 그 추종자의 일부가 해중으로 들어가서 제주도에 들어왔을 가능성도 전혀 없는 것은 아니다.

고조선의 마지막 왕 준왕 세력의 일부가 이 시기에 제주도에 들어 왔었다는 약간의 흔적이 기록 고고유물 명칭 등에 남아 있다.

『후한서』(동이열전)의 잘 읽지 않는 맨 끝부분 진시황(秦始惶) 시대, 우리나라 고조선 말기 B.C. 3~2세기의 이야기가 있다. 중국 회계(會稽. 중국 절강성)의 바다 건너 동쪽에 이주(夷洲)와 단주(澶洲)라는 곳이 있었다. 진시황이 서복(徐福)을 파견하여 신선 불사약을 구하라고 보냈다. 그 약을 얻지 못하자 처벌이 두려워 이들은 이 땅에 머물렀다는 전설이 있는 곳이라 썼다. 이 이야기는 이어 회계의 동야현(東冶縣) 사람이 바다에 나갔다가 태풍을 만나 단주에 표류해간 사실이 있었는데 거기서 절원(絶遠)하여 왕래할 수가 없었다는 것이다. 단주는 이런 인연을 가진 곳이라고 설명하여 기록했다. 그 후 지리에 밝았던 범엽(范曄)은 '이주'라는 곳에 대해 왜국의 형상 설명을 주석으로 붙였는데, '단주'에 대해서는 아무런 주석도 붙이지 않았다. 다만 진시황의 불로초를 얻기 위해 서복(徐福) 파견 사실만을 기록했다. 이 전설이 전승되어 연결된 '단주'는 서복이 왔다간 포구란 전설이 남아 서귀포(西歸浦)가 되었고, 이 포구 이름으로 보아 여기가 제주도인 것을 쉽게 알 수 있다. 진시황 시대에는 제주도는 중국에 단주라는 이름으로 알려져 기록된 것이다. '단주'가 중국 사서에 기록된 '제주도' 최초의 명칭이다.

B.C. 3세기~A.D. 1세기는 북방으로부터 남방으로 고조선 계열 원민족들의 민족 대이동이 일어난 시기다. 이때 제주도를 '단주'로 제주도 도민이 호칭하고, 이것이 중국 사서에 발음을 따라 기록된 것은 고조선 계열 원민족이 민족 이동 시기에 제주도에 유입된 사실을 시사

하는 것이다. 단(潬)과 단(檀), 그리고 단(壇)은 발음은 같고 좌변에 의미를 넣어 쓴다. 그러기에 물 가운데 있는 단(潬)은 이같이 표기할 수밖에 없으며, 이는 귀족 계열의 성이다. 고조선에서는 Han(韓, 桓, 馯)과 교체하여 사용할 수 있는 글자다. 고조선 계열이 민족 대이동 시기에 제주도에 들어와 마을을 이루었다면 '단족 물 건너 마을'이 되어 '단주'라든지 '한주'로 중국어로 기록될 것이고 이는 다시 단라(潬羅), 한라(韓羅)로 표기되었을 것이다.

준왕의 후조선이 위만에게 멸망당하고 준왕이 바다를 경유하여 진(辰)국에 들어가 한왕을 자처했다는 기록을 참조하면, 제주도에 들어온 후조선의 왕족, 귀족들도 제주도에 세운 자신들의 마을 국가를 한라, 단라라고 호칭했을 것이다. 대개 그 나라의 가장 높은 산이나 수도를 그 나라이름으로 호칭하는 것이 매우 많은데 오늘날도 남아 있는 한라산은 탐라산과 같은 것이고, 이 섬에 세워진 나라 이름에 '한라'라는 나라이름이 있었음을 알려 주는 것이다. 제주도에 세워진 고대 소국가의 최초 명칭은 단라 또는 한라였을 것이다. 제주도의 유물 발굴 중간보고에 의하면 고조선 또는 후조선 유물일 가능성이 많은 비파형 동검과 환옥(環玉) 등이라는 것은 고조선 유물과 관련하여 검토할 필요가 있을 듯하다.

고조선 계통의 이주민이 제주도에 유입되기 시작하자, 북방으로부터의 큰 부족인 고구려족, 양맥족, 부여족 등 큰 집단의 민족 이동도 제주도로 이입되었을 것이다. 이입된 민족들 중에서 B.C. 1세기와 A.D. 1세기에 부여족, 양맥족, 고구려족 일부가 바다로 또는 육로로

반도를 세로로 질러 제주도에 도착했을 거였다. 모두가 맥족인 이들은 각자 자기들의 지도자를 중심해서 제주도에 정착해서 살았을 것이고 한라산 이외에 또 다른 장소인 모흥혈(毛興穴)에서 정기적인 회의를 하면서 세 부족 연합으로 나라를 이끌어나간 것이 틀림없을 듯하다. 고구려족은 고(高)씨로, 양맥족은 양(良)씨로, 그리고 부여족은 부(夫)씨로 해서 '고·부·양', 3성이 절대 지배로 하여 탐라국을 건설했다. 그들이 상징적으로 만났던 곳인 3성혈(三姓穴)은 삼성설화의 중심이 되었다. 탐라국은 처음부터 원민족인 예맥족에 의해 성립되었다고 볼 수 있다.

이런 논리는

① 탐라국의 왕자가 일본에 갔을 때 일본 문서들이 고씨를 '다카'로 하지 않고 'kuma'로 했다. 이는 고(高)를 일반명사로 보지 않고, 고유명사로 보았기 때문이다.

② 3성 설화를 3을나(乙那)로 발음하는데 '을나'는 족장을 말한다. 이는 북에서 내려온 북방계 언어다.

③ 『신당서(新唐書)』 「동이전」에는 "용삭 초년에 담라(擔羅)라는 나라가 있어서 그 왕 유리도라(儒李都羅)가 사신을 보내어 입조했다."고 했다. 『당회요(唐會要)』에는 "왕의 성은 유리(儒李)이며 이름은 도라(都羅)."라고 하여 북방계임을 증거하고 있다. 고구려 2대왕이 유리였다. 모흥혈은 '모시는 굴', 또는 '신성한 굴'로 본다.

④ 탐라국 형성과 관련된 유적 유물이 모두 온화한 한라산 남쪽을 택하지 않고 북쪽에 있다는 것은 그들이 북방으로부터 이동해왔다는

표시다(『原民族 形成』 참조).

고구려 장수왕의 28대 직손이라는 고흥(高興)씨를 필자는 만주에서 만나 제주도의 고(高)씨에 대해 물어본 일이 있다. 명(明)나라 때 만들었다는 가보(家譜)를 근거로 하여 이야기하던 고씨는 "한국의 횡성(橫城) 고씨와는 족보상으로 연결이 되지만, 제주도안의 고씨는 모르겠다."고 했다.

고려 때도 탐라문제는 여러 나라에서 침을 삼켰다. 원나라가 조선을 지배했을 당시 원나라는 제주도에 말 목장을 운영하고 있었다. 이런 상태에서 제주도는 성주(星主) 고씨족과 문씨족이 주도하는 자치 상태에 있었다. 때로는 원의 지배를, 때로는 고려의 지배를 받는 상황이 반복되었다.

탐라인들은 이러한 두 나라의 갈등 상황을 이용해 독립왕조 건설을 꿈꾸었다. 탐라는 주민들의 의사와는 상관없이 고려, 원, 명의 3국 관계의 이해가 얽혀 있었다. 어느 나라도 현지를 직접 점령하지 않고 있기 때문이었다.

고려는 제주도를 독립된 제주목(牧)으로 지배하려 했고, 이에 반발해 무장한 제주목동은 고려에 도전했다. 그들은 공민왕 5년(1356)에 반원(反元) 군사 작전의 일환으로 고려가 탐라에 파견한 도순문사(都巡問使) 윤시우와 목사 장청년 등을 살해했다. 홍건적의 퇴각 직후인 공민왕 11년 8월에 몽골족 목동들이 성주 고복수를 앞세워 반란을 일으켰다.

탐라는 10월에 원에 사람을 보내 예속되기를 요청했다. 이에 원이 고려가 파견한 박도손을 죽이고 탐라 왕자족으로 보이는 재상 문아단 불화(文阿但不花)를 파견해 탐라만호로 삼았다. 고려 정부는 12월에 성 주덕을 제주목사로 삼아 파견해 영유권을 주장했지만 원의 탐라 영유 는 조선 본토 영유와 함께 지속되었다.

공민왕 15년(1366) 10월에 전라도 도순문사 김유(金庾)가 선박 100척 으로 제주도를 공격했다. 이를 물리친 탐라의 몽골 목동들이 원나라 에 만호부를 설치해 직접 통치를 요청했다.

이에 공민왕이 원 황제에게 탐라를 고려에 넘겨주면 탐라의 말을 진상하겠다는 타협책을 제시했다. 탐라를 만약의 사태에 대비한 피난 처로 생각하고 있던 원은 고려의 환심을 사기 위해 탐라의 통치권을 고려에 넘겨주었다. 하지만 몽골 목동들과 탐라의 다수가 고려에 협 력하지 않았으며 원이 명에 의해 북쪽으로 쫓겨간 후에도 그러했다.

고려 정부는 공민왕 21년(1372) 3월에 탐라의 말을 가져오기 위해 고 위 관리인 오계남과 유경원을 탐라에 파견했다. 하지만 탐라는 4월에 유경원 및 목사 겸 만호 이용장과 고려군 300여 명을 살해하고 고려에 반기를 들었다.

이에 고려는 유인열에게 진상을 파악하라는 임무를 부여해 제주에 파견하는 장자온을 명에 파견해 탐라 정벌을 허가해주기를 요청했다. 탐라인들이 사태의 심각성을 인식하고 반기를 든 사람들을 살해하고 항복하니 고려를 접수하고 이하생을 안무사로 파견했다.

명의 황제 주원장은 조선에게 탐라의 영유권을 인정해주는 대신 원 이 탐라에서 키워온 말을 원했다. 명은 탐라의 말을 얻어 자신의 기병을 강화하고 고려의 기병을 멸망시키려는 뜻을 가지고 있었다.

주원장은 임밀(林密)을 사신으로 보내와 고려로 하여금 제주의 말 2,000필을 바치도록 명했다. 하지만 탐라에서 말을 키우고 있던 몽골인 목동 석질리필사(石迭里必思)와 초고독불화(肖古禿不花), 관음보(觀音保) 등이 단지 300필만을 보내왔다. 명의 사신 임밀이 분노하니, 공민왕이 신하들과 제주 정벌을 의논했다.

마침내 왕 23년(1374) 7월에 제주 정벌이 결정되고 정벌군이 편성되었다. 최영이 양광도 전라도 경상도 도통사라는 직함으로 총사령관을 맡았다. 염흥방이 도병마사로 최영을 보좌했다.

정벌군의 규모는 전함이 314척, 사졸이 2만 5~6천에 달했다. 군사들도 북방 경계군과 남방 경계군을 제외한 고려 최정예였다. 재상들까지 출발대에 나와 떠나는 군대를 송영했다. 일부는 눈물까지 흘리는 장면을 연출했다. 장수들은 그간 홍건적, 왜구, 몽골군과 싸워 많은 전투경험을 가지고 있었다. 이에 비해 제주의 저항 병력은 불과 5천에 불과했다. 그래서 승리는 확실했다. 승리했다고 환영을 받을 수 있을까. 모두가 느낀 것은 이상한 예감이었다. 그들은 홍건적을 이기고 개선했던 세 원수의 운명을 잊지 않고 있었다. 왕이 예기치 못하는 사태에 대비한다며 유연을 양광도 도순문사로, 홍사우를 전라도 도순문사로 삼아 부임시킨 것도 꺼림칙한 일이었다. 처남 매부로 왕의 외척인 용맹한 두 장수가 거느린 군대가 정벌군의 귀로를 장악한 것이니 왕의 심중이 의심스러웠다. 왜 하필이면 태풍이 잦은 계절에 출진 명령을 내렸을까? 그들은 두 차례에 걸친 고려와 원의 연합 함대가 일본을 점령하려다가 태풍을 만나 몰살당했던 일을 잊지 않고 있었다.

최영과 변안열은 과연 태평할까? 장수들 가운데 두 사람만 사내였다. 개경을 떠나기 전에 자신들만을 위한 뭔가를 대비한 것은 아니었을까.

8월에 군대들이 영산포에 집결하니 최영이 열병했다. 최영은 제주도에 도착하면 몽골 목동에 협력한 제주인들은 다 죽이기로 하고 각 장수들은 자기 전함을 이끌고 동시에 진격하기로 했다.

최영이 연설을 했다.

"왕께선 나에게 반란을 토벌하라고 직접 명령하셨다. 그러니 내 명령은 곧 와명이다. 내말을 잘 들으면 토벌을 쉽게 끝낼 수 있다."

장수들은 이에 적극 호응했고, 배를 몰아 탐라에 상륙할 채비를 했다. 정벌 배는 도중에 "쉬어가야겠다"는 최영 사령관의 지시에 따라 검산포에 들려 하룻밤을 지냈다. 떠날 때부터 우려했던 풍랑이 약간씩 일었으나 크게 우려할 사태는 아니었다.

다음날도 최영은 평소 그답지 않게 서두르지 않았다. 그는 제주나 중앙에서 싸우지 않고도 이길 수 있는 제주의 항복을 알리는 사태가 올 것을 기다리고 있었다. 최영은 자기가 이처럼 많은 군대를 이끌고 손바닥만한 탐라에 정벌을 가는데도 탐라가 끝내 항전하리라고는 믿지 않았다. 군대도 그렇고 전함도 자기에 비해 턱없이 미미한 상태였다.

그러나 기다리던 소식은 끝내 오지 않았다. 부하 장수들은 최영의 속도 모르고 "전투에는 속전속결이라는데 너무 지체하고 있소. 빨리 서두릅시다."

하고 등을 밀어 내고 손을 끄는 힘에 밀려 탐라로 향했다. 정벌대는 다시 보길도(甫吉島)에 정박했다. 염흥방까지 "더 속력을 냅시다."라고 재촉을 했다.

정벌대는 탐라국 서쪽 명월포(한림, 옹포)에 배를 대고 장수들은 자기 군대를 이끌고 공격에 나섰다. 최영이 전직 제주목사 박윤청을 보내 화해와 설득을 하도록 했다

"적의 괴수를 제외한 성주(星主)와 왕자(王子), 군민(軍民)은 안심하라. 적에게 일시 협력했더라도 불문에 붙이겠다."고 관대하게 관군의 입 장을 밝혔다. 적의 괴수들이 저항했다. 최영은 명월포에 상륙함과 동 시에 진군을 명했다. "절해고도에 적은 없다. 독 안에 든 쥐와 같다." 면서 독군했다.

적군은 도망해 효성, 어음의 들판으로 숨었다. 계속 추격해 한라산 서북쪽 기슭인 어음과 금악 사이에서 치열한 전투를 벌였다. 적은 남 쪽의 범섬으로 도망쳤다. 최영은 전함 40여 척으로 범섬을 포위했다. 더 이상 갈 곳이 없는 적 괴수 일당 40여 명이 항복했다. 핵심 괴수인 석질리필사는 처자와 동료 수십 인과 항복을 했고, 초고독불화 및 관 음보는 바다에 투신, 자살했다. 또한 석다시(石多時), 만조장(萬趙莊), 홀 고손(忽古孫) 등은 부하 수백 명과 함께 성에 남아 저항했다. 최영이 여 러 장수와 함께 공격하니 이들은 성을 버리고 도망쳤다. 그러나 도망 자도 모두 색출, 체포되어 탐라국은 고려군에 의해 평정되었다. 탐라 국이 조선 땅임이 다시 한 번 확인되었다.

5 왕을 토막 내 죽인 연개소문(淵蓋蘇文)

고구려의 최고 장군인 대막리지(大莫離支) 연개소문(淵蓋蘇文)은 스스로 물에서 나왔기 때문에 성이 천(泉)씨라고 했다. 그는 어깨에 칼 2자루, 허리에 2자루, 발에 2자루 등 몸에 칼을 6개나 차고 다니며 위세를 보였다. 말을 탈 때나 내릴 때에 무장(武將)한 사람이 허리를 구부려 발판을 만들면 등을 밟고 올라가고 내려왔다. 그럴 때에 높낮이가 적당치 않으면 그 자리에서 발에 찬 칼을 빼어 직접 목을 쳤다.

그는 또 출입을 할 때 앞선 무장이 "막리지 나가신다."고 외치면 일행 모두가 따라 외쳐 온 천지가 쩌렁쩌렁 진동을 했다. 그러면 길 가던 모든 사람들은 얼른 자리를 피해야 했다. 그래서 그가 출입을 할 때엔 동리 사람들이 나와서 몰래 구경을 하거나 길에 엎드려 숨어야 했다.

위세가 이렇다 보니 일반 백성들은 집에서 아이가 울면 "막리지 온다! 막리지!"하고 아이들에게 겁을 줄 정도였다. 여기서 막리지란 물론 연개소문을 말함이다. 그 잔인성과 위세가 이렇게 온 세상에 널리 알려진 무서운 인물이었다.

연개소문 집안은 장수왕(長壽王)이 수도를 평양으로 옮긴 후 새 수도의 신흥 귀족으로 상당한 권력을 행사하고 있는 집안이었다. 그의 할아버지 자유(子遊)에 이어 아버지 동부대인(東部大人)인 대대로(大對盧) 대조(大祚)가 죽자 연개소문은 자기가 아버지 벼슬을 당연히 계승해야 한다고 나섰다. 그러나 이미 연개소문의 성질이 포악함을 알았던 여러 중신들은 이에 반대했다.

중신들의 승계 반대에 부딪힌 연개소문은 사태의 심각성을 깨닫고 중신들에게 머리 숙여 사과한 뒤 계승을 요청하면서 "내가 부적합한 점이 발견되면 언제라도 나를 내쫓아도 결단코 후회하지 않겠습니다."라고 했다. 여러 중신들은 그를 동정하고, 막리지가 되면 좀 나아질 거라고 생각하고 계승을 허락했다. 그러나 그의 부도덕함과 포악함은 좋아지기는커녕 반대로 서서히 나빠져 본색이 들어났다.

중신들과 왕은 이러한 사실을 듣고, 몰래 회의를 하여 그의 목을 베고 내쫓을 것을 묵시로 합의했다. 그러나 중신 한 사람이 이를 그에게 몰래 일러 사실이 누설되었다.

그는 자기 병부(兵部)의 병사들을 소집하여 검열하는 것처럼 하고 성(城)의 남쪽에 술과 찬을 성대히 차려놓고 주요 대신들과 귀빈들을 초청했다. 청한 손님들이 다 도착하자 연개소문은 "내 부하들이 무술 연습을 준비했으니 음식을 들기 전에 한 번 시범을 봐달라."고 한 뒤 부하들을 불렀다. 연개소문의 부하들은 미리 한 약속에 따라 우르르 몰려나와 닥치는 대로 손님들을 처단했다. 100여 명의 손님들이 순식간에 화를 입었다. 고구려 지도층이 한순간에 몰살을 당하는 고구려 건국 이래 제일 큰 이변이었다.

연개소문은 귀빈 일행을 죽여 칼에는 아직 핏자국이 선명하고, 살기(殺氣)로 눈이 뒤집힌 이 부하들을 이끌고 영류왕(榮留王)이 있는 왕궁으로 향했다. 그와 영류왕(榮留王)은 당나라군의 예상 침입로와 이에 대처하는 장성(長城)을 쌓고 있었으며 연개소문이 이 작업을 감독하고 있었는데, 왕과 의견이 엇갈렸다. 영류왕은 612년에 수(隋)나라 수군(水軍)을 평양성에서 몰살시킨 전쟁 영웅으로서 연개소문으로서도 불시에 치지 않으면 안 되는, 만만치 않은 왕이었다.

연개소문은 평소에도 영류왕이 당(唐)과 협조로 수나라 때 고구려에 포로로 잡혀 있는 당나라 한인(漢人) 1만여 명을 돌려보낸데 대해서도 못마땅하게 생각했다. 그는 "수나라와 당나라는 고구려와 오랜 원수인데 그들의 포로를 돌려주고 나약한 고구려의 모습을 보이는 것은 당나라 사기만을 높여주는 것"이라고 불만이 대단했다.

이에 더 나아가 연개소문은 "영류왕은 결국 나라를 망하게 하는 장본인"이라며 왕에 대한 증오심을 감추지 않았다. 그는 662년에 사수(蛇水)에서 당나라 방효태 군대를 전멸시킨 기세를 아직도 간직하고 있었다. 거기에 더해 당나라의 사신 자격으로 입국한 당나라 사람 진대덕(陣大德)이 비단을 가지고 와서 한인 포로들을 찾아보며 고구려 사람들에겐 비단을 나눠주는 선심으로 전국을 세세히 살펴보았다. 이런 사람에게 나라의 비밀을 전부 공개하는데 대해 일종의 안보 불안감을 느끼고 이를 반란의 명분으로 내걸었다.

거기에 막리지인 자기를 막리지 취임 때의 약속에 따라 조만간 해임시키려 한다는 말을 들은바 있어 이날 부하들을 거느리고 왕궁으로 쳐들어간 것이다. 그는 영류왕과 무서움에 벌벌 떠는 세자 환권(桓權) 및 왕비와 왕의 가족 전원을 순식간에 몰살하고, 그래도 분이 안 풀렸는지 왕을 토막 내어 죽인 뒤 궁궐에서 멀리 떨어지지 않은 곳에 구덩이를 파게 하여 왕과 세자와 왕비를 함께 그곳에 쓸어 묻었다(왕 25년).

그리고 피가 벌겋게 묻은 칼을 휘두르며 자기 부하들이 포위하고 있는 왕궁으로 대신들을 소집, 후임 왕을 뽑겠다고 선언했다. 연개소문은 "왕의 후보를 대보라."고 대신들에게 장소에 어울리지 않을 만큼 큰소리로 외쳤으나 대신들은 누구도 입을 열지 않고 머리만 숙이고 있었다. 참석자들은 이런 때에 막리지와 눈이라도 마주 치는 것은 엉뚱한 불꽃이 자기에게 튈지도 모른다는 공포에 사로잡혀 있었다. 온 천지에는 왕궁을 포위한 연개소문의 부하들이 타고 있는 말 우는 소리와 말발굽 소리만 가끔 들릴 뿐 피비린내만 진동했다. 대신들은 등과 이마에서 진땀이 흘러내리는 것을 느끼면서 후임 왕이야 누가 되든지 빨리 이 자리를 면하게 해주기만을 고대했다.

연개소문은 헛기침을 두어 번 한 뒤 "별다른 생각들이 없으면 내가 왕재를 고루 갖춘 후보를 추천하겠소."라고 말한 뒤 "건무왕(建武王)의 아우이며 태양왕(太陽王)의 아들 장(藏)을 왕으로 세웠으면 하오."

가타부타 말이 없이 다시 침묵이 계속되었다. 서로의 속을 모르는 판국에 연개소문에 동조하면 역적이 될 수도 있고, 그 반대로 반대를 하면 당장 죽임을 당할 것이다. 그러니 말을 할 수가 없는 것이다. 이렇게 해서 연개소문의 일방적 통고로 왕이 된 이가 고구려 마지막 왕인 보장왕(寶藏王)이다.

전례 없는 유혈 쿠데타이며 개국 이래 가장 큰 충격적 정권 교체였고, 아시아권에서는 상상할 수 없는 큰 국가적 재앙이었다. 고구려는 이 유혈 쿠데타로 국권이 흩어지고 나라의 구심점도 없어졌다. 형식으론 연개소문(淵蓋蘇文)이 구심점이지만 누구도 그에게 애정이나 존경심을 가지고 있지 않았다. 오로지 공포심만이 국민을 지배했으며, 언제 누가 자기를 고발할지 모른다는 공포심으로 국민들은 이웃 간에도 왕래가 없었다.

연개소문의 실제 권한은 왕보다 더 컸다. 보장왕조차도 연개소문이라 하면 공포감을 갖고 그가 궁궐에 들어오면 다시 나갈 때까지 긴장했다. 연개소문의 말발굽 소리만 나면 왕은 얼른 용상 앞으로 가 용상 위에 앉는다. 왕이 용상에 앉지 않고 있으면 그것 자체가 다시 왕의 약점이 될 수 있기 때문이다. 힘만으로 통치를 하려는 그의 이러한 강권주의와 월권, 그 월권에 따른 아들 3형제 간의 자만과 분쟁은 결국 고구려 멸망의 직접 원인이 되었다. 그는 하루에 한 사람을 죽이지 않으면 잠에 들지 못한다는 풍문까지 있었다. 그러니 살얼음판을 걷는 듯한 국민들을 놓고 당나라가 쳐들어온다, 신라가 밀고 올라온다 한들 대항이 되었겠는가.

연개소문은 유혈 쿠데타로 정권을 잡았으나 당나라가 마음에 걸렸다. 수나라 때부터 고구려를 노려온 중국 대륙 세력, 더 구체적으로 당의 태종(太宗)이 과연 가만히 있을 것이냐가 신경이 쓰였다.

연개소문은 그 대책으로 백금과 미녀 두 사람을 뽑아 특별 사절단을 만들어 당 태종에게 보냈다. 이 고구려 사신을 맞은 태종은 노기를 띠며 "너희들이 모두 전왕 고무(高武. 榮留王)를 섬기어 관직에 있었으면서 막리지가 고무를 죽였는데 원수를 갚지 않고 지금 다시 그를 위하여 이곳까지 와서 나를 설득하려 하니 그 죄가 누구보다 크다."며, 대리(大里. 刑部)에 넘기라고 명했다. 그리고 태종은 "미인은 모든 사람이 중히 여기지만, 보내온 그 여인이나 그 친척들을 생각하면 받을 수 없다"고 백금과 함께 돌려보냈다.

태종은 측근들이 전쟁을 피하려 하자, 계속해서 "왕을 죽이고 정사를 뒤흔든 고구려를 쳐야 한다."며 생각을 바꾸지 않고 "그러면 우리가 나서지 말고 말갈(靺鞨)이나 해(亥) 등 다른 변방국으로 치도록 하자."고 타협안을 내기도 했다. 그런 연후에 태종은 "주변이 모두 순응을 하는데 고구려만이 굽히기를 거부하고 있다."면서 고구려를 치기로 마음을 정했다. 그런 다음 만류하는 부하들에게 "나는 5가지 필승의 도를 가지고 있다."면서 "첫째 이번 일은 대(大)로서 소(小)를 치는 것이며, 둘째 순(順)으로 역(逆)을 토벌하는 것이고, 셋째 다스림으로 난(亂)을 틈타고, 넷째 안일로 수고를 다져오고, 다섯째 기쁨으로 한(恨)을 당하는 것이니 어찌 이기지 못할까 근심하느냐."면서 포고를 했다.

이에 앞서 태종은 연개소문이 영류왕을 살해하기 전 해에 사신으로 온 고구려 이현장(里玄奬)에게 "신라가 중국에 의지되어 조공이 끊임없으니 백제와 더불어 각기 싸움을 그치는 것이 마땅할 것이오."라고 했다. 현장이 국내로 돌아가 연개소문에게 신라를 침범하지 말라고 말을 전하니 연개소문은 현장에게 말하기를 "우리는 신라와 더불어 원한으로 틈이 난지 이미 오래요. 지난날 수군이 침구했을 때 신라는 그 틈을 타서 우리 땅 500리를 탈취하여 그 성읍을 지금도 가지고 있소. 신라가 지금이라도 자진하여 우리의 침략한 땅을 되돌려주지 않는다면 싸움은 그치지 않을 것이요." 하면서 응종치 않았다. 현장이 돌아와 그 상황을 자세히 말하니 태종은 "연개소문이 그 임금을 죽이고, 그 대신을 해치며, 그 백성을 잔학하게 하고 지금 또 우리의 조명을 어기니 처벌하지 않을 수 없다."면서 전쟁 준비를 지시했다. 태종의 고구려 침입 의도는 이때부터 구체화하기 시작했다.

연개소문은 이런 유혈극을 벌인 뒤 25년 후인 보장왕 25년에 죽고, 아버지 덕으로 9살에 벼슬길에 나선 장남 남생(男生)이 있었다. 그는 아버지가 죽은 뒤 막리지가 되어 부(部)를 돌보기 위해 지방에 나가면서 두 아우 남건(男建)과 남산(男産)에게 국사를 부탁했다. 세 형제들은 서로를 믿지 못하고 남생과 남건, 남산이 서로 불신하여 누가 먼저 칼을 들지 모른다는 의심을 하게 되었다. 지방에 나가 있던 남생은 '중앙으로 돌아가면 위험하다' 는 귀띔을 받고 판단, 사태를 자세히 알아본 뒤 아들 헌성(獻誠)과 함께 당에 항복했다. 남생은 당이 고구려를 공격할 때에 당편에 서서 고구려 평양성을 공격하여 고구려 멸망에 능동적 기여를 했다. 그는 당이 내린 벼슬을 하다가 46세에 세상을 떴다. 헌성은 그 후 모반을 꾀한다 하여 목매여 죽었다.

현재 북한에서는 김정일이 실세로 있지만 그의 신변에 변이 일어나면 중국이 개입할 것이며, 중국이 개입한다면 중국에 머물고 있는 큰아들 김정남이 고구려 멸망 당시 당나라에 머물고 있던 연개소문의 큰아들 남생(男生)의 역할을 하지 말라는 법도 없다.

6 "나는 고구려 장수왕의 28대 직손이다"

고구려는 나라를 잃었지만 고구려인들끼리 모여 나라 재건을 여러 번 시도했다. 그러나 번번이 실패했다. 거기에는 당나라의 회유와 고구려 유민에 대한 외교적 포섭이 주효했기 때문이었다.

당나라는 항복한 고구려 보장왕(寶藏王)을 요동 도독으로 삼고 조선왕으로 봉했으며, 요동으로 돌려보내 남은 무리를 안집케 했다. 패장인 보장왕을 요동 도독으로 삼았을 때에는 그 주변에 당나라 프락치들을 상당히 많이 배치했으리라는 것은 쉽게 이해가 간다. 승전국이었던 당나라가 안전장치 없이 보장왕을 조선족 왕으로 봉할 리가 없었을 것이다.

보장왕은 요동에 이르러 몰래 말갈과 상통하였다. 이제 고구려의 영향력 있는 유민들은 모두 당에 잡혀 갔거나 죽었으니, 나머지 세력 집단으로 대화를 할 수 있는 것은 말갈뿐이었다. 따라서 그들과 힘을 합쳐 일을 꾸밀 수밖에 없었다. 말갈은 고구려와 연합, 당에 함께 싸우기도 했으니 이해가 같았다.

왕은 어떻게든지 무너진 나라를 바로 잡아야 한다는 생각뿐이었다. 보장왕은 구국일념이었지만, 당에게는 왕의 모반이었다. 당은 개요 원년에 왕을 중원의 대륙 깊숙한 공주(邛州)로 이관하고, 외부와의 접촉을 끊었다. 일종의 연금이었으며, 고립 정책이었다.

고구려 유민들, 특히 왕족이었던 고씨들은 왕이 대륙 깊은 곳으로 연금을 당했으니 그가 살던 요동반도에서, 왕족인 고씨들을 중심으로 하여 모여 살기 시작했다.

기록에 의하면 명나라 홍무(洪武) 연간에는 고구려 유민들이 집단으로 모여 사는 요동지역을 순치하기 위해, 명나라는 고구려 광개토 대왕의 후손이며, 장수왕의 직손인 고설(高雪) 고씨를 요양(遼陽) 지역에 벼슬을 주었다. 세습으로 자리를 지키게 한 동령위(東寧衛) 세습지휘사(世襲指揮使)로 임명했다. 다른 기록에 보면 당시 이 지역에 고씨와 고구려 유족은 대략 3만 명 정도였다고 한다. 이곳에 고구려 유민이 집중적으로 많았다. 고설 고씨는 이때 고구려 유민, 특히 고씨 왕족의 가계보(家系譜)를 만들어 오늘까지 내려오는 고씨 왕족 족보의 근간이 되게 했다.

고씨 유족들은 지금도 요령성(遼寧省) 태자하(太子河) 옆 요양(遼陽)시 안의 태안(台安)시 안산(鞍山) 지역 고려방(高麗坊)에 한족(漢族)으로 귀화는 했지만, 50여 호가 집성촌을 이루어 살고 있다.

이들 중 대표라 할 수 있는 고구려 제20대 장수왕(長壽王)의 28대 장손이며 하얼빈시 인민 대표회의 위원인 고흥(高興, 68세) 씨가 있다. 그의 심양(沈陽) 자택에서 부인 고화(高華, 62세. 고흥 씨와 동성동본이다. 옛 왕족 사이에서는 내혼(內婚)이라 하여 동성혼이 통상적이었음) 여사와 쌍둥이 아들과 함께 코가 유난히 큰 그를 만났다(2009년 5월 27일). 고씨는 그의 아버지나 할아버지도 코가 유난히 컸다고 했다.

▶ 당나라에 점령당했을 때 많은 고구려 왕족과 장군들이 당나라로 압송되었다는 기록이 있는데 어떻게 고씨 왕족으로 그러한 난을 피했나?

왕족들을 잡아간 것은 사실이겠지만, 잡아간 왕족은 보장왕(寶藏王, 28대)을 중심으로 한 당시의 왕족이었고 그 이상, 예를 들어 19대(광개토 대왕)나 20대(장수왕) 왕의 친족까지는 체포나 압송을 하지 않은 것 같다.

▶ 고 선생을 장수왕의 직손이라고 할 수 있는 증거는 무엇인가?

고흥 씨는 나에게 따라오라는 손짓을 하더니 응접실 옆방으로 갔다. 약 30평 정도의 방을 가득 메운 서재였다. 근 30평 정도의 서재였다. 그는 두리번 두리번 책장의 여기저기를 찾더니 몇 권의 책을 꺼내어 내 앞에 놓았다.

이것은 명나라 때에 저의 중시조 이신 고설고 할아버지께서 기록하신 가계보(家系譜)다. 그 후에 여러 번 기록이 다시 정리되었으나 고씨

들이 고구려 20대왕 '고련'(高璉. 장수왕의 등극 전 어렸을 때 이름)의 후손
이라는 점은 변함이 없었다. 구족보(舊族譜)의 서문엔 "우리 가문은 세
세대대로 요양 동영 위에 살아왔는데 조선국왕 고련의 후손으로 전해
오고있다."고 밝히고 있다. 그 후의 가계보에서는 고구려, 고려, 조선
을 혼동하여 씀으로써 고구려의 후속이 고려이고 고려의 후속이 조선
임을 암시하고 있다. 이는 최근 중국학자들이 동북공정(東北工政)에서
고구려는 한족(韓族)과는 다른 별개의 소수민족이 세웠던 나라라고 하
는 것과는 대조를 보이는 것이다.

다만 이색적인 것은 어떤 가계보, 예를 들어 청나라 옹정(雍正) 때의
가계보에는 '조선국왕'이라고 했고, 다른 시대의 세보(世譜)에는 고구
려, 고려라고 쓰고 있다.

문화혁명 전까지는 새해나 제사 때 선조 왕들의 그림을 붙여놓고
지냈다. 그리고 나무로 만든 20여 개의 위패(位牌)도 있었다. 이런 것들
을 문화혁명 때 홍위병들이 압수해갔다. 그리고 모두 불에 태워졌다
고 후에 들었다.

▶ 요즘에도 고씨들의 모임이 있나?

일 년에 한 번 가을에 안산의 고려방에서 모임을 갖는다. 모여서 집
안일 등을 논의하고 족보를 정리한다(요녕성의 안산시 주변에는 요즘도 당
가방진(唐家房鎭), 주가방진(朱家房鎭), 우가방진(于家房鎭)과 같은 소수민족의 집
성촌이 많음).

▶ 고구려의 후손으로서 조선족으로 남아 있기를 기대했는데…….

고구려가 망한지 대략 1300여 년이 지났다. 그동안 요동반도의 옛날 고토에는 금(金 또는 遼)나라, 원나라, 청나라 등 여러 국가가 부침했다. 그 과정에서 동화가 많이 이루어졌다. 공직에 나가는 일, 각급 학교 진학 등에서 한족이 되어야 불이익이 없다. 요동반도에는 약 200여 년 간 고구려 유민들이 주축을 이루어 소고구려(小高句麗)라고 이름 지은 지역이 있었을 정도다. 고구려의 2대왕인 유리왕(琉璃王)에게 부인 둘이 있었는데 제1부인은 고구려인, 제2부인은 한족이라는 기록이 있다.

한 사람은 화희(禾姬)이고 또 한 사람은 치희(雉姬)인데 치희는 한인 (漢人)의 딸이었다. 두 여자는 사랑을 다투어 왕은 두 궁궐을 지어 각각 살게 했다. 왕이 사냥을 하고 7일 동안 못 돌아왔는데 그간 두 여자가 다투었다. 화희는 치희를 꾸짖어 말하기를 "너는 한가(漢家)의 비첩으로 어찌 무례함이 심하냐?"고 하니 치희는 부끄럽고 한스러워 도망했다. 화희의 말투로 보아 이때 이 지역에선 한족이 소수민족이었던 듯하다. 왕이 돌아와 치희를 만류했으나 치희는 듣지 않고 나가버렸다. 왕은 치희를 생각하며 지금까지 전해오는 「황조가(黃鳥歌)」를 지었다.

▶ 한국에도 고구려 유민이 있는가?

보장왕의 차남 인승(仁勝) 씨가 중시조가 된 횡성(橫城) 고씨가 가계 보상으로 가까운 종친이다. 인승 씨가 당나라에서 어떻게 조선까지 왔는지는 모르겠다. 족보에는 인승 씨의 12대 세손인 민후(旼厚) 씨가 려조(麗朝)의 문과에 급제하여 관동(關東) 횡성에 정착하여 그 지명으로

본이 되었다고 한다. 그밖에 제주도에도 고씨들이 있다고 하지만 가계보상으로는 아는 바 없다.

▶ 그동안 어떻게 살아왔나?

아버지 대까지 안산에서 조용히 살았다. 아버지는 5형제 중 막내인데 심양으로 나올 때 선조 그림, 위패 등을 가지고 나왔다. 심양에서도 숨어 산 것은 아니지만 조용히 살았다. 고구려의 뿌리를 찾겠다는 아버지(高之兼 씨)를 흑룡강(黑龍江) 신문사가 1989년 4월 20일자에 기사를 실어 우리의 존재가 세상에 알려졌다.

▶ 백제의 도읍지는 천안의 직산(稷山)일 가능성은?

고씨 족보에는 우리 학계에 아직도 숙제로 되어 있는 백제의 도읍지에 대한 중요한 역사기록이 담겨 있다.

2대 유리왕에게 아들 형제가 있었는데 큰아들 비류[子沸流王]는 "아들 비류는 남쪽 인천으로 가서 왕이 되었다(子沸流王南去仁川爲王)."라고했다. 여기에는 큰 논란이 없다. 문제는 그 동생 온조(溫祚)에게 있다. 족보에는 "子溫祚王與兄南去稷山爲百濟王"이라고 하여 백제의 건국지역을 색다르게 제시했다. 현재 통설처럼 되다시피 한 도읍지 '경기도 하남 위례성'은 경기도 광주(廣州)를 하남 위례성으로 지칭한 것이 아니라, 충청남도 천안시(天安市) 직산면(稷山面)에 있는 위례산(慰禮山. 현재 행정 구역으론 성거면(聖居面). 위례산에는 높은 산에서 식용수로 절대 필요하지만 흔치않은 용못이라는 맑은 우물과 성터가 있음. 이 용못은 현재는 많이 무너졌지만 50여 년 전만해도 명주실 한 타래가 다 들어가도 끝이 닿지 않을 만큼 깊었다고 함)일 가능성을 제기했다. 이점은 학계의 연구가 필요할 듯하다.

『삼국사기』에 따르면 온조왕(溫祚王)조에 "43년 가을 8월에 왕은 아산(牙山)의 들에 들어가 5일 동안 사냥하였다."는 기록이 있다. 아산은 백제 때는 아슬현으로, 신라 때는 음봉(陰峰)으로, 고려 초기엔 아주(牙州)로 존재했다가 조선 태종 때에 아산(牙山)으로 명칭을 고정한 천안 옆의 지역 이름이다. 큰 산도 없는 들판이다. 광주의 위례성이 수도였다면 아산과 광주의 거리는 대략 300여 리다. 교통수단이 발달하지 않았던 당시에 사냥을 하기 위해 300여 리를 나들이한다는 것은 지극히 어려운 일이었다. 그 중간 중간에 사냥터가 얼마든지 많았던 시절이었다. 사냥은 단순히 짐승을 잡는 일이 아니다. 그것은 상하(上下)가 한데 어울리는 단결과 야외친목이었다. 그리고 전쟁 준비이기도 했다. 이런 중요한 행사를 수백 리 떨어진 곳에서 한다는 것은 이해가 되지 않는다.

반대로 수도가 직산(稷山)이었다면 아산은 인접 지역으로서 사냥을 나설 수 있는 곳으로 보아 자연스럽다. 실제로 학자들 중에는 직산설을 주장하는 사람이 상당수 있다. 직산을 고수할 경우 미추홀은 아산이라는 설도 있다. 위례의 본래 의미에 대해 조선의 실학자였던 정약용(丁若鏞)은 방어시설이며 담장을 가리키는 '우리'에서 왔다고도 하고, 백제왕의 원래 호칭인 '어라하(於羅瑕)'에서 어라 또는 왕성에서 왔다고도 했다. 또는 한강의 옛 이름인 '욱리하(郁利河)'에서나, 만주어로 강을 뜻하는 '우리'에서 왔을 가능성을 지적하는 사람도 있다.

그런데 고려 충렬왕 때의 일연이 지은 『삼국유사』의 온조왕편에 "45년 동안 다스렸다. 위례성에 도읍했다. 사천(蛇川)에 도읍했다고도 하는데, 지금의 직산(稷山. 행정적으론 천안시)이다."라고 했다. 일연의 『삼국유사』는 이어 "병진년(B.C. 5)에 한산(漢山)으로 도읍을 옮겼는데 지금의 광주(廣州)다."라고 했다. 직산설은 조선 초기에 편찬된 『동국여지승람(東國輿地勝覽)』에 올라 학계의 정설로 되었다.

그러나 정약용의 『아방강역고(我邦疆域考)』 중 위례성조에 의해 위례성이 서울의 일원이라는 '서울 일원설'로 바뀌었고, 정약용은 백제의 처음 수도였던 위례성은 지금의 서울 북한산 동쪽 기슭이며 거기서 천도한 하남 위례성은 광주시 춘궁리 일대로 추정했다.

이렇게 조선 후기의 실학자들은 하북 위례성에서 다시 하남 위례성으로 나누어보고, 하남 위례성을 경기도 광주 지역, 지금의 서울 송파구 일원이라고 하였다. 현재 학계에선 이 광주설이 정설로 되어 있다.

7 만주, 지금은 남의 땅 그러나 잊을 순 없어

만주(滿洲)의 주인은 조선족(朝鮮族)이다. 만주를 제일 오래 영유한 것도 조선족이다. 조선족은 단군신화 이래 수천 년 간 만주 역사의 문을 열고 이곳에서 살아온 민족이다. 이에 비해 한(漢)족의 만주 영유는 불과 100년밖에 되지 않는다(중간에 명(明)의 200년 간 지배는 있었지만). 만주를 영유했던 나라를 시기별로 열거해본다.

1. 고조선(영위기간 B.C. 2333~B.C. 108, 약 2100년간 영위)

북만주와 중만주로부터 약간 왼쪽으로 평행 이동한 자리에 위치. 고조선 위치에서 출토되는 유물을 탄소 측정해본 결과 5400여 년으로 판명되었다. 따라서 고조선의 설립 연대는 B.C. 5000~6000년으로 본다.

2. 부여(영위기간 B.C. 1세기~4세기)

남으로는 고구려와 그리고 북으로는 흑룡강을 경계로 하고 나라 넓이는 한 변이 2천 리, 호수는 8만이라 했다.

3. 고구려(영위기간 B.C. 37~A.D. 668)

고구려는 소노부(消奴部), 절노부(絕奴部), 순노부(順奴部), 관노부(灌奴部), 계루부(桂樓部) 등 5부가 연합형식으로 국가를 건설했으며, 존속하는 기간(705년 간)에 수, 당의 침략을 받았다.

4. 발해(영위기간 A.D. 699~A.D. 926, 277년간 영위)

고구려 멸망으로부터 31년 뒤. 고구려의 유민들이 지도층이 되고 걸안, 말갈 등 만주에 살던 소수민족이 하부층을 형성했다.

5. 정안국

정안국(定安國)은 발해가 망한 뒤 35년 후인 A.D. 970년 서경 압록부에 살던 발해인들이 압록부와 압록강, 두만강 상류까지에 걸쳐 세운 나라다. 『송사(宋史)』 48권의 외국전에는 "정안국 본래 마한의 한 종류다. 글안이 발해를 멸망시킨 뒤에 두목들과 장수들이 모여 만든 나라다."라고 하여 일종의 후발해국과 같은 성격이다. 『속자치통감(續自治通鑑)』에도 비슷한 기록이 있다. 정안국은 국왕 오현명(烏玄明) 때(A.D. 983)에 글안이 대거 침입, 수도를 불태우고, 1018년에 많은 지도자들이 고려로 망명했다. 정안국을 마지막으로 만주는 조선족 손을 떠났다.

6. 금(金) 지배하에서의 만주

아골타(阿骨打)가 1117년에 금(金)을 세워 여진의 만주 경영이 시작되었다. 금은 1126년 송나라를 정벌하고 몇 가지 강화조건을 내세운다.

① 송의 임금은 금의 임금을 큰 아버지라 부른다.
② 송은 위로금 금 500만 냥, 은 55,000만 냥을 바친다.
③ 송의 재상과 왕은 인질로 데려간다.

이러한 강화조건 이외에 송의 많은 비빈과 부녀자들이 피납되었다(靖康의

難). 송은 이 강화조건을 지키지 않아 금(金)은 다시 송나라에 침입, 송의 군주는 금의 책봉을 받기로 합의하고 송의 군주는 금의 군주를 큰 아버지라 부르기로 합의한다. 그러나 금은 1214년, 120년만에 망한다.

송(宋)은 금(金)의 침입으로 남천(南遷)하여 만주(滿洲)영유는 일부나마 60여 년으로 끝났다.

7. 원(元) 지배하에서의 만주

1219년에 징기스칸이 원의 기초를 확립, 그는 만주 북방민족으로 전 세계에 위용을 떨쳤다. 3대왕 쿠빌라이와 같은 인물이 있어 세계의 대제국을 건설했으나 163년에 망했다. 중국 대륙을 경영한지 93년만이다.

8. 명(明) 지배하에서의 만주(1368~1644)

북방민족의 수중에 있던 만주가 대륙을 석권한 명 때에 처음으로 1368년에야 한족의 수중으로 들어갔다. 조선족이 만주를 경영한지 2000년 뒤다. 중국이 고구려의 역사를 자기 것으로 하려는 것은 만주의 영유권과도 밀접한 관계가 있다고 봐야 한다.

9. 청(靑) 지배하에서의 만주(영위기간 1616~1911)

청은 자기들 발생지가 만주라고 판단하고 만주에 대한 각별한 대책을 썼다. 청은 중국 본토를 점령한 뒤 많은 만주족(여진족)이 본토로 이주해가자, 만주가 한족들의 거주지가 되는 것을 방지하기 위해 만주에는 한족이 살지 못하게 하는 '만주봉금(滿洲封禁)' 정책을 써 만주가 공동화(空洞化)되기도 했다. 조선 효종(孝宗)이 북진정책을 하려 했던 것이 이때.

일본은 만주 탈취를 위해 1931년 만주사변(滿洲事變)을 일으켰다. 1932년에 청조(淸朝) 최후의 황제 부의(溥儀)를 세워 만주를 일단 대륙에서 분리했다.

10. 일본과 만주

일본은 1905년 조선과 을사 5조약을 체결한 후 그에 따른 외교권 연장을 위해 간도(間島) 문제에 개입했다. 조선과 청국 사이에 분쟁으로 남아 있던 간도 문제가 간도협약(間島協約)에서 일본의 철도 부설권과 빠터로 청국에 귀속되었다.

11. 러시아의 만주 진출

피터 황제 때부터 남방 정책을 추진, 러시아와 청 사이의 옹정 5년(1727)의 조약으로 러시아의 남하에 한계를 그었다.

위에서 보는 바와 같이 조선족(朝鮮族)의 만주 영위기간은 고조선, 기자조선과 위만조선 시대(약 3000년)의 오랜 기간을 거쳐 부여 400년, 고구려 705년, 발해 227년, 정안국 100년 등이다. 고조선 등 신화시대가 포함되어 있다 하더라도 고구려와 발해, 정안국 등 기록 연대를 합친다 해도 1032년이다. 이에 비해 지금은 사라졌거나 거의 유명무실한 북방민족과는 그 영유기간이 비교조차 할 수 없다. 중국은 송(宋)을 포함해도 영유기간이 100년도 못 된다. 이러한 영유기간으로 볼 때 조선족은 당연히 만주의 주인이다. 다만 우리가 현재 남북으로 분열되어 있고 국력이 중국에 비해 열세여서 만주 영유권을 당당하게 주장하지 못하고 있는 것뿐이다.

정안국을 끝으로 만주가 우리의 손을 벗어났지만, 마치 동화의 가사처럼 만주가 우리 손에 '잡힐 듯이 잡힐 듯이 잡히지 않고' 할 때가 몇 번 있었다. 고려 말 원의 쇠퇴와 명의 건국 전환기에 고려 공민왕이 최영(崔瑩)과 이성계(李成桂)로 하여금 북벌을 명한 것은 시의 적절하여 성공의 가능성이 컸다.

공민왕의 지시를 받은 이성계는 1370년 1월 설한령을 넘어 강계(江

界)로 나아가 압록강(鴨綠江)과 파저강(婆猪江. 지금의 혼강)으로 나아가 우라산성(于羅山城. 지금의 桓仁市)을 포위, 공격하여 전방 사령관격인 동령부 동지(東寧府 同知) 리우우테물[李吾魯帖木兒]이 항복을 받았다. 그러자 주변의 많은 원나라 장수들이 고려에 통호를 요청해왔다.

이러한 원의 전략지 점령은 고려에 큰 자신감을 주었으나 1월의 추위로 고려군은 견디지 못하고 철수했다. 2번째의 만주탈환 시도는 고려 우왕(禑王) 때에 이성계와 최영이 도통사가 되어 북벌 출진을 했으나 이성계의 위화도 회군(回軍)으로 실패했다. 조선왕조 효종 때에 북벌 계획의 기치 아래 공동화된 만주의 일부(간도 정도)로 진군할 구상을 했으나, 효종이 발진 직전 사망으로 무산되었다.

한족이 만주를 영위하기 시작한 것은 불과 100년 미만이다. 일부에서는 중국이 티벳, 위그로, 만주, 하남, 하북 등 5개의 이질적 문화권이 합쳐진 것임을 지적하면서 소련이 이질 문화권으로 붕괴되었음을 상기하기도 한다. 티벳과 위그로에서 독립운동 양상이 생각보다 심각함을 지적하는 사람도 있다.

중국이 문화권별로의 분열이 언제, 어떤 형식으로 이루어질지는 모른다. 그러나 그때가 되면 우리에게는 만주 영유의 기회가 다시 한 번 주어질지도 모른다. 혹은 조선족 중에서 영걸(英傑)이 나와 "만주는 우리 것"이라고 외칠지도 모른다. 영걸 대망론이다. 이대로 가다가는 만주 영위의 핵심인 고구려 역사를 힘센 중국에 빼앗길 여지도 있다. "독도(獨島)는 우리 것"이라기보다 "만주는 우리 것"을 외치기가 더 쉬워질 날이 올지도 모른다.

8 성폭행으로 큰 꿈을 놓친 견훤(甄萱)

백제와 고구려가 망하고 신라, 후백제, 후고구려(또는 고려)의 3개국은 다시 통일을 위해 매일 결투를 하고 있었다. 신라는 경애왕(景哀王), 고려는 태조 원년 가을인 9월이었다.

세 나라 가운데서도 국력의 중심이 가장 뚜렷했던 후백제의 견훤(甄萱)이 신라 고울부(高鬱府)를 침범했다. 신라 경애왕은 왕건에게 구원을 청했고 왕건은 굳센 병사 1만 명을 구원병으로 보냈다. 견훤은 고려 구원병이 도착하기 전에 지름길을 통해 경주를 엄습했다.

신라 경애왕은 가을을 맞아 비빈(妃嬪), 종친, 고위 신하들과 함께 포석정에서 잔치를 하며 놀고 있었다. 너무나 오랜 기간 평화로웠기에 경애왕은 특별한 경계 부대도 배치하지 않고 술을 나누었다. 술기운이 얼큰해질 무렵 무슨 소리가 시끌시끌하다고 느끼는 순간 갑자기 후백제 견훤이 이끄는 군대가 포석정을 덮쳤다. 경애왕은 어찌할 바를 모르고 왕의 비빈과 함께 포석정 행궁 뒤로 가 숨었다. 왕의 친척과 장상의 부인과 사녀들도 흩어져 달아났다. 대부분의 부녀들은 곧 이어 달려든 견훤(甄萱)의 포위 군대에 사로 잡혔다.

견훤은 잡혀와 공포에 질려 있는 경애왕을 향해 "내 칼을 받겠느냐, 아니면 네 스스로 자진을 하겠느냐?"고 윽박질렀다. 견훤은 다시 "네 스스로 홀(笏. 왕권을 상징하는 물체)을 나에게 바치고 자진한다면, 네 부인과 여인들은 살려주겠지만 그렇지 않고 내 칼을 받을 때엔 아무런 보장도 없다."라고 호령했다. 얼굴은 이미 사색이 되어 시체처럼 움직이지도 못하고 있던 경애왕이 그의 보검을 들어 자진을 하자 견훤은 그 보검을 씻어오라고 명한 뒤 말을 바꾸어 보검을 자기 허리에 찼다. 그런 후 부하들로 하여금 용상 주변을 지키게 한 뒤 벌벌 떨고 있는 왕비를 향해 "왕비는 나에게 인사도 없는가."라며 불러 세웠다. 왕비가 앞으로 나와 절을 하고 일어서자 얼굴에 비웃음처럼 가는 미소를 띠던 견훤은 왕비에게 "여인이 남자에게 절을 할 때는 자기의 몸을 바치겠다는 뜻임을 아는가? 그래서 첫날밤에 여자가 남편에게 절을 하느니라."라며 왕비에게 다가가 화려한 왕비의 옷을 벗겨 내렸다.

문무백관과 신라 종친 및 자기 부하들이 다 지켜보는 가운데 반나체로 벌거벗은 왕비를 왕의 의자인 용좌 뒤로 끌고 갔다. 그리곤 자신의 옷도 하나씩 하나씩 벗어 용상 위에 올려놓기 시작했다. 잠시 후 용좌 뒤편에서는 신음하는 듯한 비명이 들렸고, "내 말을 듣지 않겠다는 거냐?" 격앙된 목소리로 왕비에게 호통을 치는 견훤의 목소리가 들렸다. 모두가 숨을 죽인 가운데 날카롭게 신경을 곤두 세웠다. 용좌 뒷전에서 무슨 일이 일어나고 있는지를 모두 알고 있었다. 한참 뒤, 견훤은 자리에서 일어나 왕비의 울음소리를 한편으로 들으며 주섬주섬 옷을 입었다. 견훤은 백일천지 아래서 짐승이 되었던 것이다. 거기에 덧붙여 자기 부하들에게 엉뚱한 명령을 내렸다. "왕실의 비첩들을 하나씩 골라잡아 난음하라."고 문명화된 인간 세상에서는 있을 수 없는 명령을 내렸다. 그것은 명령이 아니라 죽이라는 것보다 더한 몰염치하고 치사한 지시였다. 1천 년 간 신라왕이 정사를 봤던 근정전은 삽시간에 강간을 하고 당하는 추악한 강간의 소굴로 변했다.

이렇게 인간의 도덕과 양심을 지닌 사람들에게 "짐승이 되라."고 명한 견훤이란 어떤 사람인가. 그가 어렸을 때 그의 부모는 들에서 일하기 위해 그를 바구니에 담아 나무 밑에 두었다. 그에게 젖을 먹이러 다가가보니 큰 호랑이가 와서 젖을 빨리고 있었다고 한다. 이러한 그의 전설처럼 그는 용맹하고 야성적이었다고 한다.

견훤은 이런 짐승과 같은 추잡한 장면을 연출시킨 뒤 궁궐을 샅샅이 뒤져 귀금속과 보물을 약탈하고, 왕의 조카 부(傅)를 왕으로 세운 뒤 사라졌다. 견훤에 의해 세워진 이 신라왕이 곧 신라의 마지막왕인 경순왕(敬順王)이다.

견훤은 아마도 신라가 왕비 이하 고위 신하들의 부인 모두가 공개 난행을 당하면 서로 부끄러워 회의도 못하고 결국엔 스스로 붕괴될 것으로 판단하고 이 같은 비인도적 만행을 저질렀음직하다. 그러나 인간 도덕을 완전 무시한 지나친 비인도적 처사에 대해서는 반발로 비상한 대응책이 나온다는 것을 견훤은 채 생각지 못했던 것 같다.

견훤 덕분에 왕이 되긴 했지만 그의 포악하고 비인간적인 야만 행위는 경순왕의 뇌리를 한시도 떠난 적이 없었다. 고모가 옷이 벗겨지고 만인이 보는 가운데 당한 그 처참한 성폭행과, 종친과 백관들이 다 지켜본 그 동물적 행위를 바탕으로 하여 자신이 왕이 되었다는 자책감은 경순왕으로 하여금 종친과 백관들을 마주 볼 수 없을 만큼 괴롭혔다.

견훤이 떠난 후에도 계속해서 경순왕에게 "군대를 내어 고려와 후고구려와의 싸움에 참여하라."고 지시했다. 특히 자신의 출생지인 상주(尚州) 가은현(加恩縣) 싸움에서 현의 성까지 포위했으나 승리를 거두지 못하자 경순왕에게 "조금만 더 밀어냈으면 승리할 수 있었는데 그것을 못하느냐!"고 추궁하고 "다음 또 한 번 그런 일을 하면 왕의 자리에서 물러나라."고 경고했다. 그러면서 "군사 2만 명을 내가 직접 지휘할 후백제군에 편입시키라."고 노골적인 압력을 가했다.

밤낮 없는 고민과 살아남을 방도가 없던 경순왕은 견훤에게 계속 모욕과 비인간적인 지시를 받기보다는 차라리 나라를 왕건에게 바치는 것이 좋겠다고 생각했다. 이런 지시를 받았다는 사실이 알려지자 종친과 대신들 앞에 얼굴을 들고 나서기가 더 힘들었다. 나라를 고려에 바치기로 한 결심을 대신들에게 말하자 대신들은 일제히 "천 년 사직을 어떻게 바치느냐."면서 반대했다. 경순왕은 구구한 설명 없이 내심의 결심을 하고 고려 태조 왕건에게 "경주에서 만나자."는 무조건의 제의를 했다. 이를 받아들여 왕건은 봄 2월에 50여 명의 단출한 기병만을 거느리고 경주로 경순왕을 방문했다. 조용한 좌석에서 왕건을 만난 경순왕은 술기운이 돌자 솔직하게 입을 열어 하고 싶은 말, 이번에 왕건을 초청한 목적을 말하기 시작했다.

"내가 하늘의 도움을 받지 못하여 화란을 받았고 견훤이 우리를 이처럼 모욕하니 얼마나 통분한 일입니까?"라며 견훤이 쳐들어와 먼저 왕을 자진케 하고, 왕비를 공개적으로 능욕한 이야기를 하면서 눈물을 줄줄 흘리니 좌우에 목이 메지 않는 이가 없었다. 왕건 또한 눈물을 흘리며 "너무 애통해하지 마오. 우리 둘이서 그 복수를 합시다."라며 위로했다. 이로 인하여 수십 일을 머물고 왕건은 돌아갔다. 경주의 사녀들이 모두 즐거하며 "옛날에 견씨가 왔을 때는 시호(豺虎)를 만난 것 같더니, 왕공이 이르니 부모를 뵙는 것 같다."고 반겼다. 이런 바탕 위에서 경순왕은 태자(太子)의 결사반대 속에 왕건에게 3번 절하고 홀을 넘긴 뒤 나라를 왕건에게 바쳤다.

태자는 나라가 바쳐지자 "나라가 망했으니 나는 상주(喪主)나 다름없다."며 상주들이 입는 베옷을 입고 홀로 금강산으로 들어갔다. 후대 사람들이 그를 마의태자(麻衣太子)라 부르는 것은 그가 떠날 때 마의를 입고 떠났기 때문이다. 그는 그렇게 떠난 뒤 아무런 소식도 전해오지 않았다.

태조는 경순왕을 태자 위에 있는 벼슬인 정승공(正承公)에 봉하고, 장녀 낙랑공주(樂浪公主)를 아내로 삼게 하여 부마로 대우하면서 송악 근처에 살게 했다. 마의태자의 행소를 찾아보았으나 움막으로 거처를 하고 살고 있어 다시 송악으로 초청했으나 응하지 않았다. 그 후엔 사람의 눈에 띄지 않았다.

이렇게 비윤리적이었던 견훤은 자기 자식들에 의해 망했다. 견훤은 아들 9명을 두었는데 넷째 아들 금강(金剛)에게 왕위를 넘기려 하자 935년 이찬 자리에 있던 능환(能奐)의 사주를 받은 장자 신검(神劍)과 양검(良劍), 그리고 용검(龍劍)에 의해 전북 금산사(金山寺)에 유폐되었다가 고려 왕건에게 투항했다. 그는 복수를 위해 자기가 세운 후백제를 치는 전쟁에 참가하여 아들 신검과 능환의 목을 베었으나 그 과정에 분한 일로 등창이 나서 연산(連山)의 절에서 죽었다(『三國史記』, 「新羅本紀」 敬順王).

견훤은 어렸을 때부터 비범했다는 것은 많은 일화를 통해 알 수 있다. 그는 본래 이씨인데 후에 견씨로 성을 고쳤다. 아버지는 아자개(阿慈介)인데 아들 넷을 두었으며 모두 세상에 이름이 났다. 그중에서도 훤이 가장 걸출하다고 했다.

『고기(古記)』에는 견훤에 대해 이렇게 기록되어 있다.

> 옛날 광주(光州)에 한 부자가 살고 있었다. 그에게 딸 하나가 있었는데 자태와 얼굴이 단정했다. 어느 날 딸이 아버지에게 말했다.
> "밤마다 자줏빛 옷을 입은 한 사내가 찾아와 잠자리에 들어 정을 통하곤 합니다."
> 아버지가 말했다.
> "네가 긴 실을 바늘에 꿰어 사내의 옷에 꽂아 두어라."
> 딸이 그 말대로 했다. 날이 밝자 북쪽 담장 아래에서 실을 찾았는데, 바늘이 커다란 지렁이 허리에 꽂혀 있었다. 그 뒤에 딸이 임신하고 한 사내아이를 낳았는데, 나이 열여섯에 스스로 견훤이라 칭했다.

경복 원년 임자년(892)에 '왕'이라 일컬었고, 완산군에 도읍을 세워 43년을 다스렸다. 갑오년(934)에 훤의 세 아들이 찬역하자 훤이 태조에 투항했다. 아들 금강(金剛)이 즉위했지만 병신년(936)에 고려 군사와 일선 군에서 맞싸워 백제가 패하고 나라가 망했다. 견훤에 대한 또 다른 이야기는 이렇다.

> 견훤이 아직 강보에 쌓여 있을 때 그의 아버지가 들에서 밭을 갈고 있었음으로 어머니가 밥을 가져다주었는데 아기는 수풀 밑에 두었다. 어머니가 일을 마치고 오려고 아기를 찾으니 호랑이가 젖을 먹이고 있었다. 마을 사람들이 그 이야기를 듣고 이상히 여겼다. 그러더니 자라나면서 체격과 용모가 웅대하고 특이했으며, 기개가 호방하고 범상치 않았다. 군사가 되어서는 창을 베고 적을 기다릴 정도로 기백이 항상 다른 사졸을 앞섰다. 그곳에서 비장(裨將)이 되었다.

경복 원년(892)은 신라 진성여왕이 왕위에 오른 지 6년이 되는 해인데 총애하는 신하들이 곁에서 국권을 농락해 기강이 문란해졌다. 게다가 기근까지 겸해 백성들이 흩어지고 도적들이 벌떼처럼 일어났다. 그러자 견훤이 몰래 반심을 품고 무리들을 불러 모아 서울 서남쪽 고을들을 쳐부수고 다녔다. 그가 이르는 고을마다 백성들이 호응해 한 달 사이에 군사가 5천이나 되었다. 드디어 무진주를 치고 스스로 왕이 되었지만, 공공연히 왕이라 일컫지는 못하고 신라 서남도통(庶男都統) 한남군(漢南郡) 개국공(開國公)이라 일컬었다.

견훤이 북원의 도적 양길(良吉)이 강하다는 소문을 듣고 그에게 비장의 벼슬을 주었다. 그가 서쪽으로 순행하면서 완산주에 이르자 고을 백성들이 크게 환영했다. 그는 인심 얻은 것을 기뻐하면서 좌우에게 말했다. "백제가 개국한지 600여 년에 당나라 고종과 신라 김유신이 군사를 몰아 황산을 거쳐 백제를 쳐서 멸망시켰다. 내 이제 어찌 도읍을 세워 묵은 울분을 씻지 않으랴." 그는 드디어 후백제의 왕이라 자칭하면서 관청을 설치하고 벼슬을 나눠줬다. 광화 3년(900)이고 신라 효공왕 4년이었다. 견훤이 겉으로는 고려 태조와 친한 척했지만 속으로는 상극이었다. 견훤은 태조에게는 준마와 철원의 궁예에게는 공작 부채와 지리산의 대살 화살을 바쳤다.

신라의 여러 신하들이 "신라는 이미 쇠퇴해서 다시 일어나기 어렵다. 우리 태조를 끌어들여 화친을 맺고 구원을 청하자."고 하였다. 견훤이 이를 듣고 다시 신라 왕도에 들어가 포악한 짓을 저지르려 했으나 태조가 먼저 들어갈까 두려워 글을 보냈다. 두 사람은 서로 비방하는 글을 교환했다.

병신년(936) 정월에 견훤이 아들에게 말했다.

"늙은 아비가 신라 말년에 후백제의 이름을 세운지 이제 몇 년이 되었다. 군사가 북군보다 갑절이나 많은데 아직 승리하지 못했으니 아마도 하늘이 고려에게 손을 빌려준 듯하다. 북왕에게 귀순해 목숨이나 보전하는 것이 좋지 않겠느냐?"

그러나 그의 세 아들이 모두 듣지 않았다.

견훤이 아홉 자녀를 두었는데 맏아들은 신검(神劍)이고, 둘째아들은 태사 겸뇌(謙惱)이며, 셋째는 좌승 용술(龍述), 넷째는 태사 총지(聰智) 또는 금강(金剛)이며, 다섯째는 대아간 종우(宗祐)이며, 여섯째는 이름이 전하지 않는다. 일곱째는 좌승 위흥(位興)이고, 여덟째는 태사 청구(靑丘)이며, 아들 이외에 딸 하나가 있었는데 이는 국대부인(國大夫人)의 소생이며, 아들은 모두 상원부인(上院夫人)의 소생이다.

견훤은 처첩이 많아 아들이 아홉 명이나 있었는데, 그중에서도 금강이 키도 크고 지략도 많았다. 견훤은 그를 특히 사랑해 왕위를 그에게 물려주려고 했다. 아들들이 이를 알고 대책을 세웠다. 양검과 용검은 밖의 벼슬에 나가 있고 신검만이 아버지 곁에 있었다. 이찬 능환이 밖의 아들들에게 양해를 얻고 을미년(935) 봄 3월에 신검에게 권유해 견훤을 금산사 불당에 가두고 사람을 시켜 금강을 죽이게 했다. 신검은 대왕이라 자칭하면서 나라 안에 대사령을 내렸다.

처음에 견훤이 아직 잠자리에서 일어나지 않는데 멀리 궁정에서 떠들썩한 소리가 들렸다. 견훤이 "이게 무슨 소리냐?"고 물었더니 신검이 아버지에게 대답했다.

"왕께서 연로하시어 군국(軍國)과 나라 정사에 어두움으로 맏아들 신검이 부왕의 자리를 섭정하게 되었다고 여러 장수들이 기뻐 축하하는 소리입니다."

그 후 견훤을 금산사 불당으로 옮기고 파달(巴達) 등의 장사 30명을 시켜 지키게 했다.

견훤이 후궁과 나이어린 남녀 두 명 및 시비 고비녀(古比女), 나인 능예남 등과 함께 갇혀 있었는데 4월이 되자 술을 빚어 자기를 지키던 군사 30여 명에 먹여 취하게 만들고 달아났다. 견훤은 고려 태조와 연락을 취했다. 연락을 받은 태조는 측근들과 함께 바닷길로 가서 맞이

했다. 견훤이 도착하자 태조는 자기보다 10년이 위라고 그를 높여 상부(尙父)라 하고 남궁에 모셨다. 그리고 양주의 식읍(食邑)과 노비 40명, 말 9필을 주고, 그 나라에서 먼저 항복해온 신강(信康)을 아전으로 삼았다.

견훤의 사위인 장군 영규(英規)가 남몰래 아내에게 말했다.

"대왕께서 집안사람의 작란으로 땅을 잃고 고려를 따르게 되었소. 정숙한 여자는 두 지아비를 섬기지 않고 충신은 두 임금을 섬기지 않는 법인데, 만약 내가 임금을 버리고 반역한 아들을 섬긴다면 무슨 낯으로 천하의 어진 선비들을 보겠소. 더구나 내가 듣기로 고려의 왕공(王公)은 어질고 검소해서 민심을 얻었다 하니 이는 하늘이 열어준 것이라 반드시 삼한의 임금이 될 것이요. 그러니 내 어찌 글을 올려 우리 임금을 위로하고, 아울러 왕공(王公)에게도 은근한 정을 보내 뒷날의 행복을 도모하지 않겠소?"

아내가 말했다.

"당신의 말씀이 바로 내 뜻입니다."

그래서 병신년(936) 2월에 사람을 보내 태조에게 자신의 뜻을 말했다.

태조가 기뻐하여 사자에게 후한 예물을 주어 보내면서 영규에게 고마워했다.

"만약 장군의 은혜를 입어 하나로 합쳐지고 길이 막히지 않는다면, 먼저 장군을 뵈온 뒤 마루에 올라 부인께 절하며 형님으로 섬기고 누이로 높이겠습니다. 반드시 끝까지 후하게 갚겠습니다. 천지 귀신도 모두 이 말을 들을 것입니다."

6월에 견훤이 태조에게 말했다.

"노신(老臣)이 전하께 몸을 던진 까닭은 전하의 위엄에 기대어 반역한 자식을 죽이려 했기 때문입니다. 엎드려 바라건대 대인께서 신병(神兵)을 빌려 난적(亂賊)을 섬멸하신다면 신은 비록 죽어도 유감이 없겠습니다."

태조가 말했다.

"토벌은 하겠지만 때를 기다리고 있었습니다."

태조는 태자 무(武)와 함께 장군 술희(術希)를 보내 보병과 기병 10만으로 먼저 천안부(天安府)로 달려가게 했다. 가을 9월에 태조가 3군을 거느리고 천안에 이르러 군사를 합해 일선(一善)까지 나아갔는데 신검이 군사를 끌고 막아섰다. 일리천(一利川)을 사이에 두고 서로 맞섰다. 백제 장군은 효봉(孝奉), 덕술(德述), 애술(哀述), 명길(明吉) 등이었는데 태조 측의 군세가 크고도 정돈된 것을 보고 병기를 버리고 진 앞에 와서 항복했다.

태조가 위로하면서 물었다.

"장수가 어디 있느냐?"

효봉이 대답했다.

"신검은 중군에 있습니다."

태조가 군대에게 명하여 전진하며 양쪽에서 공격하도록 했다. 백제 군은 패해 달아나면서 황산(黃山), 탄현(炭峴)에 이르렀고, 신검이 장군 부달(富達), 능환(能奐) 등 40여 명과 함께 항복했다. 태조가 항복을 받아들이고 다른 사람들은 모두 처자와 함께 집으로 가게 했지만, 능환에게만은 책임을 물었다.

"처음 양검 등과 남몰래 모의해서 대왕을 가두고 그 아들을 세운 것은 너의 꾀였다. 신하된 의리로 그럴 수가 있느냐?"

능환이 고개를 숙이고 말하지 못하자 곧 명을 내려 목을 베게 했다. 신검은 목숨을 바쳐 사죄했음으로 특별히 목숨을 살려주었다.

견훤은 울화가 치밀어 등창이 났다. 며칠 뒤 황산 절간에서 세상을 떠나니 9월 8일이었고 나이는 70이었다. 어렸을 때 숱한 일화를 남기고 비범(非凡)하게 출발했다가 평범(平凡)하게 죽었다(『三國遺事』第2 記異 下).

9 조선족을 덮친 모스코의 찬바람

1. 날벼락 지시

1937년 9월 1일.

여름방학을 끝내고 검게 탄 얼굴로 학교에 첫 등교한 조선사범대학을 비롯한 신한촌의 각 학교에서는 등교한 학생들을 한 곳으로 집합시켰다.

무슨 일인가 하고 궁금해하는 사범대학 학생들에게 공산당 시당(市黨) 간부가 연단에 올라섰다. 그는 목청을 가다듬은 후 낮은 톤으로, 그러나 위엄을 갖춘 뒤 학생들에게 엄숙하게 말했다.

"이 원동에 사는 조선인 여러분들은 일본인들과 혼동되어 일본인 간첩이라는 좋지 않은 취급을 당하고 있습니다. 그러기 때문에 이런 일이 없도록 조선인들을 일본인들과 분리해서 다른 곳에서 살도록 하려 합니다. 학교도 자연 여러분들이 사는 곳으로 따라갈 것입니다.

9학년 이상의 학생들은 9월 25일에 지금 등교한 것과 같이 학교로 7시 20분까지 일찍 오세요. 그러면 학교에서 모든 준비를 다 할 것입니다. 여러분들의 부모님과 가족들은 뒤이어 여러분들을 따라갈 것이니 걱정하지 마십시오. 9월 25일입니다. 이 날을 잊지 마십시오."

학생들뿐 아니라 조선어 교수, 조선인 행정요원들도 이주에 포함되어 함께 간다고 했다.

같은 시간에 각각 다른 방법으로 신한촌의 조선사범전문, 4개 고급중학교, 8개 초급중학교, 조선어 신문인 《선봉》과 조선어 라지오원(라디오 요원), 그리고 조선극장의 배우들, 그 밖에 문화단체에 근무하는 조선인 980명 모두에게 9월 25일에 이주한다고 통고되었다.

이들이 소위 37년 원동(遠東) 조선인 강제 이주 사건의 제1진인 지식인, 학생 그룹이었다. 소련은 이 제1진 980명의 성공적인 이주 여부가 곧이어 있을 63개 부락에 걸친 18만 전체 조선인들의 이주에 직접적인 영향을 준다고 판단, 1진 이주는 정치적 선전을 겸한 치밀한 고급 행사였다.

9월 25일 학생들은 이 엄청난 비극의 시작은 전혀 생각지도 않은 채 무슨 소풍이라도 가는 듯 깨끗이 빤 옷을 입고 책보와 가방에는 책만 가득히 넣어 메고 학교로 나왔다. 그들은 미리 대기한 트럭에 올라 페르바야 레츠카 화물기차역으로 향했다. 일부 학생들의 부모는 아무래도 이 소집이 심상치 않다고 생각하고 가방에 먹을 것과 여벌의 옷을 넣어주는 섬세함도 보였다. 집을 떠나올 때 다시는 못 볼 것으로 생각하고 붙들고 울기도 했으나 대부분 학생들은 시당(市黨)의 지시를 그대로 믿고 따르고 있었다. 시당의 지시는 당을 대표하는 것으로 좋든 싫든 따르지 않을 수 없는 강제성이 전제되어 있기 때문이다.

특히 제1진의 조선사범대학 학생들은 소련의 노교수 몇 명이 "학교와 학생들이 떠나는 데 우리만 뒤에 남을 수 있느냐."면서 이주 대상에서 빠져 있었는데도 가족을 데리고 1진에 굳이 합류함으로서 학생들의 마음을 한층 든든히 했다.

조선극장의 배우들은 새 지역에서도 역시 연극을 하겠다는 의미로 무대장치 및 의상과 화장품들을 한 짐씩 들고 나섰다.《선봉》신문의 기자들과 조선 라지오원들은 떠날 때부터의 이야기를 기록해야 한다면서 열심히 르포형의 글을 쓰고 있었다. 모두가 타 지방으로의 이주가 무슨 뜻을 내포하고 있는지를 알지 못하고 있었다. 말이 좋아 '이주'지 사실은 죽음의 문턱으로 간다는 사실을 당시로서는 알 수가 없었다. 조선족은 그만큼 정보가 폐쇄되어 있었고 순박했고 천진스러웠다. 이주민들 가운데는 바지와 저고리, 그리고 곱게 물들인 치마저고리로 조선의 전통미를 마음껏 내뿜고 있었다.

소련측으로 보면 일단 성공이었다. 대상자 모두가 이렇게 순순히 응해주리라고는 생각하지 못했기 때문이었다. 바로 이 이동 때 반대 의사를 밝히지 못하도록 1년 전부터 5백여 명의 조선 지도자들을 미리 숙청해버린 효과이기도 했다.

금시 눈이라도 내릴 듯이 음산한 라즈돌로니 기차역에는 살을 에는 추위 속에 32량의 침대객차가 을씨년스럽게 기다리고 있었다. 그리고 차량 주변엔 권총과 장총으로 무장한 내무서원들이 발걸음을 빨리한 채 오가고 있었다. 몇몇은 위압감을 더하려는 듯이 말을 타고 있었다.

차량에는 20명씩 분승하고 따뜻한 물까지 먹을 수 있게 준비되어 있었다. 구내역 방송에서는 "공산주의 창시자 위대한 레닌은 러시아의 대(大)민족주의 부활, 공산당의 교만, 무식이라는 3가지를 배격하라고 하시었습니다."라는 설교 아닌 레닌에 대한 훈계가 계속 나오고 있었다. 평소에도 귀에 익은 내용이었다. "오늘의 이 이주는 대민족주의 부활을 반대하고 소수민족과 화합이라는 교훈을 실시하고 있다는 증거"라고 귀가 울리게 방송을 하면서 열심히 행진곡 음악이 흘러나왔다. 방송에 귀를 기울이는 사람은 없었지만, 방송은 누가 들으나 듣지 않거나를 구분하지 않고 계속 흘러나왔다. 볼셰비키 혁명이 있은 뒤 적거나 많거나 사람의 집합 장소에서는 으레 있는 일이었다. 어디서나 '위대한 혁명완성'이라는 판에 밖은 듯이 외쳐대는 연설이었다.

가을걷이를 채 다 못해 마음이 분주한 출영 가족과 친지들은 어쩐지 허전하고 야속하다는 마음이 들었다. 그러나 이것이 '조선인 강제 이주'라는 엄청난 역사적 비극의 전주이며 소련의 대사기극이라는 데까지는 생각이 미치지 않았다. 조선인들은 공산주의 정권의 잔인함과 비인도성을 채 알지 못하고 있던 때였다.

제1진 문화인들에 대한 파격적인 예우는 그들을 전송하기 위해 나올 가족과 친지들의 입소문을 고려한 파급 효과를 계산한 것이었다. 이 1진 학생과 문화인들의 부모 대부분은 조선 사회의 지도급 인사로서 조선 사회에서 이미 제거되어 시베리아로 유형에 처해졌거나 비밀리에 총살형에 처해진 유자녀가 대부분이기도 했다.

이들을 떠나보내는 심정이야 가슴이 찢어질 듯 말할 수 없이 쓰라린 것이었다. 하지만 낡은 망건에 흰 두루마기를 입고 나온 한 할아버지는 "지금까지 일본 사람들에게 속아 살았는걸, 뭐."라고 뒤끝을 남기는 말을 했다. '이렇게 떠내 보낼 것까지야 있는가'라는 가벼운 이의였다. 이 정도가 남은 사람들이 표면적으로 나타낸 서운한 마음의 표시 전부였다. 조선 사람은 언제부터인가 이 소련 땅에선 속마음으론 통곡을 할지언정, 이를 밖으로 내보이는 것은 절대 금물이라는 삶의 지혜인 체념을 배우고 있는 것이다. 자기 속을 내보이는 것은 언젠가, 누구에게 고발되어 피해를 본다는 것을 너무나 잘 알고 있기 때문이었다. 그래서 속마음의 십분의 일 정도만을 가볍게 표시해야 된다는 지혜를 배워온 터였다.

속으로 우는 부모와 가족을 뒤로 남긴 채 제1진 학생·문화인 그룹은 의미도 모르고 목적지는 더욱 모른 채 떠나갔다.

제1진이 대우를 받은 것은 사실이지만, 그들조차도 어디로 가는 것인지, 언제까지 가야 하는 것인지 등에 대해서는 아무것도 아는 것이 없었다. 무조건 실려 가는대로 끌려갈 뿐이었다. 소장수가 소를 팔기 위해 끌고 가면 따라가야만 하는 소들과 다름이 없었다.

그들에게 찌르듯이 와닿는 내무서원들의 눈초리는 심장까지 뚫고 들어가는 듯 예리했다. 그래서 기차에 탄 사람이나 전송을 하는 사람이나 모두가 더욱 몸이 움츠러들었다. 조금의 반항이나 이의제기가 있으면 중도 하차 형식으로 어디론지 증발해버리는 공포감을 온몸으로 느끼고 있었다.

기차 속에서도 조선인들은 말로는 할 수 없지만 머릿속은 불안으로 가득 찼다. "될 대로 되라지, 뭐. 어차피 우리는 소련 사람들의 눈치 속에서 살아왔으니까. 운명이야. 모든 게 운명이야!" 이것이 끌려가는 조선족 개개인의 운명이라고 당사자들은 생각했다. 그러면 이 운명은 누가 결정하는 것인가? 동리 내무서원들인가? 하늘님보다 더 높다는 스탈린 대원수인가? 아니면 다른 누군가? 법률적 특권으로 나를 죽일 수도 있고, 살릴 수도 있는 열차 안의 내무서원인가? 운명이란 과연 무엇이며, 그 결정은 누가 하는 것인가?

"이 각박한 상황에서, 조선족들은 모두 어느 곳으로 흘러가듯 떠나가고 있는데도 '어디로 가느냐?' '어려움은 없느냐'고 한마디 위로의 말도 못하고 있는 판국이다. 그러니 조선이란 나라는 우리에게 무엇인가?" "우리를 쫓아내는 저 사람들과 쫓김을 당하는 우리는 어떻게 다른가?" 하는 생각이 머릿속을 감돌았다. 급하니까 그래도 생각나고 의지하고 싶은 것은 무력해 빠진 나라 조선뿐이었다.

조선인 강제 이주가 시작되자 블라디보스톡에서 저 북쪽으로 흑룡강까지 수천 리에 걸쳐 살던 18만 조선인 사회는 송두리째 술렁이기 시작했다.

이주 명령은 물론 극비리에 중앙당에서 하달되었고, 집행도 극비리에 착착 진행됐지만, 이주는 제1진에 그치지 않고 조선인 전체가 이주를 하게 된다는 이야기가 슬금슬금 새어나오기 시작했다. 공산당이 주민의 충격을 줄이기 위해 지극히 작은 토막을 흘리기 때문이기도 했다.

신한촌 주민들은 서로 만날 때마다 "마를(말을) 들었으매?", "무시기 말이란 말임둥?" 하고 물었다.

신한촌 600여 호 중에서도 중앙통 서울거리와 개풍거리, 그리고 하바로쓰까야, 아무르쓰까야, 멜로니꼽쓰까야 등 번화가에 사는 사람들과 스탈린 구락부(연예, 오락 등 극장 구실을 했음)에 출입하던 사람들은 조선족 모두를 강제 이주시킨다는 말을 들었다. 그런가 하면, 아무르 강[1] 주변의 먼 강가에 사는 사람들과 신한촌 주변을 벗어나 경사진 산 위에서 사는 사람들은 전혀 아무 말도 듣지 못하고 있었다.

"어찌 되는 거지비?"

"뉘긴들 알겠음매?"

"이럴 때 우리 당위원장 아파나시 동무(아파나시 김변강당 위원장은 이때 이미 총살을 당했음이 소련 붕괴 뒤에 밝혀졌음)라도 있으믄 얼매나 좋았 겠소."

바로 이런 때 여론을 다른 곳으로 끌고 갈지 모른다는 판단 아래 소련 정부는 2,800여 명의 조선인 지도자들을 15분에 한 명씩 재판을 하는 형식으로 모두 처형해버린 예비 작업을 완료한 바 있었다.

"저기 우리 개체기(신한촌을 현지 주민들이 부르는 사투리. 개척지라는 뜻) 입구에 독립 대문이 서 있지 안습매? 가기는 어디로 간다는 말임둥?

---

1 아무르강 : 소련과 중국의 국경선을 따라 흐르는 강. 중국 측에서 이강을 흑룡강이라고 부른다.

무시기든지 이제 독립적으로 하자는 거 아이오?"

"저 하늘보다 먼 카자흐스탄인가 하는 곳으로 간다고 하는 거 아님매!"

"무시기라? 우리는 올해 싸를(쌀을) 열 가매 주고 누렁이(큰 암소) 한 마리 들여놓지 안았으매? 유(柳) 아바이 내외와는 가을 떡으루 해 먹은 뒤 잔치하기로 약조까지 하지 안앗갓소?"

'이주'라는 단어가 나올 때마다 김만복(경상북도 산음, 부인 서말순) 영감은 피가 거꾸로 돌았다. 김 영감이 잔치나 약조라는 것은 올해 11살 먹은 아들 칠복이와 유춘근(함경북도 북청, 부인 박미인) 영감의 9살 먹은 딸 꽃분이를 장래 짝을 지어주기로 하고, 피붙이 하나 없는 외로운 이곳에서 미리 사돈을 맺어 가까운 인척 사이로 지내자는 뜻으로 잔치를 하고 축하하기로 약조한 것이다. 같은 시기에 이곳 개체기에 정착한 김 영감과 유 영감은 며칠 전 중신애비격인 신한촌 옆 마을 이스크라촌의 얌전하기로 이름 난 충청도 양반 하(河)지역 당위원장과 함께 만나 셋이서 소련술 보드카 대신 조선술 막걸리 몇 잔을 걸친 일까지 있었다.

"김 영감, 유 영감! 받으오, 내 술 한 잔을 받으오. 친척이 따로 있는가? 이렇게 맺고 보면 친척이지비! 아이 그러하오?"

"맞지비, 맞지비. 맞잖쿠."

"어 ― 기분 좋습매. 저기 죄선(조선)이 보입매."

언제나 기분이 좋으면 '저기 죄선이 보인다'는 표현으로 향수를 달랜다. '죄선'의 두 글자는 이들에게 희망이며, 소원이며, 만족을 표하는 대명사였다. 그 '죄선'의 글자 위에는 본 일은 없지만 언제나 인자하다는 임금님 모습이 포개어 있었다.

"우리 한 잔씩 더 하기요."

신한촌에 뿌리를 내린 뒤 이제 빚도 다 갚았다. 가을걷이를 하고나니 뒷마루에 먹을 양식이 그득하다. 자식 일찍 짝 채워 주려고까지 여유를 갖는 김 영감과 유 영감이다. 감자 하나로 식구들 주린 배를 채우던 때가 불과 4~5년 전이었건만, 이젠 흥겨운 일만 남았다. 비록 두 영감뿐 아니라 600세대의 신한촌 사람의 생활이 이제 차츰 자리를 잡아가고 있었다. 더구나 올해는 논 물대기가 수월해 풍년임에 틀림없으니 신한촌뿐 아니라 이웃의 이스크라촌 등 해삼위 모든 촌 주민들의 얼굴에 싱글벙글 웃음이 가득하다. 생일, 환갑, 동갑계 등 잔치마다 먹을거리가 넘쳐났다.

"죄선서 손바닥만한 논 한번 소작하려고 허리가 땅에 닿도록 지주에게 굽실대던 때가 옛날 같구먼. '감자 하나가 사람 머리통만하여 네 식구가 감자 하나면 한때를 메울 수 있다'고 해서 우리가 속아 여길 오긴 했지만, 잘 왔지비."

"우리 모두가 훨훨 털고 잘 왔지비. 밥이나 한번 실컷 먹자고 이곳까지 온 것 아이겠소."

"고럼, 고럼."

블라디보스톡의 이주 제2진은 1진이 떠난 뒤 15일 후인 10월 10일로 결정되었다고 통고가 내렸다. 이주의 제1진이 떠나고 나서도 마을이 텅 빈 것 같았는데, 제2진이 떠날 채비를 하자 원동의 606개 조선인 마을들은 집과 논, 가축, 들판에 누렇게 익은 가을 추수 거지와 그 처분 등으로 마을이 온통 쑥대밭이 되었다. 떠나는 사람이나 남는 사람이나 집집마다 곡소리로 가득했다. 만나면 인사로 울고, 울고 나면 또 슬퍼져서 울고, 울다보면 신세가 너무 한심해서 또 울고 하여 울음이 그칠 새가 없었다.

한문서당을 경영하던 상투 어른(누구를 만나든 '사람은 조상 때부터 내려온 대로 상투를 틀어야 한다'고 강조해서 신한촌에서 이렇게 부름)은 "조상을 홀로 남겨두고 떠날 수는 없는 일"이라며 조상 묘를 파서 그 유해를 화장해 상자에 넣어 깨끗한 천으로 쌌다.

상투 어른의 행동으로 몇 집이 이를 따라 조상 유해를 화장해서 밀봉했다. 신한촌 네거리집의 송화 어머니 의견에 따라 몇 사람은 이팝(쌀밥)을 지어 말렸다. 이 말린 이팝을 뜨거운 물에 넣으면 다시 먹을 수 있는 밥이 된다는 것이었다.

그러나 무엇보다도 마을 사람들이 공감을 느낀 것은 농사일이다. '조선 사람은 어디를 가든지 농사를 지어야 한다.' 그러자면 볍씨를 가지고 가야 한다는 것이다. 집집마다 종자로 좋은 볍씨를 가을 볕에 말려 가마니에 넣어 등에 지고 간다는 것이었다. 이는 실제로 나머지 조선족이 모두 떠나는 때까지 등에 한 가마니의 볍씨를 지고 손에는 자식 공부는 시켜야 된다면서 한문 책 몇 권씩을 싸가지고 가는 공통된 장면에서도 잘 나타났다. 조선 사람은 어디를 가나 농사와 자식 공부가 그들 생활의 전부였다.

떠나는 날 알려진 사실이지만, 벽지의 조선 마을 사람들은 기차라는 것을 이주하는 날에 처음 봤다고 할 정도로 땅밖에 모르고 살았다. 노인들은 상투에 흰 바지저고리와 두루마기 차림이 대부분이었다.

떠날 날이 다가오자 '이제는 모두가 끝장'이라는 생각에서 장터에 닭, 개, 돼지, 소 등을 팔려고 나온 사람들로 뒤범벅이 되었다. 그러나 살 수 있는 사람들은 떠나지 않고 이 땅에서 편히 살아갈 수 있는 중국과 러시아 사람들뿐이다. 그들은 어차피 조선 사람들은 집과 땅뿐 아니라 모든 가축도 두고 갈 수밖에 없다는 것을 너무 잘 알기에 닭 한 마리와 빵 하나를 맞바꾸자는 값 흥정을 했다. 특히 출발 며칠 전에 '이삿짐은 등에 지고, 머리에 이고, 두 손에 드는 것에 한정하고 이 짐들은 다시 모두 합해 25뿌트(약 40근)를 초과할 수 없다'는 지시가 내려오자, 남는 러시아 사람들의 값 깎기는 더욱 심해졌다.

2차 이주 이후에도 같은 내용으로 기차역에 집합하라는 명령이 내렸다. 말로만 듣던 강제 이주가 조선인 모두에게 현실로 다가온 것이다. 신한촌 일반 주민은 대부분 90회가 넘게 오고 간 운반 기차 중 10회 차 이후에 해당되었다.

강제 이주 명령을 받은 지식인 중에는 강제 이주를 피하기 위해 보따리를 싸가지고 마을 뒤 산속으로 도망치는 사람도 생겼다. 그러나 이렇게 도망치다가 잡힌 사람들은 그 자리에서 내무인민위원들에 의해 총살을 당했다고 소문이 자자했다.

이 당시 내무인민위원들은 사회 안전을 위해 필요하다고 판단되면 총살을 할 수 있는 권한이 있었다. 그러니 사실 내무인민위원들은 모두가 총살 권한을 가지고 있는 셈이었다. 이렇게 내무인민위원들에게 총살을 당한 것은 사법의 심의 대상이 되지 않았다. 이것이 스탈린 법이었다. 이를 통해 소련이 어떤 사회 분위기 속에서 운영되었는지를 알 수 있기도 하다.

이주민을 싣고 가는 기차 차량이 많고 보니 실려 가는 사람들에 대한 대우와 여건이 천차만별이었다. 모든 것이 운명이며 재수였다. 어떤 기차에는 사람이 동물 취급을 당해 '인간 가축'이 되었는가 하면, 황마이 씨(카자흐스탄 체육대학 교수)는 "탄 기차에 여유가 있어 목적지에 도착할 때까지 책을 읽을 수 있었고, 그 결과로 카자흐스탄에서 학교에 들어간 첫 학기에 1등을 했다."고 했다.

600개가 넘는 조선족 마을에서 사람을 싣고 가는 것이고 100여 회 이상을 기차가 왕복을 했으니, 이주민이 많을 때는 화물칸이든 객차이든 거침없이 가축 취급을 했고, 좀 여유가 있을 때는 여건이 좋았던 듯 당시를 회상하며 증언을 하는 사람마다 내용이 달랐다. 그러나 어떤 여건이든 사람 취급을 받지 못했다는 점은 공통이었다. 그리고 알마타에 거주하는 한 노인은 "지금도 지옥이라는 말을 들으면 이주 당시의 기차 안 생각이 난다."고 말했다.

김 영감은 집에서 이주 명령을 받은 후 너무나 기가 차서 울음조차 나오지 않았다. 그는 집 뒤에 있는 외양간으로 가 며칠간 식구를 대하듯 여물을 주고 등을 쓸어주고 콩도 삶아주고 하던 누렁이에게 다가갔다. 김 영감은 착 가라앉은 목소리로 "누렁아! 너를 두고 나만 멀리

가라는구나."하고 뿔을 어루만지자 참았던 눈물이 한꺼번에 쏟아졌다. 사람만 몽땅 떠나면 이 누렁이는 누가 거둔단 말인가. 누가 이 소를 차지한단 말인가. 누렁이는 무엇을 알아들었는지 아니면 감정이 전달되었는지 두 눈만 끔뻑일 뿐이었다.

누렁이를 주인 없이 혼자 두고 떠날 수는 없다. 혼자 두고 떠난다면 물세[水稅] 때문에 매일 와서 협박을 하던 그 척식회사 놈이 와서 "이거 웬 땡이냐!" 하면서 당장 끌고 갈 것이 뻔했다. 끌고 가서 잡아먹든지 팔아버릴 것이 너무도 뻔했다. 그러면 아무것도 모르는 이 누렁이는 끄는 대로 줄렁줄렁 따라가겠지. 그 끄는 줄이 운명이 될 줄은 눈치조차 못 차리면서……. 김 영감은 그것이 더 원통했다. 죽이면 죽는 순간까지 반항이라는 것은 한 번 생각지도 못한 채 끌려가서 죽임을 당하겠지. 나에게는 일생에서 가장 소중한 보물인 이 누렁이를 끌어가는 사람은 그저 소 한 마리 공짜로 생겼다는 정도의 가벼운 감정밖에 없겠지. 그것이 운명인지 무엇인지 생각도 없이.

그렇게 생각하자 김 영감은 문득 생각이 자신에게 미쳤다. 그렇다면 나는 무언가. 종이 한 장, 명령 한 마디에 어디로 가는 지도 모른 채 이곳을 떠나는 것이 아닌가. 명령 끝엔 무엇이 있을까. 끌고 가는 데로 가면 거기에는 무엇이 있을까.

김 영감의 늙은 어머니도 슬픔에 한몫을 더했다. 올해로 80세가 넘어 지난봄에는 온 동리가 나서 팔순 잔치까지 벌였던 어머니다.

"애비야, 이 집과 짐승, 그리고 세간살이를 고스란히 놔두고 떠난다니 그게 될 말이냐. 칠복이 잔치 때 두부를 하려고 손 하나 안 대고 쌓아둔 콩 가마와 기름 짤 참깨도 못 가지고 간단 말이냐. 나는 못 떠난다. 가긴 어디로 간단 말이냐. 어차피 죽을 몸! 죽어도 누렁이와 함께 내 집에서 죽겠다."

노인이라 아무것도 모를 줄 알았던 어머니가 누렁이와 다름없는 나보다 훨씬 사람답게 자기 운명을 자기가 쥐고 있겠다는 뜻을 분명히 가지고 있는 것이 아닌가.

그 차이는 어디서 나는 것일까. 어머니는 죽고 사는 것을 이미 떠나 있다. 소련 공산당이 와서 죽이면 죽고 살리면 살겠다는 뜻을 분명히 가지고 있다. 그런데 나는 미리 공포심을 가지고 있는 것이 아닌가.

젤레즈노도로쓰까야의 은순이네와 삼식이네들도 돌아가신 부모님을 함께 모시고 가야 된다면서 몇 해 전에 돌아가신 할아버지와 어머니 유해(머리)를 발굴하여 종이에 싸놓고 있다는 말도 들었다. 유해 봉안이야말로 자식된 도리라며 효심이 크다고 칭찬이 떠들썩하다.

언덕 위 집들에서는 '어차피 두고 갈 가축이라면 잡아서 포를 떠 가지고 가는 것이 좋다' 며 가축을 잡고 있다고도 했다. 김 영감은 차라리 두고 갈지언정 누렁이와 삽사리를 잡지는 못하겠다는 심정이었다. 칠복이가 추우면 방에 데리고 함께 자는 삽사리는 아무것도 모르고 사람을 보면 예나 지금이나 다름없이 꼬리를 치고 반기는 것을 보면 속이 뭉클하고 불쌍할 뿐이다. 사람이 죽으면 죽었지 이것들을 어떻게 잡아 고기를 말려 가지고 가겠는가. 그 고기를 가지고 가면 그것을 또 어떻게 씹어 먹는단 말인가. 아무리 사람이 배가 고프고 쓰러질 지경이라 하더라도 먹을 것이 있고 못 먹을 것이 있는 것이 아닐까.

김 영감은 쏟아지는 눈물을 소매로 훔치면서 집을 돌아봤다. 손을 본다 본다 하다가 아직까지 무너진 채로 있는 뒤 담장으로 눈이 가자, 그 무너진 자리에서도 한이 솟구쳤다. 울안에 심은 어린 대추나무 모종들, 올해에 부쩍 커서 앞으로 2~3년 후면 대추가 열릴 텐데……. 한 걸음 한 걸음 떼어놓을 때마다, 눈을 돌릴 때마다, 보이는 것 모두에 정이 들고 김 영감의 손때가 묻은 흔적들이다. 김 영감은 뒤뜰 한 바퀴를 다 돌지 못하고 끝내 꿇어앉고 말았다. 속으로 흑흑 소리를 내며 어깨만 흔드는 것이 보일 뿐이었다.

무생물인 집에도 영혼이 있듯 집의 담벼락과 주춧돌 등 모두가 산 사람처럼 팔을 벌리고 김 영감에게 달려든다. "영감님, 우리를 두고 혼자 가시겠다는 말씀이십니까. 우리도 데리고 가주세요. 멀리 가는 그곳이 어디든지 우리 함께 가서 살아요. 그곳에 가서도 춥지 않고 덥지 않게 우리가 보호해드릴게요. 이곳에서는 매년 지붕을 하느라 수고 많이 하셨는데 먼 그곳에 가서는 지붕을 안 해주어도 괜찮아요. 우리가 서로서로 의지해서 버틸게요."

칠복이는 항시 삽사리를 탐내던 네거리집의 소련 아이 이반이 삽사리를 자기에게 주면 잘 기를 수 있을 뿐 아니라 언제든 칠복이가 돌아오면 다시 돌려주겠다는 제안을 아버지의 권유에도 불구하고 뿌리쳤다. 엊그제는 삽사리가 털에 흙이 많이 묻었다면서 개를 발길로 밀어내듯이 천대를 하던 생각이 나서였다. 개는 데리고 가지 못한다고 통고가 왔지만 칠복이는 떠나는 날까지라도 삽사리를 끼고 있겠다고 했다. 그럼에도 이반은 마치 삽사리는 자기 개라는 듯이 낮에 빵조각

을 가지고 나와 먹이는 것이었다. 그것이 더욱 칠복이 마음을 아프게
했다.

소련 정부는 '외국으로 가고 싶은 사람들은 갈 수도 있고, 뒤에 남
겨두는 가축과 집 땅 곡식은 모두 후에 값을 치러 주겠다' 고 했으나,
값을 치러 주겠다는 약속은 물론 지켜지지 않았다. 외국으로 가겠다
고 신청한 사람들은 '외국 스파이' 로 몰려 총살형을 받았다는 뒷이야
기가 있다.

당시 소련은 이주인들의 재산을 20개 항목에 걸쳐 기록했다. 그러
나 이를 보상하는 목적으론 하나도 사용하지 않았다.

이주 초기의 약간 명은 어느 정도 질서 속에서 이루어졌다. 그러나
초기에 어떻게 수송되었느냐는 문제는 전체 이주의 성격과 비교할 때
에 큰 의미가 없다. 9월에 시작한 강제 이주 작업이 다음해 1월에야
완료된 시점까지의 지루한 이주 수송은 몇 달 간의 시간이 흘러가자
질서 없이 마구잡이로 진행되었다. 역시 어디로 간다는 것은 비밀에
붙였고, 이주자는 아무런 증명도 없고, 기차 또한 정원이나 어떤 번호
도 없이 유령열차와 같았다. 이미 추위가 시작된 이때까지 기차의 난
방이라고는 차량 가운데 덩그러니 놓인 무쇠난로 하나가 전부였다.
이 난로는 승차자들이 불을 유지하도록 되어 있었지만 화목이 없어
아무 구실도 못하는 때가 많았다.

이주자들은 열차 안의 준비 상황으로 보아 목적지가 남쪽이라는 정
도만 어설프게 알 뿐이었다. 이주 기차가 떠나자 영문도 모르고 주인
을 따라나선 개들은 차에 탈 수가 없기 때문에 기차 주변을 맴돌고 있

었다. 칠복이네 삽사리도 승차 거부로 칠복이와 역에서 강제 작별을 해야 했다. 그것이 작별이라는 것을 알 리 없으니 기차가 떠날 때는 짖으며 얼마 동안 기차를 따라왔다. 다른 몇 마리 개와 짖으며 기차 뒤를 따라 오는 모습은 울컥한 마음의 신한촌 주민들을 더욱 울렸다.

이주 막판이 되자 화물차량에 타는 사람들의 승차배치는 특별한 구분 없이 이루어졌다. 지시공문조차 ×월 ×일 ×까지 화물을 가지고 역으로 나오라는 정도였으니 지정 기차칸이나 좌석이 있을 리 없었다. 빈 공간이 있으면 주변에 있는 사람 아무나 쓸어 넣듯이 강제로 승차시켰다. 그 결과 한 가족이 딴 칸에 분산되어 승차하는 경우까지 있었다. 그 경우 다음 정거장에서 가족을 찾아 자리를 바꿀 수가 있긴 했다. 그러나 실제론 쌀과 벼가마, 옷가지, 보따리, 심지어 선조 유골까지 싣고 있는 모든 기차 칸을 점검할 수도 없고 짐들이 많아 짧은 시간에 승차한 사람들을 일일이 확인할 수도 없었다. 그래서 헤어진 가족을 찾기는 매우 어려웠다. 어떤 사람은 가족과 떨어져 먹지도 못하고 구걸하면서 수송되기도 했다.

소련은 나중에는 이주 수송에 가축 수송 화물차량까지 동원했다. 위에서 독촉 명령은 내려오고 수송수단은 모자라고 하니 일종의 비상수단을 동원한 것이었다. 차량의 유리는 깨어지고 어느 차량은 아예 문짝이 없는 경우도 있었다. 많은 경우엔 차량 하나에 30~40명이 보통이고 최고 50명까지 밀어 넣기도 했다. 사람이 가득 탔다고 하면 내무서원이 온다. 그러면 갑자기 승객들이 고무줄 처럼 밀려난다. 가축 수송과 사람 수송이 다른 점은 차량 중간에 상징적이지만 난로가 하나 있다는 것이었다. 그렇지만 많은 사람이 비좁게 우겨 탔고, 얼었던 가축의 배설물이 녹으면서 악취가 진동하여 참을 수가 없었다. 악취가 있건 없건 그나마 장소가 좁아 노인과 어린이는 구석에 눕게 하고 젊은이들은 문짝이 떨어져 송판으로 얽이를 한 문에 기대어 갔다. 가다가 송판이 부러지는 바람에 집단으로 차에서 떨어져 죽는 사고가 나기도 했다. 기차의 전복으로 많은 조선인이 떼죽음을 당한 일도 있었다. 그러나 그런 것은 어떤 문제도 되지 않았다. 최소한 조선 사람에겐 그랬다.

차는 철로가 단선이었기 때문에 오는 차를 피해 몇 시간씩 추위 속에 대기했다가 가곤 했지만 그 이유에 대해 설명해주지 않았다. 탈주자 문제 등으로 인해 낮에는 일반의 눈에 잘 뜨이지 않거나 동리 근처나 사람이 살지 않는 곳에 있다가 주로 밤에 이동했다.

대략 1개월 이상이 걸린 수송에서 소련 당국은 조선인의 건강문제라는 것은 처음부터 생각지도 않았다. 조선인이 죽는 것 자체를 염두에 두지 않았고 위생이란 사치였다. 때문에 불결한 차량 속에 짐짝처럼 넣어진 사람들에게 병은 필연적인 것이었다. 장티부스, 발진디부스 같은 전염병이 돌아 노인과 부녀자들이 많이 희생되었고, 특히 어린이들 사이에서는 홍역이 돌아 승차자의 절반 이상이 햇빛도 못 본채 피어보지도 못하고 영영 부모의 품을 떠났다. 죽은 어른이나 어린이들은 낯선 소련 땅 철로변에 입던 헌 옷에 싸인 채 버려졌다.

차가 멈추면 어디선지 빵과 뜨거운 물 등 먹을 것을 팔러오는 소련 사람들이 모여들었다. 이들이 부르는 값은 빵 하나에 닭과 돼지 한 마리 값이었다. 이 소련 장사들은 이주하는 조선인들의 약점을 너무 잘 알고 있었다. 주머니에 돈은 약간씩 있고 배는 고프니 값이 비싸다 해서 안 사먹을 수가 없다는 계산이었다. 조선인들은 고향을 떠나올 때 헐값에나마 가축과 집, 땅을 판 돈이 약간씩은 있었다. 그러나 얼마 되지 않는 이 돈은 한 달 수송 동안 대부분 하루 세 끼를 사먹느라고 거덜이 났다. 돈이 떨어진 사람은 옆 사람에게 얻어먹는 수밖에 없었다. 먹는 것 없이 대략 한 달을 이렇게 가니 건강을 지탱해내는 사람이 없었다. 모두 병자 신세가 되었다. 기차가 도착하면 그곳에서는 먹을 것이 좀 있을런지 하는 막연한 기대와 희망을 가지고 한 달을 실려 올 뿐이었다.

김만복 영감과 유춘근 영감은 '죽어도 같이 죽고 살아도 함께 살자'며 어린것들의 장래를 위해 예비 사돈답지 않게 무슨 일이 있어도 같이 행동하기로 했다. 그래서 이들은 거의 마지막 차까지 밀려왔지만 한 차에 타는 순간 세상의 소원이 이루어진 듯 기뻐했다. 그러나 김만복과 그 아내 말순 여사와 유춘근과 그 아내 꽃분이 어머니 박미인 여사 간의 부끄럽고 쑥스러운 일들이 많이 일어났다. 기차가 덜컹거리는 바람에 서로 몸이 부딪히는 경우는 그렇다 하더라도 기차가 서는 짧은 시간에 남녀 구분 없이 승차한 사람 전원이 차에서 내려 노천에서 대소변을 방료하게 하니 피차 못 볼 것을 보게 된다. 눈을 의식적으로 피했다. 그러나 그것도 하루, 이틀뿐. 시간이 지나고 경황이 어려워지니 모든 것을 본능에 맡긴 채 아무렇지도 않게 되었다. 신한촌 안에서도 그렇게 찾던 양반 상놈, 남녀 간의 예의라는 것은 모두 한가한 때의 이야기였다. 급하면 급하게 처신하는 것도 하나의 적응이었고, 예의였다.

김 영감은 말은 못하고 속으로 생각만 했다.

'어린것들 배나 안 굶기려고 이 먼 타향에까지 왔고, 이제 또 몇 년을 벌어 드려놓은 누렁소조차 떼어놓고 어디로 끌고 간단 말인가.'

기차가 멈출 때엔 내려가 끓는 물을 받고 쌀을 담가 풀을 쑤듯 밥이라는 것을 만들어 먹는다. 어느 때엔 며칠 만에 먹는 밥이기도 했다. 이 귀한 밥을 만들 때에 기차가 떠나는 바람에 가족이 헤어지고 낙오되기도 하며 귀한 밥을 버리고 떠나기도 한다.

몇 사람을 위해 차가 지체한다는 것은 상상할 수도 없는 일이었다. 차가 멈추었다 떠날 때마다 각종 비극이 연출된다. 죽은 사람을 간단히 장례 지낸다든지, 낙오자가 생긴다든지 하는 비극이다. 그러나 이런 것들로 울거나 안타까워할 시간은 없다. 죽은 사람은 죽더라도 산사람은 살아야 하기 때문이었다.

부락 사람들이 존경의 표시로 자리를 만들어주어 차량 구석에 누워있던 '상투 어른'은 어느 사이에 숨을 거두었다. 차가 간이역에 섰을 때 나중에서야 발견되었다. 김 영감의 80 노모도 짐승 배설물 썩은 냄새가 진동하는 차안에서 유명을 달리하여 철로변에 시신을 버리다시피 하고 떠났다. 그렇게 집을 안 떠나겠다는 고집을 꺾고 차에 오른지 불과 보름도 안 되는 사이에서였다. 굶음이 원인이었는지, 추위 때문이었는지 원인을 알 수 없었다. 원인을 알 필요도 없었다. 어린이나 노인이 죽으면 우선 내무서원에게 신고를 해야 한다. 그런 연후 그의 지시에 따라 장례라는 것을 치른다. 차가 멈추었을 때 들고 내려가 묻지도 못하고 내무서원이 보는 가운데 선로변에 그대로 두고 떠나는 것이 절차다. 그 가족도 어떻게 달리 할 수가 없어 속으로만 통곡을 할 뿐이다. 특히 상투 어른이 돌아가셨을 때는 그 노인이 애지중지 가지고 온 조상의 유해도 그 옆에 두고 떠나야 하는 쌍 초상을 치루기도 했다.

몇 년 후 후손들은 이주 당시 부모님 시신을 철로변에 놓고 온 것이 너무 가슴이 아파 그곳을 가보았으나 아무 흔적을 찾지 못하고 승냥이 등 들짐승이 시신을 훼손했으리라는 추측만을 가지고 돌아왔다.

기차 한 대에는 내무인민위원(N. K. V. D.) 한 사람이 각 화물칸의 총감시를 맡아 따라왔다. 기차가 서면 이 감시자는 짧은 총 한 자루는 차고, 도망자 저격용으로 긴 총 한 자루는 메고, 목이 긴 가죽 장화에 양몰이 채찍으로 자기 가죽신을 툭툭 치면서 기차의 이곳저곳을 살피며 다녔다. 그는 용하게도 기차 안에서 "우리는 결국 죽으러 가는 것"이라며 간혹 불평을 한 사람은 영락없이 어디론가 끌고 가서 다시는 돌려보내지 않았다. 후에 알려진 일이지만 내무서원들은 기차의 칸마다 자기들의 끄나풀을 두고 있었다. 기차가 멈추면 그들은 그 끄나풀과 접선을 하고 분위기를 보고 받았다. 어떤 때는 이유 없이 젊고 예쁜 여자들을 끌고 가기도 했다.

감시자가 양몰이 채찍으로 자기 가죽신을 툭툭 치는 소리가 나면 조선 사람들은 무슨 죄를 지은 듯이 서로 뒷전으로 가서 숨기가 바빴다. 특히 젊은 여자들은 더욱 그랬다. 조선인들은 그의 얼굴을 직접 쳐다보면 당장 잡아갈지도 모른다는 공포심에 싸여 있다. 그의 앞에서는 공연히 눈을 아래로 내리 깔고 정면으로 쳐다보지 못한다. 그들은 조선 사람에게 '저승사자'다. 마치 잘못을 저지른 개가 주인 얼굴을 똑바로 쳐다보지 못하는 것과 같다. 조선인은 잘못 없이 끌려가면서도 죄인 아닌 죄인이 되어 있었다. 조선인은 '인간 가축'이었다.[2]

2. 연해주에서 시작된 불운의 싹

1937년 8월 21일. 소련 중앙 정부 수상 실에는 소비에트 사회주의 연방공화국 인민위원회 의장 몰로토프와 전국 소연방 공산당 중앙위원회 서기장 조지프 스탈린이 서명한 '일본 간첩 행위의 근절을 목적으로 극동지방 국경 부근 구역에서 한인을 이주시킬 문제에 관하여'라는 명령서(NO.1428-326cc)가 하달되었다. 주요 문건 표시인 붉은 테를 두른 긴급 문건이었다.

부속서류에는 "프리모리스키(연해주)에서 고려인들을 완전 이주시켜야 할 때가 되었다."라는 짧은 내용이었다. 스탈린이 서명한 이 문서에 '이주시켜야 할 때'라고 한 것은 이주를 몇 번 시도했으나 시기상조라는 이유로 그때마다 연기되었기 때문에 '이제는 그 시기가 왔다'는 뜻을 포함하고 있었다. 시기가 왔다는 것은 다시 '시기가 되었으니

---

2 이상은 당시 이주 열차에 탔던 아래 세 사람의 회고에 의함.
　정상진 : 전 북한 문화성 차관. 현 90세. 모스크바 거주. 1937년에 연해주사범대학 2학년 재직 중 카자흐스탄으로 강제 이주됨.
　문창무 : 소련 이름은 문콘스탄틴. 금년 90세. 전 알마타대학 교수. 수학 물리학 박사. 강제 이주되어 크질오르다에 왔다가 레닌그라드(공부)를 거쳐 알마타로 왔음.
　황마이 : 독립운동가 황운정 씨 아들. 전 카자흐스탄 체육 및 관광대학 부총장. 1937년에 중학교 재학 때 아버지를 따라 알마타로 왔음.

즉시 집행하라' 는 뜻을 포함하고 있는 것이기도 했다.

러시아는 일본의 대륙 진출 움직임을 꾸준히 경계해왔다. 러시아는 1904~1905년 사이의 노일전쟁(露日戰爭)에서의 참패를 잊지 않고 그 복수에 부심하고 있었다. 노일전쟁 때 2,000여 명의 연해주 조선인들은 러시아 측에 적지 않은 피해를 입혔다고 자체평가하고 있었다. 이런 연유로 소련의 해당 지방 주둔 육군과 소련의 태평양 해군 참모본부에서는 소련이 일본과의 재충돌 시에는 일본 측에 가담할 여지가 많은 조선인들을 연해주 일대에서 다른 곳으로 이주시켜야 한다는 극비 건의를 중앙에 여러 차례 전달하고 있었다.

다른 한편 러시아의 군사 전문가들은 1937년 당시가 러시아와 일본 간에 있었던 노일전쟁이 일어난 1904년 당시와 조선인 지하 활동 등이 매우 흡사하다는 악몽의 재현을 상기했다. 그리고 현재 이 지역의 반로(反露)단체에 조선인 상당수가 참여하고 있다는 사실을 지적했다. 이 지역의 조선인 자치구를 요구하던 조선인들은 일본의 조종을 받고 있다는 보고도 있었다. 1936년 일본의 관동군 경찰부는 조선인들을 첩자로 양성하는 경찰학교까지 비밀리에 창설했다.

이로 인해 1937년 중반 연해주에서 러시아와 일본의 갈등 속에서 크레믈린은 관계 조선인들을 체포하라는 지시를 내렸고, 1937년 중순 연해주에서 조선인 문제를 준비 중이던 조선인 단체 간부와 내무인민위원회 위원, 당 일꾼들이 체포되었다.[3]

---

3 중앙아시아인들을 위해 발행되는 잡지 《고려문화》 2권, "강제 이주 70주년 특집".

1932년 일본은 열하작전(熱河作戰)의 결과로 일만의정서(日滿議定書)에 조인하고 청의 폐제 선통제, 부의(廢帝 宣統帝, 溥儀)를 추대하여 만주국을 세우고 만주 지역을 청조(淸祖)에서 분리하는 데 성공했다. 이는 일본이 대륙 진출을 노골화한 것으로 다음은 연해주 지역에서 조선인들을 선동하여 조선인 자치지역을 세우게 하는 것이었다. 그런 후에 이 자치지역을 소련영토에서 분리하게 하려는 것이 일본의 야욕으로 판단하고 있었다. 이런 사실을 알았는지 몰랐는지, 또는 독립의 순서로 생각했는지 연해주 조선인들 사이에서는 자치주 운동이 활발히 전개되었다.

이런 일도 있었다. 1921년 11월 조선의 이동휘(李東輝)를 수반으로 하는 조선 대표단이 러시아를 방문, 레닌을 만나 조선에서의 적화혁명을 논의한 일이 있었다. 조선 대표단이 자금을 요청하자, 레닌은 고려인 청년공산당원들에게 코민테른 기금에서 당시론 거금인 40만 루불을 주었다. 고려 공산당은 레닌이 죽은 후에도 코민테른의 지원을 계속 받으며 투쟁했다. 그뿐만이 아니라 조선 공산당은 만주의 지하 적화혁명운동까지 지원하기로 되어 있었다. 그러나 조선 공산당운동과 만주의 지하혁명운동의 활동은 미미했다.

소련 정부와 정보기관들은 미미한 활동의 이유를 여러모로 조사, 분석한 결과 조선 정부와 일본 간에 연계가 있음을 알고 크게 놀랐다. 코민테른 자금의 상당 부분이 일본인들의 손을 거쳐 최종으로는 상해 유곽지역으로 흘러들어가고 있었으며, 그 결과로 혁명운동이 지진했다는 결론을 내렸다. 이런 서류들은 소련 해당 기관의 고문서과에 남아 있었으며, 소련 붕괴 후에 세상에 밝혀졌다.

당시 이 보고를 받은 스탈린은 변절자들에 대한 응징 대책을 마련하고자 지하정부에 남아 있던 관계자 13명을 소련으로 소환했다. 스탈린은 그들을 2년간 조사한 뒤 변절을 확인하고 이들을 하바로스크에서 총살시켰다. 이 사실은 통역을 맡았던 김호걸(1920~1985)의 회고록에도 나와 있다.[4]

이러한 주변 정세와는 달리 스탈린은 항시 자본주의 국가들이 소련을 포위하고 있으며 머지않아 그들이 공격해올 것이라는 피해망상을 갖고 있었다. 국내에서는 경쟁자들이 권력을 넘보고 있다는 편집광적인 강박 관념에 사로 잡혀 있었다. 그는 이런 사고를 가진 채 제1차 5개년 경제개발계획(1928.10~1932.12), 제2차(1933~1937) 계획기간의 결과로 경제에 대해 상당히 자신을 갖게 되었다. 물론 노동조건은 말할 수 없이 열악하여 관리직 사원은 미숙한 노동자의 28배나 30배의 임금을 받는 등 관리직 중심체제였고, 공장 밖에서 일하던 노동자는 땅에 떨어져 밤사이 동사하는 예까지 있을 정도였다. 그러나 생산량은 계획에 비해 초과되고(특히 1차 5개년 계획은 4년 6개월 만에 목표를 달성했다고 발표했음), 스탈린이 강조했던 공작기계 제조업 분야는 목표량을 크게 초과했다. 계획경제 입안자들은 "낮은 성장 수치를 제공했다가 감옥에 가는 것보다, 높은 성장치를 내놓는 것이 낫다"라는 말을 흔히 하곤 했다. 제2차 계획기간(1935년 8월)에 선전(宣傳)의 주인공이었던 석탄

---

4 이종수, 양원식 역, 「카자흐스탄의 고려인들 회상기」, 《고려문화》 통권2호.

탄부 알렉시스 타하노프는 자기에게 할당된 채탄량을 1,300배나 초과 달성했다 하여 그 다음해인 1936년을 '스타하노프의 해'로 정하는 일도 있었다.

스탈린은 항시 '서방국가를 따라 잡고 앞지르자'는 구호를 내세워 자기 정책을 합리화했다. 이런 결과로 1926년에 소련에서는 인구 20만을 넘는 도시가 12개뿐이었는데, 1939년엔 39개로 늘어났으며, 모스크바 인구는 400만을 넘어섰다. 농업국이 공업화되기 시작한 것이며, 노동자의 수가 그만큼 늘어난 증거다. 경제성장률은 제2차 5개년 계획기간에 미국이 4.5% 독일이 2.8%였던데 비해, 소련은 6.5~7%였다.

스탈린의 철권통치의 한 예로 32년 11월 어느 날 스탈린은 당 정치국원들과 환담을 했다. 화제가 정치에 미치자 평소에 말이 없던 그의 처 알릴루예바(Alliluyeva)가 끼어들어 말을 했다. 그녀는 놀랍게도 국민들의 정치 불만과 N. K. V. D.(내무서원)의 난폭에 대한 견해를 밝혀 참석자들을 놀라게 했다. 스탈린의 처는 다음날 자살한 것으로 발표되었다.[5]

1차 계획의 결과와 2차 계획의 진행에 스탈린은 공업화와 경제 건설에 자신을 갖고, 다음 단계는 자기 기반이 강한 당 서기국을 중심으로 하여 정치 경쟁자를 제거하면서 권력의 공고화로 나서게 되었다.

스탈린은 정부의 한 부서였던 비밀경찰 게페우(G. P. U.)를 내무인민위원부(People's Commissariat of International Affairs, N. K. V. D.)로 바

5 김학준, 『러시아史』, 대한교과서주식회사, 1991.

꾸고 중앙 정부의 한 부서로 확대했다. N. K. V. D.는 그들이 사회의 위험 분자로 인정하는 사람은 법 절차 없이 체포하여 최고 5년까지 징역을 보내거나 강제 노동 현장으로 보낼 수 있는 권한이 주어졌고 최대한 총살까지 시킬 수 있었다. 이 경우엔 재판을 청구할 수 없었다. 이들로 인해 중앙당과 지방당에서 스탈린의 집단농업 정책과 국영농장 정책 등에 반대한 사람들은 모두 처형되었다. 이런 사건에 관련되어 구속되거나 유형을 당한 사람은 1929에서 39년까지 10년 사이에 350~1,250만 명으로 추산되었다.

스탈린 치하에서 1934년 레닌그라드 당책임자 세르게이 키로프가 암살되었으며, 1936년 8월 카메네프, 톰스크 등 저명한 정치파벌의 수뇌 16인이 재판에 회부되어 숙청되었다. 1937년 1월 라데크 등 17명의 재판, 1938년 부하린 야고다 등 21인의 재판 등으로 이들에게 혹독한 고문이 가해진 뒤 모두 처형되었다.[6]

소련은 1927년 8월 17일 볼셰비키 중앙위원회에서 바바로스크 비상 지령을 내려 조선 사람을 국경 지역에서 멀리 떨어진 내륙으로 이동시킬 것을 결의했다. 그러나 이 결정은 준비된 땅이 없어 실현되지 못했다.

1930년 2월 25일 스탈린은 공산당 중앙위원회 정치국에서 조선인 이주 문제를 특별 의제로 취급하여 처리했으나, 당 재정 문제 등으로 실현되지 못했다. 그는 당 중앙위에서 1932년 이 문제를 다시 제기했

---

6 위의 책.

으나 또 좌절되었다.

결국 5년이 지난 8월 21일 고려 인민위원회 소비에트와 공산당 중앙위원회가 제1428-326cc라는 제호로 조선인 강제 이주 결정을 채택해 이 문제는 정식으로 결정되었다.

ПОСТАНОВЛЕНИЕ № 1428-326cc

СОВЕТА НАРОДНЫХ КОМИССАРОВ СОЮЗА ССР
И ЦЕНТРАЛЬНОГО КОМИТЕТА ВКП(б)

21 августа 1937 года

О выселении корейского населения из пограничных районов Дальневосточного края.

Совет Народных Комиссаров Союза ССР и Центральный Комитет ВКП(б) постановляют:

В целях пресечения проникновения японского шпионажа в Дальневосточный край провести следующие мероприятия:

1. Предложить Дальневосточному крайкому ВКП(б), крайисполкому и УНКВД Дальневосточного края выселить все корейское население пограничных районов Дальневосточного края: Посьетского, Молотовского, Гродековского, Ханкайского, Хорольского, Черниговского, Спасского, Шмаковского, Постышевского, Бикинского, Вяземского, Хабаровского, Суйфунского, Кировского, Калининского, Лазо, Свободненского, Благовещенского, Тамбовского, Михайловского, Архаринского, Сталинского и Блюхерово и пере-

비밀 문서 사본, 고려인협회 제공

소련 공산당과 정부는 강제 이주 반대를 선동할지도 모를 여론 지도층 즉 학자, 당 간부, 군 장교, 고급공무원 2,800여 명을 1년 전부터 숙청하고 총살형에 처하고 있었다. 포시에트 구역당 비서 아나파시오 김이 이해 초에 행방불명되었고(소련 붕괴 후의 밝혀진 정보에 의하면 그는 당시 총살형에 처해졌던 것으로 밝혀짐) 또 위로실로프-위스리스크 지역에 있던 고려인 군연대는 해산되었다. 연대 간부들은 평소 "일본 놈들이

처음 듣는 조선족의 역사

■

104

쳐 들어오면 한순간에 쳐 없애겠다."고 높은 사기와 반일(反日) 사상이 투철함을 과시했지만 역시 해산되었다. 그리고 각급 군인 간부들과 공무원들은 강제적인 무기 휴가를 가든지 탈락되었다.[7]

'프리'란 소련어로 연안(沿岸)이란 뜻이며, '머리스키'는 '바다'라는 뜻으로 프리머리스키를 조선말로 직역하면 연해(沿海)라는 말이 된다. 조선에서 통칭 연해주(주 수도는 블라디보스톡)라고 부르는 지역이다.

이 연해주는 땅이 비옥한 우수리스크 남쪽으로 옛 발해의 영토다. 여진(女眞), 숙신(肅愼), 말갈(靺鞨)인들이 거주하던 곳으로 청(淸)의 소유였으나 1860년의 러시아와 청 사이의 북경조약에 의해 러시아 땅이 되었다.

러시아는 새로 얻은 이 땅이 비어 있어 중국인이나 특히 영유권과 관계가 없는 조선인들을 불러들여 농사를 짓게 하고 그 소출로 국경 수비대의 비용을 충당한다는 계획을 세우고 있었다.

소련이 이 지역 영유권을 얻은 다음해인 61년 조선인 5가구가 이주해오자 소련 당국은 이들을 환영, 신발과 옷, 그리고 먹을 음식을 주었다. 이 소문은 삽시간에 함경도 일대를 필두로 조선 전국으로 퍼져나갔다. 3년 뒤인 1864년에 조선인 이주자는 60가정이었으며, 1884년엔 1,165호로 늘어났다. 당시 조선은 빈곤과 학정에 시달리고 있어 밥

---

7 정상진, 「내가 직접 겪은 강제 이주」, 《고려문화》 제2권.
   정상진(1918~생존). 러시아 블라디보스톡에서 출생. 북한 문예총 부위원장. 김일성종합
   대학 외국문학 부장. 레닌기치 기자와 특파원. 현재 모스크바 거주. 문학평론가로 활동.
   저서 『아무르만에서 부르는 백조의 노래(회상기)』.

이라도 좀 먹을 수 있다면 너도나도 봇짐을 싸서 메고 정처 없이 해외로 떠나고 있었음을 알 수 있다.

당시의 소련 측 통계에 의하면 이민을 묵인했던 뒤부터 10년 후인 1870년에 남 우수리에는 조선인을 주로 하고 중국 한인들이 약간 섞인 이주자들의 수는 800호나 되었으며, 조선인들은 5,000여 명에 달해 소련으로서는 조선인 문제를 가볍게 넘길 수 없게 되었다. 러시아는 우선 주민들과의 의사소통을 위해 출판물 발간을 장려했으나 러시아 말을 아는 조선인이 없기 때문에 알렉산드르 2세의 4째 아들이 이곳을 여행하는 기회를 이용해 1874년에 조선-러시아어 사전을 출판할 수 있었다. 알렉산드르 2세의 아들 알렉산드르 위치 공은 23세의 젊은 나이로 조선인들이 근면하고 농사일을 훌륭히 하고 있다는 보고를 들은 바 있었고, 현지 시찰 결과로 이를 확인할 수 있어 조선인들을 도와줄 결심을 했다. 이런 과정을 거쳐 사전 편찬이 가능케 재정적인 지원을 했다.

그 후 알렉산드르 3세 때 체결된 조선과 러시아 간의 조약에 따라 러시아에서는 조선인들의 러시아 국적 취득과 토지 분배권까지 인정했다. 이렇게 되자 가난에서 벗어나지 못하고 있던 조선 정부는 가급적 러시아로의 이주를 장려했고, 조선 백성들은 이를 받아들였다. 대부분 함경도인들이 많이 이주했다.

그러나 조선인들의 갑작스러운 이주 증가는 니콜라이 2세 때부터 러시아인들의 주목을 받았다. 지방 행정 기관에서는 조선인들의 이주가 문제로 터질 가능성을 지적하면서 이에 대한 각별한 대책을 중앙에 건의했다. 중앙에서도 이에 대한 경계심을 갖게 되었다. 소련 측의 이런 움직임을 조선은 알 수도 없었고, 알아봤자 어떤 제동도 걸 수 없는 입장이었다.

이주 조선족이 도착한 땅은 비옥(肥沃) 바로 그것이었다. 우선 배고픔에 시달려온 백성들이 배고픔을 면할 수 있었다. 그리고 조선인을 등치는 사람이 없었다. 조선에서는 쌀 스무 가마만 해도 무슨 명목으로 몇 가마는 고을 원님에게 바쳐야 하고, 마을 양반까지 내민 손을 채워 주어야 했다. 그러나 여기에선 열 가마를 하든 스무 가마를 하든 누가 빼앗을 궁리를 하지 않았다. 그러니 비옥한 이 땅은 먹고 살만한 곳으로 곧 소문이 났다.

3. 짐승 몰이식의 조선족 강제 이주

원동 지방을 떠난 조선족의 학생-문화인으로 구성된 제1진은 1달이 걸린 끝에 원동에서 수천 리나 떨어진 모래와 바람, 그리고 낮에는 덥고, 밤에는 추운 전형적인 사막 기후인 지역에 도착했다. 물도 없고 다른 인가도 없었다. 낮에 보니 사막 저 멀리 지평선 쪽에 율다(원주민의 천정이 둥근 천막 형의 집) 2개가 보일 뿐이었다. 사막만이 끝없이 펼쳐져 있었다. 후에 안 일이지만 이곳은 카자흐스탄의 남부인 키질오르다(kyzlorda)의 잘라가스 평원이었다.

원동 지방 신한촌을 떠날 때처럼 도착지에서도 이들에 대한 배려는 각별한 것이었다. 조선사범대학이 들어갈 건물 한 동이 비어 있었고 학생들이 들어갈 기숙사와 교실도 마련되어 있었다.

학생들은 얼마 안 있어 다음해인 1938년 9월 1일 학교가 송두리째 폐교될 때까지 여기에서 공부를 했다. 학생들은 공부를 하면서 뒤따라오겠다고 한 가족들이 오기를 학수고대했다.

그러나 한 달여를 더 기다려 10월 말에 가족을 실은 기차가 국내 교통편도 없는 사막 동편 알마타시 북쪽에 도착했다는 기별을 받았다. 지금의 우스토베(Ushtobe)였다. 중도에 많은 사람이 죽었다는 이야기와 함께 도착 기별은 왔지만 도착자 명단이나 사망자 명단은 없었다. 이산가족들의 아픔을 덜어줄 정보는 하나도 없었다. 이산가족을 챙겨줄 사람도 없었다. 그런 기관은 더욱 없었다. 불쌍하고 천한 사람은 오직 조선족이었다.

수송 중간에 수백 명의 사망자를 낸 후 도착한 지역은 나무 하나 없고 의지할 것 하나 없는 모래벌판뿐이었다. 여기저기 듬성듬성 나 있는 싸리나무 종류와 비슷한 1m 정도의 풀뿐이었다. 물론 물도 없고 먹을 것도 없고 집도 없었다. 의지할 곳이라고는 자기 몸 하나뿐이었다. 다른 아무것도 없었다.

도착은 했으나 어린 아이들은 배고프다고 울고, 간신히 살아남은 노인과 부인들은 기가 막혀 울고, 남자들은 분해서 울고, 이래서 허허벌판에 도착한 사람들은 서로 손을 맞잡고 온통 울음 바다였다. 울고 또 울어봐야 아무런 살아갈 방법이 나오지 않았다. 하늘의 뜨거운 햇빛, 넓은 모래 벌판은 메아리조차 없었다.

울면서 자신들이 살아갈 수 있는 방편을 생각해보니 이곳에서는 누구도 도와줄 사람이 없었다. 많은 사람들이 몰려오고 차량이 빈번히 오가면 현지민들이 호기심이 나서도 와볼만한데 한 사람도 얼씬하지 않았다. 소련이 미리 이 벌판에 오는 사람들은 국가에 중요한 범죄 행위를 한 사람들이니 함께 어울리지 말 것은 물론, 절대 도와주지 말라는 명령을 내렸기 때문이었다. 소련은 조선 사람에 대해서는 철저히 살아갈 길을 막아 사막에서 죽는 것이 당연하고, 혹시 잘못 되어 살아나면 살아가라는 식이었다. 다만 적극적으로 집단 총살을 시키지 않는 것만이 자비였다.

조선족이 이 지구상에 나타나서 전쟁에서 패한다든지 하는 집단 과오로 고통을 겪은 일은 많다. 그러나 적극 행동이 없었는데도 살던 집에서 쫓겨나 기후와 풍토가 전혀 다른 대륙의 한쪽 끝에서 다른 한쪽 끝으로 수천 리를 떨어진 사막지역으로 실려 온 것은 이번이 처음이다. 더구나 이처럼 가혹하게 죽음의 상황에 내팽개쳐져 간접적으로 집단 사망을 당하게 된 것은 조선 역사에 그 유례가 없는 처사다. 비록 가스실에 넣는 적극적 집단 학살은 아닐지라도 결코 그에 못지않은 잔인한 행위다. 인류 역사상에도 그 예가 드문 일이다. 무엇으로 변명을 하던 조선인의 과오란 몇 안 되는 친일 분자들이 일본 간첩 행위를 했고, 일본의 조작에 놀아났다는 것인데, 그렇다 해도 한 줌도 안 되는 몇몇 분자들의 과오를 18만 명의 이 지역 조선인 전체에게 씌우는 것은 인류의 범죄다.

조선의 10배나 되는 카자흐스탄 사막에 내던진 것뿐 아니라 한 무더기는 사막 동쪽의 우스토베(Ushtobe)에, 또 한 무더기는 지금은 우즈베키스탄이 된 남쪽의 타쉬겐트(Tashkent)로, 또 한 무더기는 사막 서남쪽의 키질오르다(Kyzylorda)에 쏟아놓음으로서 조선족은 서로 수천 리나 갈리어 허다한 이산가족을 만들었다. 조선의 남과 북을 합쳐 10배가 넘는 카자흐스탄 사막의 여기저기 구석에 조선 사람을 쏟았으니 서로 간에 교류가 있을 수 없었다.

조선족이 이주된 모래밭 한쪽 구석에는 갈대가, 그리고 중간 중간에는 싹사울(싸리나무의 일종)이 자라고 있었다. 그 갈대와 싹사울을 뜯어다(칼이 없으니 베지도 못하고) 깔개를 만들어 베고 잠을 자야 했다.

강제 이주는 조선족이 고통을 받을만한 일을 총동원해보아도, 인도적으로나 이간 인식으로 보나 잔혹한 행위였다. 비록 나치 점령 아래서의 유태인처럼 가스실에 던져지지는 않았다 하더라도 사막에 던져져 굶어죽을 수밖에 없는 처지로 몰아넣은 것은 집단학살이나 다름없었다. 더구나 어느 한 곳에 이주된 조선족은 오랜 뒤에야 신상명세서라는 형식의 증명서가 발행되었는데 이 문서에는 어느 한 곳에 내려진 조선인은 다른 곳으로 이주해서는 안 되도록 거주지를 명시하는 조치까지 있었다. 조선족이 자유롭게 이동하고 살 곳을 찾아 떠날 수 있는 것은 근 20년 뒤인 1956년 이후에나 가능해졌다.

그 전까지 조선족은 이곳 사막에서 고립된 채 살았기 때문에 50년대 초까지 바지저고리에 상투를 짜고 원동을 떠나올 때의 모습 그대로 사는 사람을 많이 볼 수 있었다고 소련 사람과 원주민의 여행기에 남아 있다.

조선족은 존재한다는 것 자체가 스탈린의 보복 대상이 된 것이다.

사막에 내려진 조선족은 추위에 시달리다 못해 살기 위한 방편으로 아무 도구도 없이 맨손으로 토굴을 파고 기거를 시작했다. 그 토굴 속에 몇 사람씩 들어가 살기 시작했다. 첫날부터 배고프고 지친 노인과 어린이는 견뎌낼 수가 없었다. 사막 저 멀리 있는 갈대밭의 물은 오염되고 염기가 많아 먹을 수도 없고, 얼굴이나 손을 씻으면 뻑뻑하여 견딜 수가 없었다.

곧 닥쳐온 겨울의 영하 40도까지 내려가는 추위를 견디지 못해 원주민들의 양해를 받아 양의 우리에서 양 틈에 끼어 자는 날은 그래도 따뜻하게 하루를 자는 날이었다. 문자 그대로 짐승이 된 것이다.

이런 여건 속에서 조선인들은 이주과정에서부터 종착점인 사막에 내리기까지 이주민 전체의 근 3분의 1인 6만 명이 죽었고, 사막에서 지낸 1~2년 사이에 다시 3만여 명이 죽었다.

곡소리를 내면서 장례를 치르자 멀리서 카자흐스탄인들이 이를 물끄러미 바라보았다. 그리곤 이 무리들도 역시 이목구비를 갖춘 인간이라는 것과 어디서 왔는지, 소련 사람들의 말처럼 무슨 죄를 지었는지 모르겠으나 먹지도 못하고 추운 겨울날에 토굴에서 잠을 자고 있으니 병이 나지 않을 수 없으리라는 생각을 했을 것이다. 그들은 소련과 내무서원들의 눈을 피해 어두운 밤에 빵을 구어 식지 않게 이불에 싸서 먼 사막의 유일한 교통수단인 나귀에 싣고 조선인을 찾아와 나누어주었다. 빵을 받는 조선 사람이나 이를 몰래 전해주는 카자흐스탄인이나 모두가 울음 속에서 주고받았다. 조선인들은 멸망의 문턱에서 카자흐스탄인들의 우정과 동정으로 간신히 살아났다. 낮에는 양몰이의 긴 장대로 조선인들의 토굴 뚜껑을 열어보고 살아 있는지를 확인하는 모습도 보였다.

카자흐스탄인들은 '접촉 금지'의 소련 지시가 무서워 조선족을 돕는 방편으로 양을 잡으면 내장이나 머리 부분 등 먹지 못할 부분을 버리는 대신 조선인이 잘 볼 수 있는 곳에 두어 후에 갖다 먹을 수 있게 해주는 배려를 베풀었다. 조선인들은 고기가 조금 생기면 몇 시간 걸어가야 하는 동산에 올라가 풀잎을 뜯어다가 볶아 먹었다.

조선인들이 살아날 수 있었던 것은 원주민들의 도움과 서양인이나 카자흐스탄인들과는 달리 풀을 뜯어 먹을 수 있는 소화기능을 가졌기 때문이었다. 그러나 그것도 한계가 있는 법, 이주 조선족이 제일 많이 죽은 병은 굶주림과 설사병이었다. 조선족 촌에는 병원이나 보건소 같은 의료시설은 생각도 할 수 없었기 때문에 병이 나면 죽는 날까지 기다리든지 자연히 치유되는 날을 막연히 기다리는 수밖에 없었다.

이런 기구한 삶속에서 겨울을 지내고 봄이 되자 조선족들은 산에서 죽은 나무를 줍고(나무를 벤 것이 아니라) 사막 너머 있는 군부대를 찾아가 폐자재를 얻음으로써 토굴에 그나마 지붕을 올리고, 수백 년 뒤로 역사를 거슬러 올라가는 생활을 시작했다. 어디를 가나 유교의 영향으로 자손들의 공부를 생각한다. '배워야 산다'라는 목표 아래 근대식 학교에 못 가면 서당에서 한자를 익힌다. 모래 움집에서 추위를 넘기고 최소한의 생명을 유지할 수 있게 되자 조선족은 지식이 있는 어른을 중심으로 서당을 만들어 글을 읽기 시작했다. 러시아 내무서원들이 조선인들의 동태를 감시하려 이주 초기 마을에 왔다가 집단으로 노래하는 소리를 듣고 깜짝 놀랐다. 그가 "이게 무슨 노래 소리냐?"며 물어보자 안내자의 "노래가 아니라 조선인들의 글 읽는 소리"라는 설명을 듣고 '조선족은 참 무서운 민족이구나'라고 감탄해서 돌아간 일도 있었다.

조선인들은 이렇게 학구열은 대단하지만, 배운 것을 행동화하는 행동력과 응집력 없음이 단점으로 지적되기도 했다. 배운 것은 그냥 머릿속으로 기억하거나 출세에 필요할 때만 활용할 뿐 일상생활에서 움집에 기둥 하나를 먼저 세우는 행동과는 별개였다.

춥기는 하고 땔 것은 없어 가지고 온 책을 불에 태워 몸을 녹이기도 했다. 사막에서 살아남은 젊은이들은 군대에 들어가면 우선 식생활이 해결되고 좀 더 인간 대우를 받을 수 있을 것으로 판단하고 군에 지원을 했다. 그러나 '죄수의 자손은 군대에서 받아들일 수 없다'는 이유로 이것마저 거부되었다. 젊은이들의 일과는 사막을 헤매며 땔감을 모으는 일이었다. 수십 리 멀리 가끔 오는 기차선로 주변에서 석탄덩이를 줍거나 말똥이나 낙타 똥을 주어 이를 말려 땔감으로 썼다.

이주해온 학교에 형식적으로 다닐 수는 있었으나 '서류가 없다', '본인 여부의 확인이 안 된다'는 각가지 이유로 받아주지 않아 대부분이 실질적으로는 학교는 다니지 못했다.

50년대에 들어 도시학교로 조선인이 진학을 하려고 해도 도시 거주증이 없어 입학을 못했다. 이주해온 조선족은 근본적으로 이동의 자유가 없었고 이동이 허락되어도 그것은 농촌으로만 가능하지 도시로는 못 가도록 되어 있었던 것이다.

4. 金日成은 본래 金成株

정상진 씨(후에 북한 문화성 차관)는 카자흐스탄에서 소련의 군사동원 부에 무려 7번이나 찾아가 군대에 지원을 했으나 계속 거절되었다. 그러다가 독일과 소련 간의 전쟁(獨蘇전쟁, 1941~1945)이 일어나 상황이 급박해져서야 제한적으로 받아주었다.

이렇게 어렵게 입대하게 된 정상진 씨는 소련의 해병대 장교가 되어 조선해방전투에 참가하게 되었다. 그는 청진, 나진, 원산전투에도 참가하여 조선해방전투를 직접 체험했다 한다. 특히 웅기로부터 청진, 함흥, 원산전투를 끝내고, 감옥 문을 여는 순간까지 조선 군대는 일절 보이지 않았다. 소련군만 있었다. 후에 보니 웅기전투는 오백룡(吳白龍)이라는 북한 인민군 출신이 제일 먼저 탈환했다 해서 도시이름조차 '선봉(先鋒)'으로 바꾸는 등 희극을 보였다고 지적했다. 군부대로서의 조선군인은 없었다.

그는 또 나진, 웅기, 청진, 함흥 등지를 소련군이 탈환할 때 조선 사람으로는 한 사람의 지하단체 인사나, 항일투사나, 혁명가를 본 일이 없었다. 이미 해방 전이 끝난 훨씬 뒤인 1945년 9월 19일(이 날이 8월 추석) 소련 태평양 운송 군함 푸가초프(pugachov)호로 일단의 소련 군인들이 상륙한다고 하여 이들을 환영하는 대회가 열렸다. 그는 당시 환영하는 원산시 교육부 부위원장 자격으로 이들을 환영하는 인사 중의 한 사람으로 부두에 나갔다.

이 환영대열에는 소련의 정치보위부 지시에 따라 원산시 인민위원회 부위원장 태성수, 원산시 당 조직부장 한일무, 시상공부장 박병섭, 시교육부차장 정률(정상진) 등이었다. 원산부두에서 소련군 중에 소련 적기훈장을 가슴에 달고 있던 한 조선 대위가 앞장서 나와 부두에 있던 인사들과 악수를 했다. 그러면서 "김성주입니다."라고 자기소개 겸 인사를 했다. 그는 공설운동장에서 열린 추석 행사까지 김성주로 참가했다. 그 후 며칠 뒤 신문을 보니 김일성이라고 발표되었다. 그래서 환영에 나갔던 사람들끼리 어떻게 된 것이냐고 어리둥절했다고 회상했다. 정씨는 그 후 납북 혹은 월북한 춘원 이광수, 무용가 최승희, 이기영, 문예봉, 한설야, 황철, 김순남 등 문화예술인들을 주로 다루었다.

이주를 해온 조선사범대학은 이주 다음해인 1938년 9월 1일에 개학을 했으나 소련 당국은 대학에서 일체 조선말을 못하게 하고 강의를 완전히 소련말로만 하도록 했다. 그러다가 1년 뒤인 9월 1일 까잘린스크의 고려사범대학이 폐쇄되었고 1940년엔 조선사범대학을 고골리 키질오르다사범대학으로 명칭까지 바꾸고 말았다. 결국 조선사범대학은 1931년 조선인들이 원동에서 사범대학을 세워 조선인 교육을 시켜야 한다고 원대한 목표 아래 세워졌으나 소련의 동화정책으로 소멸되었다.

1939년 12월에 '한인 문학에 대하여'라는 지시에 따라 서적 판매소와 도서관에서 조선어 서적의 판매와 사용이 금지되었다. 어떤 올가미가 서서히 좁혀 오는 느낌이었다. 어쩌면 이들이 비밀히 세워놓은 목표를 향해 조금씩 나아가고 있는 것 같기도 했다.

모래 움집에서나마 서서히 민족의식과 자주의식을 회복해가자 소련은 다시 118개의 조선어 학교를 러시아 학교로 개조했다. 이 과정에서 극동에서 가지고 온 수십 만 권의 값진 조선어 책들은 대부분이 소각되었다. 사범대학의 귀중한 책들도 거의가 불에 태워졌고, 현재는 샘플 몇 부만 남아 있다.

생명은 무엇보다 강한 것.

조선인들은 풀도 자라지 못하는 사막 가운데서 번지 없는 토굴을 파고 지내며 죽지 않고 살아났다.[8]

카자흐스탄의 조선인들은 1945년 일본이 망하고 조선이 해방되었다는 소식을 들었다. 이때쯤엔 이주 조선족들이 벼농사에 기술을 보여 카자흐스탄의 식량 확충에 큰 기여를 했다.

조선족은 이주 다음해인 1938년이 되자 그간 보여준 기술에 따라 농업, 기계기술, 잡곡생산, 기계 트랙터 보급소, 가내공업 조합, 광산 등 203개의 기존 콜호즈에 합병되기도 하고 조선족만으로 91개의 콜호즈를 만들어 적게는 20km에서 멀게는 4,000km까지 영구 정착지를 찾아 다시 흩어져야 했다.

많은 조선인들은 '이것도 운명'이라며 당국자들이 끌고 가는 데로 다시 끌려갔다. 의사표시가 통한 곳이 있었다면 이제는 농업기술자로 대우 받는 칠복이 아버지 김 영감이 '어디를 가든지 꽃순이 아버지 유

8 위의 3인의 회고.

영감과 함께 가겠다'는 의사표시를 강하게 하여 그렇게 됐을 뿐이었다. 두 영감님들은 농업기술자로서 더 넓은 카자흐스탄에 벼농사를 보급해야 한다는 이유로 많은 조선족들과 헤어져 카자흐스탄족이 많은 사막 가운데로 들어갔다. 두 영감님은 이래서 더욱 외로운 신세가 되었다.

좋으나 싫으나 이제 많은 조선족들이 카자흐스탄을 제2의 조국으로 삼아 살아가고 있었다. 물론 외롭기는 했지만, 아무 간섭이나 지시 없이 덤덤히 있는 흰 모래더미가 조선에서 양반이라고 공연히 소작인과 상인들을 불러다가 윽박지르던 꼴불견들과 항시 으름장을 놓던 원님이 계시던 동헌(東軒) 관리들보다 훨씬 속이 편하기도 했다. 조선족들도 이제 침묵 속에 살아가는 리듬에 익숙해져 갔다.

토굴 시대와 제2이주에도 끊임없이 이웃이 된 김 영감과 유 영감은 생활엔 별 변화가 없지만 45년 조선의 해방을 멀리서나마 지켜봤다. 강제로 밀리고 밀려 자의반 타의반으로 이곳까지 온지 8년이 지났다. 두 영감님들은 조선 해방이라는 것을 좋아해야 하나 슬퍼해야 하나를 알기 위해 소련 내무서원의 눈치를 봐야 했다. 내무서원은 "우리 소련이 조선을 해방시켰다."며 자랑을 늘어놓았다. 그가 자랑을 하는 것을 보니 좋아해도 괜찮을 것 같았다. 그렇게 악착 같이 물세[水稅]를 재촉하던 일본인들이 자기 나라로 돌아간다니 감회에 젖기도 했지만, 조선의 해방으로 이들의 생활에 달라질 것은 아무것도 없었다. 조선의 해방이라는 것을 모두들 좋아하니 무턱대도 좋은 것인 모양이라고 생각했을 뿐이다. 원동에서 이 먼 곳으로 강제 이송이 되고, 사막에서 죽어갈 때도 말 한 마디 없었던 조선인지라 해방이 되건 말건 굳이 좋아할 이유도 싫어할 이유도 없었다. 조선 나라라는 것은 언제나 멀리 있어 손에 닿지 않았기 때문이기도 했다. 그 조선의 해방이라는 것이 내년 봄에 있을 새로 편 논에 물대기가 좋아진다는 것도 아니다. 조선 해방이라는 것이 무엇인지는 모르지만 과거 거들먹대던 송주사댁이 어떻게 됐나가 궁금할 뿐이었다.

소련 땅에 살면서 기쁨이나 슬픔을 밖으로 내놓는 것이 뒤에 후환이 된다는 것을 몇 번이나 보아온 김 영감과 유 영감인지라 이들은 자기들 감정을 밖으로 내놓지도 않았다. 다만 조용히 보드카 한 잔씩을 나누는 것으로 의미도 모른 채 조선 해방을 자축했다. 그러면서 이 두 영감님들은 오래간 마음속으로 별러오던 칠복이와 꽃순이의 결혼을 화제로 올렸다. 이제 칠복이는 20세, 꽃순이는 18세로 결혼 적령기에 접어들어 있었다. 다만 그간엔 옆집에서 누가 죽었다느니 병으로 아파 누었다느니 해서 결혼을 입에 내놓기가 어려웠기 때문에 말을 하지 못했을 뿐이었다.

"우리가 37년 9월 달에 이곳까지 밀려 왔으니 준비도 좀 하고 내년 9월에 두 애들을 짝지어 주기로 합시다."

누가 먼저랄 것도 없이 두 영감들 사이에서는 자연스레 이런 합의가 이루어졌다. 칠복이 어머니와 꽃순이 어머니는 이날부터 두 사람의 결혼을 위해 떡하고 나물 무칠 재료 준비를 서둘렀다. 그러나 함께 나누어 먹을 이웃은 나귀를 타고 반나절을 가야 도착하는 곳에 자리 잡은 함경도 두 아바이댁이 전부였다. 그렇다 하더라도 칠복이 어머니와 꽃순이 어머니는 아침 저녁으로 칠성님께 빌고, 조상님께 빌고, 조선 임금님께도 빌었다. 모두 다 높은 사람들이라 빌어서 나쁠 것은 없겠지 하는 막연한 뜻에서였다.

5. 조선족 수폭(水爆)실험에 육손이 불구자 탄생

해가 바뀌어 1946년 두 영감님은 외아들과 외동딸을 결혼시켜 이웃에 살림을 냈다. 결혼식 이래야 와줄 사람도 없고 차려놓아야 먹을 사람도 없다. 그래도 김 영감댁의 씨암탉 한 마리 잡는 것으로 잔치를 마쳤다.

김 영감과 유 영감은 과년한 아이들을 혼례를 시키고 나니 살아가는 부담은 없어 좋아졌지만 인생이 다 끝난 것 같아 허전했다. 인간살이에서는 '부담'이 곧 '보람'이라는 말이 맞는 듯했다. 두 영감님들은 허전할수록 더욱 농사일에 전심했다. 오직 농사일에서만 모든 것을 보상 받을 수 있다는 생각이었다. 카자흐스탄에서 조선인들이 개발한 벼농사 방법은 벼논의 기반을 높게 하여 짠 염분의 물은 밑에 머물고 염분이 없는 물만 논 위로 올라가게 함으로서 짠물을 이용해서도 벼농사를 지을 수 있는 기반을 조성한 일이 성공의 핵심이었다. 이런 이중 물대기 수법의 벼농사 방법이 큰 성공을 거두자 스탈린 대원수도 이곳을 방문했을 때 많은 조선인들에게 '노동 영웅'의 영예를 준 바 있었다.

김 영감은 칠복이 부부가 결혼 몇 년이 지나도록 태기가 없는 것이

은근한 근심거리였다. 이렇게 조선과 멀리 떨어져 있을수록 대(代)가 이어져 어느 날엔가 그러던 고향땅에 돌아갔을 때 조상님에게 몇 대손 김○○라고 떳떳이 인사를 해야 되는데 그걸 못하면 이 많은 고생이 무슨 의미가 있겠는지 걱정이었다.

부모들이 이런 속 근심을 가진 것을 알았는지 칠복이 부부에게 태기가 있다는 반가운 기별을 아들한테 들은 것이 엊그제, 두 영감은 기쁠 때면 그러하듯 말없이 보드카 한 잔씩을 나누었다.

이 날은 8월 달로 사막 중에서도 유난히 더운 날이었다. 벼농사를 지을 논 기반 높이기(논 기반을 높이려면 논둑을 높이 쌓는 작업이 제일 먼저 필요함) 작업을 하고 있던 중 멀리 동쪽 하늘에서 새파랗고 전등불을 거꾸로 세워놓은 듯한 아름다운 불꽃이 보였다. 사막벌판에서 일하던 모든 사람들은 무료를 대신해주는 이 아름다운 불꽃을 신기해서 바라보았다. 그러더니 갑자기 뇌성과 같은 큰 소리가 나며 광풍이 몰아쳤다. 모두 걸린 시간은 30분을 넘지 않았다. 광풍 때에 하늘 위에 올라간 모래먼지로 약간 어두운 듯했으나 그런대로 모든 것이 정상으로 되돌아갔다.

이 날이 소련과 세계 역사에 길이 남을 1953년 8월 12일. 소련이 수소폭탄을 공중폭발로 시험한 날이다. 미국이 한 해 전인 52년 11월 수소폭탄 실험에 성공하자, 소련은 허둥허둥 수소폭탄 제조를 서두르고 있었을 때다. 아름답게 보였던 것은 핵폭발의 섬광인 죽음의 불꽃이었음을 카자흐스탄의 농부인 이 조선족이 알 리가 없었다.

당시의 상황을 이 수폭시험에 4명의 과학자 중 한 명으로 참여했던

물리학자 안드레이 사하로프는 이렇게 밝히고 있다.[9]

1953년 7월까지 우리는 그 실험 장치에 관한 연구를 마치고 세미팔라틴스크(Semipalatinsk) 부근의 카자흐스탄 초원의 시험 장소로 떠날 시간을 기다리고 있었다. 우리는 총 방사선 조사량이 200렌트겐을 초과할 것으로 예상되는 지역 내의 모든 사람들을 방사 중심부 바로 아래 지역으로부터 철수시키는 것이 필수적이라는 결론을 내렸다. 우리가 조사한 바에 의하면 100렌트겐은 어린아이들이나 노약자들에게 심한 피해를 입힐 수 있으며, 600렌트겐은 방사선에 노출된 건강한 성인 절반 이상을 죽일 수 있었다.

주코프 장군(2차 대전 때 독일 점령 소련군 총사령관이었으며, 후에 국방상을 거쳤으나 정치문제로 말년에 공직에서 추방됨)의 대리인인 바실레프스키는 "군사작전에서는 늘 사상자가 뒤따르는 법이지. 20~30명의 죽음은 정상이네. 그리고 자네들은 이 실험이 국가와 국토방위를 위해 더 더욱 중요한 일이라는 것을 잊지 말게나." (…중략…)

그때 젤도비치가 했던 말도 생각난다. "걱정 말아, 모든 일이 잘 될 걸세. 카자흐스탄의 아이들은 꼭 살아남을 거야. 반드시 좋은 결과가 있을 걸세."

실험 장소에 도착하자 우리는 예기치 않았던 복잡한 문제에 직면했다. 우리는 들판 중앙에 특별히 세운 탑에다 우리가 고안한 장치를 놓고 폭발시험을 할 계획이었다. 지표면과 동일 한 높이에서 폭발하면 띠 모양의 낙진 자국이 생기는 것으로 알려져 있으나 우리가 예상했던 그 폭발력이 실험 지역을 훨씬 벗어나 멀리 떨어진 지역에까지 방사능 낙진이 퍼져서 무고한 수천 명의 생명과 건강을 위태롭게 할 것이라는 것은 어느 누구도 생각지 못했다. (…중략…)

실험 1주일 전에 말렌코프 수상은 소련 최고회의가 시작될 때 소련의 국내외 정세의 중요한 변화보고서에서 스탈린 치하의 문제점을 지적한 후 연설을 끝내면서 "소련은 수소폭탄을 비롯하여 국방에 필요한 모든 것을 갖추

---

9 안드레이 사하로프, 고직만 · 김희매 역, 『사하로프회고록』, 도서출판 하늘땅, 1992.

고 있다."고 말했다. 말렌코프의 이러한 자랑은 열렬한 박수로 환영을 받았
다. 그리고 전 세계 언론에 이 사실이 보도되어 국제적으로 센세이션을 불러
일으켰다.

　그때까지도 우리들이 고안했던 그 실험 장치는 탑 위에 설치되어 있지 않
았다. 수백 대의 트럭들은 그때에도 주민들과 그들이 황급히 꾸린 짐들을 예
정 폭발 지점으로부터 되도록 먼 곳으로 실어 나르고 있었다. 그 트럭들은
카자흐스탄의 초원을 이리저리 가로 지르고 있었다.

　1953년 8월 12일 기다리던 그날이 왔다. 폭발 중심지로부터 20마일 떨어
져 있는 지하호에서 우리는 보호안경을 쓰고 그 폭발광경을 관찰했다. 우리
는 섬광을 보았다. 그리고 나서 재빨리 확산되는 공 모양의 하얀 물체가 지
평선 주위를 휘황하게 밝혔다. 지속적으로 불길한 굉음이 들리더니 30초가
량 지난 후 천천히 사라졌다. 상공을 가득 채웠던 구름은 몇 분 후 불길하게
도 푸르스름한 검은 빛을 띄었다. 그 구름은 바람에 실려 주민들이 철거한
카자흐스탄 이주지 쪽으로 향했다.

　여기에서 우리는 소련의 수소폭탄 실험이 미국의 실험 성공에 영향
을 받아 매우 조급한 가운데 공중폭발 시험으로 이루어졌으며, 말렌
코프 수상이 이를 발표했을 때만해도 과학자들은 아직 실험 준비를
완료하지 못한 상태였음을 알 수 있다. 공중폭발의 실험에서 주민들
의 안전이 새삼 문제가 되었으나 주민들 소개가 충분히 이루어지지
못한 가운데 실험이 이루어졌다는 점도 알 수 있다.

　오래 기다리던 김칠복 내외의 태기는 칠복이네 본가는 물론, 처가
인 유 영감네까지 새삼 활기를 돋우었다. 김 영감은 칠복이가 아이를
낳고 자손이 퍼지면 언젠가 돌아갈 함경도 고향에서 커다란 김씨 집

성촌을 이루어 그간 고향을 떠나 있던 보상을 받으리라는 생각에서 은근히 신명이 나 있었다. 한편 유 영감은 꽃순이 외동딸을 키울 때에 남자 아이들이 많던 사촌들이 은근히 아들 많음을 자랑하던 모습이 생각났다. 이제 외손자와 외손녀로나마 기를 죽여 주어야겠다는 생각으로 밥을 먹을 때도, 잠을 잘 때도 마음이 든든했다. 안사돈들은 안사돈들대로 삼월 삼진떡을 했을 때나 무슨 기회가 있을 때마다 칠복이 내외의 순산만을 빌었다. "천지신명께서 삼신할미를 보내실 때에 이 집은 다른 집과 달리 멀고 먼 조선 땅에서 고생을 거듭한 끝에 여기까지 왔으니 그런 걸 생각해서라도 특별히 건강하고 좋은 아기를 보내주도록 해주소서."라고 간절히 축수했다.

간절한 기원을 할 때면 축수의 내용이 금시 현실적으로 이루어지는 듯 착각을 일으키게 하기도 했다. 함경도 땅에서 그들을 괄시하고 돼지 한 마리만 잡아도 뒷다리 한 쪽을 가져오지 않는다 해서 야단야단하던 김 진사댁 사람들이나, 물세 독촉으로 매일 큰 소리를 치던 일본 척식회사 사람들, 그리고 직접으로 그들을 차에 실어 여기까지 보냈던 소련 사람들 모두를 한꺼번에 이겨내는 것 같아 남모르게 통쾌함을 주기도 했다.

이러한 기대와 축원 가운데 꽃순이는 아들을 순산했다. 턱이 둥글고 이마가 넓어 의지와 지성이 어우러진 아이였다. 얼굴은 칠복이를 닮았고, 눈매에 웃음기가 있는 듯한 것은 어미인 꽃순이를 빼어 닮았다.

그런데 이게 웬일인가? 산관을 하던 꽃순이 어머니는 갓난아기를 대충 씻기는데 어쩐지 손과 발이 복잡하고 허전한 것 같았다. 왜 그런가 해서 손가락 발가락을 몇 번이나 세고 또 세어 보았다. 혹시 내가 늙어 셈을 헷갈리고 있는 것은 아닌지 하는 의심을 하면서 몇 번이나 세어 보았다. 그러나 결과는 마찬가지였다. 갓난아기는 오른쪽 손가락이 6개이고, 오른쪽 발가락은 4개임이 틀림없었다.

그것이 핵분열에 의한 원자병임을 꽃순이 어머니와 할아버지, 그리고 아기의 부모들은 알 수가 없었다. 꽃순이 어머니는 이 사실을 남편에게, 그리고 남편은 다시 사돈에게 알려 칠복이 집에서만 아는 비밀로 이 사실을 간직하고 있었다. 나중에야 어떻든 우선 6손이와 4발이는 절대 비밀이었다. 어차피 오고가는 사람도 없지만…….

슬프고 외로울 뿐이었다. 두 집 사람들에게는 말할 수 없이 눈물만 나왔다. 모든 기대를 모았던 아기가 불구라니! 이제 무엇을 믿고 어디에 기대고 살아야 하나! 살아갈 의욕조차 송두리째 무너지는 것 같았다. 칠복이는 자신의 희망이 깨어지는 것은 둘째로 하고, 공연히 부모님께 면목도 없고 해서 무작정 죽고만 싶었다. 그러나 내가 죽으면 꽃순이는 어떻게 살아갈까. 그리고 부모 없이 육손이는 얼마나 놀림거리가 될 것이며, 누가 그를 거두어주겠는가. 우선 올 추위에 장갑을 사면 어떤 것을 사야 하나. 이 세상에 6손이 장갑이라는 것이 있을까. 지금은 두 집이 비밀로 하고 있기 때문에 주변에서 아무런 반응이 없지만 만약 6손이라는 사실이 발설되면 주변에서 무어라 할까. 또한 6손이를 데리고 고향에 가면 그곳에서는 무어라 할까. 지성이면 감천이라는 말도 헛된 말뿐이란 말인가. 그렇게 천지신명께 빌고 또 빌었는데 도대체 듣도 보도 못한 6손이라니 말이 될 일인가.

이런저런 걱정을 씻고, 이야기라도 나누려고 칠복이는 지평선 쪽에 있는 함경도 친구 아바이들 집을 찾아갔다. 칠복이는 그 집에서 뜻하지 않게 여러 정보를 얻었다. 그 집에도 불꽃(원자핵) 피해를 입어 할머니가 비실비실 앓고 있다는 것과 소련 정부는 불꽃 피해를 보상하기 위해 내무인민위원회를 통해 환자들을 만나 진찰을 하고 있다는 이야기를 들었다.

칠복이는 이 이야기를 따라 육손이를 근처의 낙타를 빌려 알려준 위치대로의 내무인민위원회를 찾았다. 그러나 그들은 칠복이네가 내무인민위원회에 주민으로 기록되어 있지 않고, 어디 서류에도 칠복이가 누구인지가 적혀 있지 않다고 말했다. 말하자면 소련 국민으로 무등재인이라는 것이며 어느 곳에도 사람으로의 존재를 알리는 기록이 없다는 것이다.

근동에서 이주를 당한 사람들은 46~47년에야 기록이 작성되었지만, 이미 카자흐스탄의 먼 곳으로 재이주를 한 사람들은 마치 죽은 사람 취급이 되어 그 기록에서 빠져 있고 따라서 재해에 대한 보상은 어렵다는 것이다.

칠복이는 낙타 위에서 생각했다. 이 낙타도 누구네 것이라는 표시가 있는데, 나와 우리 가족은 사람대접은커녕 이 낙타만한 대접도 못받고 있구나. 근동에서 우리 조선족을 강제로 이곳까지 실어온 것은 결국 이런 뜻이었구나. 주인 없이 자라다가 죽는 사막의 풀이나 작은 벌레와 같은 존재구나.

조선 안에서 조선족으로 받은 혜택이란 세 끼 배불리 먹지도 못하는 굶주림이었고, 근동과 이곳 사막 지대에서 받는 대우는 낙타만도 못한, 죽어도 어떤 표시가 있거나, 누구 하나 마음 써줄 사람이 없는 그런 존재구나.

죽는 순간까지 일을 해야 그 결과로 겨우 입에 풀칠을 할 수 있다면, 자기 말과 글을 가져 개화된 민족이라던 조선족은 자기 글을 가지지 못한 이곳 주민보다 나은 점이 무엇인가. 이슬람 의식에 따라 아랍 알파벳 글자를 쓰는 이곳 주민의 문명도보다 조선이 낮은 것이 무엇이란 말인가. 주인이 고삐를 쥐고 있는 낙타와 조선족은 무엇이 다른가. 조선족이 우수하다는 것은 말로만 그렇다는 것이지, 현실적으론 무력하고 보이지 않는 존재에 불과하다.

나라 밖에서 조선족이라는 이유 하나 때문에 죽을 고비를 몇 번 넘어야 하는 고생을 하는 사람들이 허다하다. 누구도 조선족을 반기지 않는다. 이곳저곳에서 조선족을 없애려는 의도만 보일 뿐이다. 조선 밖으로 압록강만 넘으면 조선족은 잡초와 같은 존재다. 그 반면, 저 조선 안으로 압록강만 건너가면 이 죽어가는 백성을 위해 불쌍하다는 말 한마디 못하는 불량 지도자들이 활개를 친다. 언제까지 이 상태여야 하는가.

1945년 8월 조선이 해방이 되었고 세계 제2차 대전이 끝나고부터 카자흐스탄에선 민족자결주의에 영향을 받아 맹렬한 독립운동이 전개되었다. 급기야 1986년 12월 알마타에서는 유혈 반소(反蘇) 봉기진압에 이어 1990년 4월 24일 카자흐스탄에서의 대통령제를 채택하는 법안통과와 함께 카자흐스탄은 독립되었다.

소련이 반소 봉기를 무자비하게 진압하자 카자흐스탄에서는 반소운동과 함께 소련 점령기간에 많은 이민을 온 우크라이나인과 백러시아인에 대한 추방운동이 활발하게 벌어졌다. 그와 함께 조선인도 소련의 영향 아래 카자흐스탄에 오게 되었다는 것이 문제가 되어 반우크라이나, 반백러시아 바람과 함께 반조선인운동이 활발하게 전개되었다. 반조선인운동은 한마디로 "조선 사람 물러가라."였다. 강제로 이곳으로 실려온 때부터 불과 10년도 채 안 되어 다시 돌아가라는 입장을 당하고 보니 김 영감과 유 영감은 기가 막혔다. 여러 사람이 모이는 장소에선 으레 소련 사람과 조선 사람을 합쳐 물러가라고 시위했다. 조선 사람은 소련 사람에 의해 두 번 피해를 보는 입장이 되었다. 조선 사람은 소련 사람의 동태를, 반대로 소련 사람은 조선 사람의 동태를 서로 보고 있다.

소련 사람들은 본국의 신사고(페레스트로이카) 정책에 따라 서서히 철수하기 시작했다. 조선 사람만 외로이 홀로 남을 수밖에 없다.

김 영감과 유 영감 내외, 칠복이네 식구들은 이제 다시 정들기 시작한 농토와 가구를 버리고 정처없이 두 번째의 먼 길을 떠나야 할 때가 오고 있음을 느꼈다.

"이 무슨 운명인가. 한 번도 아니고 두 번 씩이나 있는 것 다 버리고 떠나야 한다니……."

김 영감과 유 영감은 결국 조선으로 귀국하기로 합의했다. 조선이 남과 북으로 갈렸지만, 북은 연해주와 연결이 되어 있어 우선 친근감이 있었다. 일단 북으로 갔다가 무슨 일이 생기면 연해주로도 갈 수 있다는 계산이었다. 여기에다 북쪽은 소련에서 오는 교민들을 특별대

우한다고 했고, 카자흐스탄이나 소련 점령국으로부터도 소련으로부터의 경우와 같게 본다고 했다.

김 영감은 말은 하지 않았지만 북의 의술이 크게 발달되었다는 말에 관심을 두었다. 그것은 육손이를 혹시 치료할 수 있을지도 모른다는 희망과 날로 악화되어 가는 자신의 건강을 염두에 둔 때문이었다.

6. 북으로 간 육손이 가족

북은 옷, 식량 집 등 모든 것이 무상 배급제라는 말에 김 영감은 '이제는 일생의 한이었던 배고픔을 완전히 면할 수 있게 되는가보다' 라고 생각했다. 배고픔을 면해 보려고 근동에 갔던 일, 거기서 카자흐스탄의 벼농사를 하던 일 등등이 머리에 떠올랐다. 그러던 것이 이제는 나라에서 배급으로 먹여 준다니 조선이 이렇게 좋을 수가 있는가 은근히 속으로 즐거워했다. 그래 북으로 가자. 만약 무슨 일이 있으면 근동의 재채기 마을로 가는 거다. 이제는 재채기 마을에 오고 가는 것이 자유롭다니 그곳에 가면 아는 사람도 많고, 농사일도 잘 알고 있으니 두려운 것이 없다고 김 영감은 자신했다.

그러나 북에 막상 와보니 지난해 농사가 잘 안 됐다느니 철도가 떠내려가 운송이 잘 안 된다느니 하는 이유로 쌀 배급은 몇 달을 거르고 나오지 않았다. 그러면서 무슨 회의다, 무슨 항의다, 투쟁이다 하는 이유로 매일 회의에 나오라고 했다. 배는 고파 죽겠는데 회의에 참석할 여유가 없었다. 회의에 안 나가면 안 나가는 대로 구박이 심했다.

자기 건강과 육손이 문제는 생각할 여유가 없었다. 식구들은 배가 고파 늘어지고 특히 어린 육손이도 밥을 못 먹어 울어대는 데는 더 이상 참을 수가 없었다.

김 영감은 결심했다. 두만강을 건너가 배고픔을 해결해보자. 한 시간만 건너가면 된다. 조그마한 보따리 하나를 들고 나섰다. 우선 김 영감이 가서 터전을 만들어놓고 와서 식구들 모두가 가기로 했다.

5월의 강물은 예상 외로 찼다. 손금 보듯 훤히 아는 두만강이지만 지난겨울 눈이 많이 와서 4~5월이 되자 강물이 불어 있었다. 거기다가 왕래가 적어 강 밑의 돌이 미끄러웠다. 굶주림에 노쇠하고 연약한 발이 미끄러지자 이번에는 다른 발이 또 미끄러져 몸의 균형을 잃고 말았다. 김 영감은 손에든 보따리를 주우려고 엎드리는 순간 앞으로 고꾸라졌다. 그 후에 그는 일어나지 못하고 물 위로 엎어져 떠내려가기 시작했다. 그러면서 김 영감은 주린 배가 갑자기 불러오는 느낌을 받았다. 배가 불러오고 강 건너 쪽에 도착하는 즐거운 감정을 느꼈다. 강 건너에서 재채기 마을도 가보고 아는 얼굴들을 만나 카자흐스탄에서 지낸 이야기 등 짧은 시간이었으나 긴 회상을 했다. 그가 지녔던 보따리는 물 위에 뜨다가는 다시 가라앉고 가라앉았다는 다시 뜨고 하면서 두만강을 서서히 흘러 떠내려갔다.

며칠 후 강 하류에서는 익사한 깡마른 노인 시체와 조그마한 보따리를 건져 올렸다. 보따리에는 무슨 뜻인지 흰 종이에 의미를 알 수 없는 글이 수백 번 쓰여 있었다. 육손이 김씨촌, 육손이 김씨촌, 육손이 김씨촌…….

10 1937년 중앙아시아로 강제이주 된 고려인의 수기

* 이 글은 필자가 알마타에 다녀온 후 고려인 협회를 통해 전해온 것으로 약간의 수정을 하였습니다.

현 주소 : 카자흐스탄공화국 알마타시 찌미라세브거리 78-1번지 28호

이름 : 최 표도르 인권오비츠(1933년 8월 23일생. 화가)

부인 : 김 리지야(1936년 7월 13일생. 의사)

나의 아버지(최인권)는 1886년 서울에서 태어나셨는데, 1908년에 할머니를 모시고 러시아로 이민을 와서 뿌쟈찌노 섬의 어물 공장에서 일을 하였다. 이후 1937년 고려인들은 연해주에서 중앙아시아로 강제이주하게 된다. 당시 나는 3살이었고, 우리 집은 우스토베역 근처의 모래밭 땅굴이었다.

나는 다른 아이들보다 늦게 소학교에 입학하였고 딸듸꾸르간시 우신스끼 중학교에서 공부를 했다. 하루는 '재능 있는 학생들'이란 그림

전시회를 열었는데 나는 〈조국을 위하여 앞으로〉라는 레닌의 초상화가 그려진 탱크를 그려 2등을 하여 책가방과 초콜릿 한 상자를 상으로 받았다. 그 후 교감선생님과 미술선생님이 집으로 찾아와 나를 화가로 키우자고 설득하였으나 어머니가 끝끝내 반대하셨다.

어머니와 나는 사이가 좋지 않았는데, 아버지가 60세로 세상을 떠나시면서 나도 집을 나오게 되었다. 친구들과 함께 우스토베역에서 타시겐트로 가는 열차에 올라 4월 초에 타시겐트에 도착하였다. 밤이 되면 석탄재 더미에 굴을 파고 잠을 잤다. 옷이 까맣게 되기는 했으나 석탄재의 따듯한 기운에 의지해 잠을 청했다. 하루는 석탄 굴속에서 잠을 자는데 개가 한 아이의 코를 물어뜯은 일이 있었다. 그 후부터는 한 사람씩 망을 보면서 잤다.

우리들은 대개 타시겐트의 알마타 시장에서 수박같은 과일 등을 훔쳐 먹었고, 어느 때는 할머니들이 들고 가는 빵을 뺏어 먹거나 돈을 훔쳐 도망쳤다. 한번은 타시겐트의 열차 지붕 위에서 철사로 호크를 만들어 열차 안 손님의 음식이나 걸어놓은 옷 등의 물건을 끌어 올리는 도둑질을 하기도 했다. 잠은 역 구내나 텅 비어있는 건물 지하실에서 잤고, 매를 맞아 몸이 아플 때는 공동묘지에서 며칠을 앓고 일어났다.

우리들에게 타시겐트는 춥지도 않고 훔쳐 먹을 것도 많아 살기가 좋은 곳이었다. 그러나 우리 같은 부량아들이 점점 늘어나자 더불어 경찰들도 밀려왔다. 나는 할 수 없이 사마르칸트 쪽으로 홀로 도망쳤는데 시장에 가보니 고려인들이 많았다. 첫날 밤을 카타콤 지하실에서 잤는데 어른들이 아이들을 마음대로 부리고 있었다. 여기서 지내다가는 매일 매만 맞을 것 같아 다시 시장으로 도망치게 되었다. 그리고 시장에서 만난 여인이 나를 불쌍히 여기며 자신을 따라오라고 했다.

이후 나는 크쓸꿈 사막에서 지형 측량대로 일하게 되었다. 측량대 지도부에서는 한때 가축을 사육했던 오두막집을 일하는 이들에게 내주었다. 그리고 낮에는 우리 브리가다(집단)에서 먹을 들거북이를 잡아오라는 것이었다. 이 들거북들은 주로 모래밭 오아시스에서 살고 있었는데 버려진 낡은 집에 많았다. 중앙아시아에서 벌어진 혁명운동 때문에 남자들이 재산을 지키기 위해 반혁명 세력에 가담했다가 후에 부쥰니 장군의 붉은 군대에게 철저히 소탕을 당해 빈집이 많았다. 그곳에는 지름이 반 미터가 되는 큰 거북이도 있었다.

거북이 고기는 아주 맛있었다. 잡으면 돌이나 바위 등 단단한 땅위에 눕혀 놓고 앞발과 뒷발 사이에 있는 등껍질을 도끼나 망치로 내려쳤다. 그리고 등껍질을 벗기고 고기를 잘랐다. 거북이는 풀 향기가 나는 닭고기 맛과 비슷했다. 큰 거북이는 한 번에 40여개의 알을 낳는데 한 개가 달걀보다 약간 작다. 거북이가 많이 사는 곳에서는 하루에 천 개의 알을 수거할 수 있어 식량대용으로 브리가다에서는 큰 힘이 되고 있었다.

온종일 돌아다니다 보면 산비둘기들도 많이 보였다. 이 비둘기들은 사람들이 파놓은 우물 주변에서 살고 있었다. 우물 안에 무엇이 있나 궁금해진 우리들은 무엇이 있는지 들어가 보기로 하였고, 내가 끈을 묶고 들어가다가 뱀 떼가 우글거리는 것을 보고 무서워 도망쳐 올라왔다. 나는 이렇게 지내는 초원 생활이 마음에 들지 않아 다시 부랑아 생활로 돌아갔다.

그러나 부랑아 생활도 잠시, 경찰에게 잡혀 사마칸트 옆의 교정 노동 수용소로 끌려가 18개월간 머물다가 석방되었다. 수용소 소장으로 일하던 니나 아주머니는 내가 석방되자 "고려인 이주민이 많은 볼세위크 꼴호즈(집단농장)를 찾아가 보라"고 일러주었다.

그곳은 수용소와 멀지 않은 10km 정도 떨어진 곳에 있었는데 어디든 가야했던 나는 그곳으로 가게 되었다. 그렇게 꼴호즈 마을에 도착한 나는 꼴호즈 회장 댁을 찾아갔다. 회장은 내가 여기까지 오게 된 이야기를 듣고 나서 임시마굿간에서 가축을 돌보는 일을 시켜주었다.

숙소는 여자들과 함께 사용하였는데 내가 들어간 방은 그리 크지 않았다. 방 한구석엔 나이가 60세 정도 되는 마샤 할머니가 있었다. 그 반대편은 아냐라고 부르는 젊은 여자가 차지하고 있었는데 이 여자는 30세 미만 정도로 보였다. 아냐는 밤이 되면 발가벗은 채 잠들었는데, 매일 밤 남자들을 바꿔 데려왔다. 타타르, 터키, 우즈베키스탄, 러시아, 심지어 고려 남자도 이 여인의 방을 방문했다. 아냐는 그런 남자들과 밤이 늦도록 떠들며 뒹굴었다.

꼴호즈 당국에서는 우리 방 사람들에게 6쇼뜨까의 터전을 주었다. 우리는 이 땅으로 무엇을 할까 하다가 벼를 재배하기로 하고 농작하였다. 농작물을 수확한 후 논 옆에 갈대로 벽과 지붕을 엮어 집을 만들었는데 그날은 무척 더운 날이라 아냐와 함께 윗옷을 벗고 점심을 먹었다. 점심을 먹던 아냐는 큰 가슴을 흔들면서 나를 유혹하였다.

그 후 나는 아냐가 발가벗고 있는 것이 보기 싫어서 합숙소를 뛰쳐

나와 오두막집에서 기거하게 되었다. 이 오두막집은 명절날 농장원들을 위해 여러 가지 음식을 장만하던 곳이었다. 짚으로 창문을 막고 널판으로 장판을 까니 그럭저럭 훌륭한 집이 되었다.

이후 나는 꼴호즈 7학년생이 되었다. 꼴호즈 학생 중에는 고려인이 80%나 되었는데 우리 반에서는 내가 러시아어를 제일 잘하였다. 그리고 나는 그림도 잘 그렸다. 그래서 벽신문을 만드는 사업에도 언제나 참가했다. 수학이 좀 어렵기는 했으나 7학년을 우등으로 졸업할 수 있었고 졸업장과 함께 레닌과 스탈린이 그려진 상장을 받았다.

나는 오두막집에서의 생활에 만족하며 살았다. 식기도 사들이고 집 앞에 부엌도 만들었으나 배고픔이 사라지진 않았다. 부엌에서 우즈베키스탄식의 맛좋은 기름밥도 끓여먹고 했지만, 배가 고플 때는 돼지우리에서 돼지밥을 훔쳐 먹기도 했다.

꼴호즈에서는 나에게 1주일에 한 번씩 30킬로그램의 밀을 주었다. 그리고 한 달에 한 번씩 목화기름을 주었다. 정미소에서 특별히 일을 하면 5킬로그램의 밀가루를 주었는데 이것을 우즈베키스탄 사람들에게 부탁하여 레포스까란 빵을 만들어 먹었다. 이 빵은 1주일만 지나면 돌처럼 단단해지기 때문에 도랑물에 담갔다가 먹어야 했다.

오두막집에서 멀지 않은 곳에 양돈사가 있었다. 이곳에서는 네 개의 부엌에서 큰 가마로 돼지죽을 끓이고 있었는데 밤에 몰래 양돈사로 들어가 돼지밥을 훔쳐왔다. 그리고 사료 조리실에 몰래 들어가 사탕무, 양배추 등 먹을 만한 것을 골라가지고 와서 끓여 먹었다. 이런 오두막집 생활이 반년 동안 계속되었다.

1951년 즈음 나는 조선에서 내전이 벌어지고 있다는 말을 들었다. 타시겐트에서는 군인들을 뽑고 있었다. 나는 군에 입대하기 위해 지원하였으나 나이가 어려 뽑아주지 않았다. 고민하던 나는 지방 군사위원회로 가 나이를 속이고 청원서를 내어 입대하게 되었다.

지원병이 된 나는 캄캄한 화물 차량에 앉아 블라디보스토크로 향했다. 가는 데 두 달 이상이 걸리는 거리였다. 천 명 이상 되는 지원병 중에서 고려인은 3명밖에 되지 않았다. 조선에서 내전이 났다면 고려인들이 많아야 하지 않겠는가 하는 것이 내 생각이었는데 대부분이 러시아, 우즈베키스탄, 타지크인들이었다. 어째서 고려인이 적은가 알아보니 우리가 떠나기 전에 타시겐트에서는 고려인 청년들로 이루어진 지원병 부대가 중국 국경을 거쳐 조선 전쟁판으로 직접 파견되었다는 것이었다.

블라디보스토크를 향해 떠날 때 우즈베키스탄 청년들은 말린 살구를 많이 가지고 탔었는데 당시에 그 이유를 알지 못하였다. 이후에 그들이 찻간이나 정거장에서 마른 살구 한 컵을 5루블씩에 팔고 있는 것을 알게 되었다. 인민의 명의로 이웃을 지원하러 가는데 자기 동향인들이나 이웃나라 동포에게 살구를 엄청난 값으로 비싸게 팔아 자기 배를 채우려 한다는 게 화가 났다. 어느 날 살구 장수의 돈지갑이 눈에 띄었다. 나는 슬그머니 화장실로 가는 길에 이 지갑을 내 주머니에 넣고 갔다가 화장실 옆 바위 밑에 묻어놓고 들어와 다시 잤다. 새벽이 되자 우즈베키스탄 사람들이 돈을 찾느라고 야단이었으나 찾지 못하였다. 나는 이 돈을 군복을 받을 때까지 건드리지 않았다.

우리는 군대 훈련을 받게 되었다. 훈련을 받는 것도 모두 엄중한 비밀이었다. 나는 블라디보스토크에서 약 65km 떨어진 로마노프해군비행사 학교에서 훈련을 받았다. 그 훈련에서 우리는 일-28형 비행기와 뚜-14형 폭격기에서 이용하는 라디오 운영술을 파악하는 데 주력했다. 반년 동안 훈련을 받은 후 폭격기들을 봉사하는 한 부대에 파견되었다.

새 국경지대에서 복무한 지 얼마 안 되어 우리 부대는 국경지역으로 이동했다. 국경지역에서 나는 항공 기관사로 복무했다. 나의 임무는 매일 전투기들이 날아가기 전에 선내 라디오 체계를 올바르게 정돈하는 것이었다.

우리 지원병들이 입은 군복에는 견장도 없었다. 그리고 비행기동체에 달린 오각별에는 상대 측에서 알아보지 못하게 여러 가지 색깔을 칠해 놓았다. 나는 지휘부로부터 자주 휴가를 받았다. 휴가를 받을 때마다 고향인 쓰꼬또 부락을 다녀왔다. 그곳에 살고 있던 러시아 사람들은 나에게 잘해 주었고, 1930년대를 회상하면서 당시 고려인들과 친하게 지낸 일들을 이야기했다.

우수리만 근처엔 그리 크지 않은 볼세카멘스크란 도시가 있었는데 거기에는 해방 후 러시아로 파견된 북한 노무자들이 많이 살고 있었다. 그들은 길쭉한 바라크에서 단체로 살고 있었는데 다수가 나이 많은 사람들이었다. 그들은 나의 해군복을 많이 칭찬했고 고아로 자란 나의 이야기를 들으면 고향에 남겨둔 어린 처자식 생각에 눈물을 흘리곤 했다. 건설 분야에 종사하는 많은 북한 동포들도 만났는데 그들의 말에 의하면 해방이 된 후 북한에서 러시아땅으로 건설 공사에 고용되어 들어온 이들이 많다고 하였다. 나는 아직도 그들의 인간다운 품성과 선량한 태도에 대해 감사하게 생각하고 있다.

1955년 소련 국방성에서는 원동군 관구에서 120만 군무자들을 축소하라는 명령을 내렸다. 그 바람에 나도 제대하게 되어 따뜻한 나라 알마타로 가게 되었다. 나는 라디오 전문가를 양성하는 기술국에 취직되어 우랄스크 공항에서 1년 동안 근무하다가 다시 민간 항공대로 전속되었다.

1961년, 나는 알마타의 상업망에서 일하게 되었다. 라디오 판매원으로 일하다 보니 매달 나에게 들어오는 돈이 점점 많아졌다. 백화점에서 일하면서 나는 두 아가씨와 친하게 되었다. 이들에게서 나는 알마타의 비밀 갈보집을 알게 되었다. 집은 방이 2개였으며 그리 크지 않았는데 6명의 아가씨들이 번갈아가며 '손님'을 받아들이고 있었다. 자동차 운전수, 출장 오는 사람들과 배우들이 이 집을 제 집처럼 드나들었다. 그곳에 간 나는 나 이외의 손님을 받지 못하게 하였다. 해군을 제대한 군인이라 힘도 있었고, 돈이 많던 나의 말을 거역할 사람은 없었다. 그렇게 반년가량을 어여쁜 6명의 아가씨들과 살았다. 어느새 돈은 물처럼 없어졌고, 내 살도 반쪽이 되었을 무렵 누군가가 밀고하여 나는 경찰에 체포되었다.

체포된 나는 부띠르스크감옥에서 6개월을 보냈다. 재판에서는 제206조에 의해 3년간 기한으로 자유박탈형을 내렸다. 그 후엔 임시수용소로 나를 데리고 갔다. 이 감옥에 있는 죄수의 절반이 정신병자들이었으며 그 중 약 200명가량을 골라 정신병자들을 간호하게 하였다. 여기서 주는 음식은 양도 얼마 되지 않았고, 꼭 돼지밥 같았다. 그래도 죽지 않고 살아야 한다는 생각으로 감옥에서 주는 것을 받아먹었다.

나는 감옥의 '미술 공작실'에서 일했다. 공작실은 폭이 3m, 넓이가 2m였는데 전쟁 시에는 독일 파쇼들의 고문실이었다 한다. 내가 그린 그림은 많은 죄인들과 관청 직원들의 마음에 썩 들었던지 인기가 있었다. 이후 내가 그린 그림들을 면회 오는 사람들을 통해 높은 값으로 팔아 흘레브빵(검은빵)을 사 먹었다.

감옥 안에는 지방 교사로 일하는 예쁜 여자가 있었다. 그 여자는 내 그림을 특히 좋아해 내가 그림을 그릴 때에는 항상 내 옆에서 구경을 했다. 이러는 동안 우리 둘은 정이 들어 사이가 발전하게 되었다. 나는 그녀와의 관계를 유지하기 위해 더욱 열심히 일했다. 나는 모범수가 되었고 매달 나는 나의 사연을 하소연하였다. 그러다 내 하소연이 루덴꼬 총 검사원의 귀에 들어갔다. 당시 시청 앞 공중 광장의 표어들, 노동 영예게시판 등이 모두 나의 손으로 이루어진 것이었는데 그는 내가 그림을 그려 '사상 일꾼' 역할을 했음을 인정하여 1년 앞당겨 나를 석방했다. 재판이 끝난 후 나는 그녀와 새 가정을 꾸미기로 결심했다. 그녀도 나에게 새 일자리를 찾아주겠다고 하며 미래를 그렸다. 그러나 내가 감옥에서 나오는 날 그녀는 보이지 않았다. 나는 온종일 그녀를 기다리다가 버스를 타고 철도역으로 향했다. 나타나지 않는 그녀에 대한 반발이 생긴 나는 우선 이 도시를 떠나기로 하였다.

이것은 내 인생의 큰 전환점이었다. 나는 알마타로 되돌아갔다. 그리고는 화가로 일을 시작했다. 나의 봉급은 160루블로 다른 서민들보다 약간 많았다. 나는 점점 돈을 모으고 있었다. 그러다 상업 그림의 관청 납품 과정에서 문제가 생겨 국가범죄자로 재판을 받게 되었다. 그리고 감옥생활이 다시 시작되었다. 감옥 창문으로 미성년들이 사는 특별 수용소가 똑바로 보였는데 그들과 친하게 지냈다. 그들은 우리에게 담배 같은 것을 갖다 주었고 나는 그들에게 볼펜으로 그린 여러 그림을 선물했다. 화장실엔 문이 없었는데 이불을 구하여 발가벗은 여자를 그려 문 대신으로 달아놓기도 했다. 나는 그곳에서 예쁘게 생긴 고려 여인을 만났다. 몇 달 동안 교제를 하여 석방 후에 결혼하기로 약속까지 했으나 그것도 허사로 돌아갔다. 감옥에서의 연애는 감옥살이의 고통을 약간 덜어줄 뿐이었다.

내가 일하는 공작실 문은 항상 열려 있었다. 한번은 어린이를 안은 한 여자의 조각 작품을 만들어 두었다. 어떤 죄인은 조각된 여인을 끌어안기도 하고 또 어떤 죄인은 어린이 조각을 자기 친자식처럼 조심스럽게 어루만지기도 했다. 그들에게는 애정이 필요했던 것이다.

이런 일을 하면서 나의 위신은 점점 높아가 프랑스 주택 장식을 우리에게 맡긴 일도 있었다. 하지만 나의 조각품 밑에서 한 사람이 넘어져 죽게 되자 살인자로 조사를 받기도 했다. 또 한번은 고려인이 피살되었는데 그의 피가 나에게까지 묻어서 "고려인이 사람을 죽였다"는 소문이 나기도 했다.

나는 히미야(미결수)로 돌려져 결국 석방되었다. 그러나 석방이 되어도 내가 할 수 있는 일은 없었다. 그러던 중에 큰 식당에서 간판과 조각품을 만들어 달라는 주문이 들어왔다. 나는 돈 대신 하루에 두 양동이의 음식 쓰레기를 달라고 했다. 그 음식점 주인은 나에게 돼지라도 기르느냐고 물었다. 내가 매일 밤 짖어대는 굶는 개들에게 나누어 주려 한다고 하니 주방장은 기꺼이 승인했다. 이 시기에는 매일 밤 짖어대는 개들을 죽이는 일이 빈번했다.

이후 나는 매일 개들에게 먹이를 나눠주었다. 얼마 되지 않았지만 개들은 이제 나를 보면 반기면서 덤볐다. 개들에게만큼은 나도 반가운 인물이었다. 나는 친구들이 없었다. 오랫동안 홀로 살았기 때문이었다. 일생 동안 여러 종류의 많은 인연이 있었지만, 그들은 다 떠나가고 어느새 개들과의 인연만 남게 되었다.

11 월북(越北) 인사 이야기

1937년 소련의 하바로부스크로부터 타시겐트로 조선인들의 강제 이동을 취재하기 위해 정상진 씨를 만났다. 정씨는 바로 그 강제 행렬에 끼여 있었다.

정씨는 해방 후 북에서 원산시 인민위원회 교육부 차장을 거쳐, 함경도 인민위원회 교육부장을 지낸 뒤 북조선 문학예술총동맹 부위원장과 문화선전부 제1부장을 지냈다. 이렇게 문화 부문에 있는 동안 정씨는 남한에서 북한으로 넘어간 월북 예술인과 직접적인 교류를 가져 그들의 생활을 잘 아는 위치에 있었다.

▶ 평소 만나 뵙기 어려우니 이번 기회에 물어 보겠습니다. 그 당시 월북 예술인과 관련하여 기억에 남는 것은 어떤 것이 있습니까?

"기억에 남는 것은 많지만, 꼭 기록에 남기고 싶은 일은 우선 무용가 **최승희**(崔承喜) 씨와 그의 남편 **안막**(安漠) 씨입니다. 최승희 씨와는 그의 무용연구소가 내 사무실과 걸어서 몇 분 안에 오갈 수 있을만치 대동강변에 나란히 있었고, 안막 씨는 내가 민예총 부위원장 때 같이 부위원장을 지낸 인연을 가지고 있습니다. 또한 한국전쟁 뒤에는 최승희 씨 집과 우리 집이 평양 창광동의 엘리트 마을에 나란히 있어 종종 만날 기회가 있었습니다. 나는 북한을 떠나기 위해 집을 나서면서도 최승희 씨를 보지는 못하고 그의 집을 지나면서 예술의 거성으로 한반도 예술의 하늘에 오래 빛날 것을 마음속으로 빌면서 나왔습니다.

최승희 씨는 조선 8도가 다 아는 무용가 아닙니까? 직접 보면 그의 표정, 미모, 행동 하나하나가 정말 천사가 내려온 듯한 착각을 가질 지경이었습니다. 그는 외국에도 자주 왕래했는데 외국을 다녀오면 그 소감을 나에게는 은밀히 말해주기도 했습니다. 그는 "외국 사람들은 표정도 밝고 감정 표시도 빠른데 우리 민족은 사교성, 교육열, 흥에 있어서 그들에게 떨어질 것이 없으면서도 항시 무엇에 눌린 듯 찌들려 보이고, 좋고 나쁜 표현을 할 때도 머뭇거리는 이유는 무엇입니까."라고 회의심을 보이곤 했습니다. 특히 최씨는 단순한 무용가라기보다 무용을 통해 우리의 역사, 우리의 율동, 우리의 심성 등을 표현하고 말하려는 교육심을 가지고 있었기에 이런 인상을 많이 받았다고 봅니다.

내가 그의 연구소를 방문할 때마다 그는 자기연구소 교육생들에게 항시 "무용은 춤을 통해 자기의 말을 전해야 한다."고 강조했습니다. 그는 "가난한 조선인들이 광장에서나 공회당 같은 곳에서 간단하게 흥이 나게 춤을 출 수 있도록 대중사교춤을 개발한다고 했습니다."

정씨는 이어 아마도 요즘 북한에서 추는 사교춤이 바로 이것 아닌
지 모르겠다고 했다. 최씨는 남편 안막 씨와의 사이에 후계자로 키우
는 외동딸이며 10대 무용수인 안승희를 두었다.

"후에 들은 이야기이지만 최승희 씨는 60년대에 자아비판으로 더
이상 창작 기반을 유지하기 어렵게 되었다고 합니다. 최승희 씨는 '사
생활과 개성에 대한 비판은 창작을 봉쇄하는 것'이라고 이를 받아들
이지 않았다는 것입니다.

그는 최근 북한 보도로 69년 8월 8일에 사망한 것으로 되어 있지만,
탈북자의 소식통에 의하면 평남 정치범 수용소에서 최승희, 그의 남편
안막과 딸 안승희는 강제 노동과 영양실조로 비참한 최후를 맞았다고
합니다.

또 탈북 무용연구소원의 말에 의하면 63년경에 일본 사회당 대표단
이 북한을 방문했다 합니다. 그때 최승희 씨는 당국의 허가 없이 사회
당 대표를 만나 자기 무용단을 일본에 초청해달라고 했다는 것입니
다. 이 사실이 당국에 알려져 최승희 씨와 남편 안막 씨, 그리고 어린
딸 안승희 등 일가는 안전기관에 체포, 구속되어 일본 간첩 혐의로 판
결 받았다 합니다. 그리고 그들은 어느 한 재(再)교양소에서 신음하다
가 총살되었다는 것입니다."

▶ 오래 전의 《고려일보》에서 정 선생의 글을 보니까 이태준(李泰俊) 선생에 대해 말씀한 것이 있더군요. 이태준 선생은 어땠습니까?

"나는 문예총 부위원장으로 있었기 때문에 자연히 많은 문인들과 교류를 했습니다. 그는 문예총 안에서 순수문학, 반동문학, 퇴폐문학 등 문학을 마음대로 분류하면서 자기 문학을 반동문학으로 분류하려는 한설야(韓雪野) 일파와 대립하고 있었습니다. 그는 나에게 가끔 찾아와 "공식회의에서만 만날 수 있으면 인간 교류가 어디 되겠느냐."면서 가지고 온 소주를 나누어 마시기도 했지요.

그는 "순수문학은 있을 수도 없고, 그런 것이 존재한다면 누구를 위해 필요하겠느냐."면서 "우리 문인들은 조국해방을 위해 총을 들지는 않았지만 조선 글, 조선의 미, 그밖에 조선적인 모든 것을 보유하고 지키기 위해 작품을 통해 조선 사람들의 심정에 심어주려고 노력한 것 아니냐."고 순수문학 이론을 비판하곤 했습니다. 그러면서 그는 「까마귀」 등 평생 자기가 쓴 단편들을 예로 들었지요.

이태준 선생은 한 번 나에게 천천히 그리고 낮은 말로 "정 선생은 미인이 다가오면 어떻게 하시겠습니까?"라고 좀 엉뚱한 질문을 하더군요. 후에 들으니 그것이 이태준 선생의 이야기라는 것입니다. 참으로 30대 미인이 그의 옆에 있는 것을 보았습니다.

이태준 선생은 골동품을 애호하여 고려자기를 특히 좋아했습니다. 어느 때 고려자기 이야기가 나오니 "그 색깔과 감촉이 얼마나 아름답습니까? 멀리서 보기만 해도 따뜻한 감촉이 전해오지 않습니까? 내가 어느 사람의 호의로 고려자기 하나를 집에 가지고 있는데 그놈도 보고 싶군요." 하더군요.

그런데 그를 비판하던 한설야는 당시 「인간 김일성」, 「영웅 김일성」, 「장군 김일성」이란 글로 김일성의 신임을 얻어 문학 예술인들의 출세와 생사까지를 좌우할 수 있는 문예총 위원장으로 있었기 때문에 승패는 쉽게 났습니다. 그 뒤 신문을 보니 이태준 선생은 반동문학가로 비판되었고 이에 따라 창작 금지를 당했다고 하더군요. 그 후 나는 친소파가 일괄해서 소련으로 떠날 때에 뒷일을 생각하여 이태준 선생을 일부러 보지 않고 왔습니다.

2000년에 탈북한 시인 최진 씨의 말을 들으니 이태준 씨는 57년 평양에서 추방되어 해주의 황해일보사의 인쇄공이 되었고, 한때 대남 심리전 소설의 유령작가가 되었다 합니다. 1974년 무렵에는 강원도 정동탄광 노동자 지구로 추방되었으며, 그곳에서 부인이 뇌혈전으로 죽자 이태준 씨도 사라졌다 합니다.

그 후 나도 남조선의 퇴폐문학을 북조선에 선전했다는 이유로 숙청되어 내가 시민권을 가지고 있는 소련으로 망명했습니다."

▶ 그밖에는 또 누가 기억에 남습니까?

"홍명희(洪命熹) 선생이 기억에서 사라지지 않습니다. 연해주에서 강제 이주 전에는 홍 선생의 「임꺽정」은 젊은 조선 청년들 사이에서 많이 읽혀지지는 않았습니다. 그러나 내가 원산에 있을 때에 그 책을 읽었고 그 책이 조선어 어휘를 가장 많이 사용했다는 것도 알았습니다. 그래서 그 저자인 홍 선생을 관심있게 지켜봤습니다. 이 책 내용은 또

18세기 농민전쟁을 묘사한 알렉산드르 푸슈킨의 소설 「대위의 딸」을 연상시키기도 했습니다.

그는 20여 년을 신문에 연재했으면서도 아직 다 자기 구상을 쓰지 못했다면서 틈만 있으면 글을 쓰고 있었어요. 북한 정권 초기에 그는 부수상으로 임명되었지만 하는 일이란 빈 방을 지키다시피 하는 것이었습니다. 내가 청사에 들렸다가 그의 방을 들르면 그는 항시 못 다쓴 임꺽정의 후반부를 완성해야겠다면서 분주했고, 때에 따라서는 나보고 그 내용을 듣고 가라고 해요. 너무 재미있고 관심 있는 사항이라 2~3시간은 시간 가는 줄을 몰랐지요. 그는 「임꺽정」을 쓰기 위해 한라산에서 백두산까지 산간벽지를 모두 답사하여 그 지리를 모르는 곳이 없더군요. 우리 농민들이 그처럼 어렵게 사는 줄은 몰랐다 했습니다. 지금도 그러니 한 5백 년 전에는 얼마나 어렵게 살았겠습니까? 거기에 관의 학정은 또 얼마나 가혹했고. 이것이 바로 「임꺽정」을 쓰게 된 동기랍니다. 나는 그의 말을 대부분 기록을 해두었는데 숙청과 소련으로의 복귀로 모두 분실하고 말았습니다. 홍 선생은 「임꺽정」을 쓴 그 신념으로 북한으로 왔다고 했어요. 한때 홍 선생이 미완성으로 남겨둔 책의 나머지를 그 손자인가 누군가가 쓸 방침이라고 하지만 나는 손자건 누구건 간에 이것은 안 될 소리라고 생각합니다. 그 방대한 구상과 천재적인 어휘 구사 능력은 누구도 따라갈 수 없다는 생각 때문입니다.

홍 선생은 정의와 불의, 사회적 모순 등에 대해 유난히 판단력이 밝고 강한 분인데 북한에서 겪는 일들을 어떻게 소화했는지 궁금합니다. 내가 소련으로 돌아간 뒤 얼마 안 있다가 그의 부음을 들었지요. 너무 슬픈 일이었기에 며칠 잠을 못 잤습니다.

최승희 씨와 동열의 배우로 **문예봉**(文藝峰) 씨를 꼽을 수 있을 것입니다. 문예봉 씨의 「임자없는 나룻배」는 조선 국민들이 품고 있는 반일(反日) 생각을 생생하게 그리면서 조선 여인의 모습과 순진함을 생생하게 대변했지요. 그의 남편 임선규(林仙圭) 씨는 일본 시대부터의 희곡 「홍도야 우지마라」를 만들었는데 북에서는 퇴폐문인으로 분류되어 더 이상 희곡을 쓰지 못했습니다.

문예봉 씨는 「빨지산 처녀」, 「금강산 처녀」 등 여러 편에 출연했고, 이런 연유로 북한 배우로서 최고 명예인 인민배우의 칭호를 받는 영광을 얻었지요. 그는 90년대에 들어 범민련(凡民聯) 북측 본부의 중앙 위원이라는 정치 자리를 지내기도 해 남한에서도 잘 알려졌으리라 믿습니다.

역시 같은 인민배우의 칭호를 받은 무대예술가는 **황철**(黃澈) 씨를 빼놓을 수 없습니다. 아마도 그는 북한에서 최고의 인기 배우였다 해도 과언이 아닐 것입니다. 나는 그와 각별히 친하게 지냈는데 그가 무대에 서면 그날은 극장이 만원이 됩니다. 같은 내용을 가지고 주역이 바뀌며 공연을 했는데 그가 주역을 맡는 날과 다른 사람이 주역을 맡는 날은 사람 수가 아주 다른 것입니다. 그의 관객은 특히 여자가 압도적으로 많았다는 것도 인상적이었습니다. 그는 항시 경제적으로 어려운 생활을 했는데 언제인가 나에게 "나는 일본 시대에도 배우였지만, 그때는 공연이 끝나면 여인들이 기다리기가 일수였고, 공연 뒤에 술자리는 으레 따라다니다시피 했어. 그런데 이제 공화국이 된 뒤에는 모든 것이 사라져 솔직히 옛날이 그리워지는 때도 있다."는 말을 한 일도 있었습니다.

당시 북한에서는 전선을 위문하기 위해 모든 연예인들을 종군기자로, 또는 위문공연대로 나가게 되었습니다. 황철 씨도 이 위문공연에 참가했다가 전화를 입어 팔을 하나 잃었습니다. 어느 날 그는 나에게 전화를 걸어 몹시 침울한 목소리로 "정률(정상진 씨의 북한이름)아! 나는 이제 죽은 목숨이나 마찬가지가 됐어. 팔을 잃었으니 무대생활은 이제 끝난 거야." 하면서 너무 애통해서 나중엔 울어버립디다. 그래서 내가 "의수를 만들면 돼. 걱정 마라." 했지요. 그리곤 순서 있게 알아봤더니 헝가리 의수(義手)가 제일이라는 것입니다. 의수를 하고 다시 무대에 섰으나 누구도 그 의수를 문제시 하지 않았습니다. 그래서 당당히 재기했어요. 그런데 그 후 어느새 해 이른 아침에 나에게 전화를 해왔어요. 그는 우는 목소리로 "어제 밤 친구들과 새해맞이를 하고 집에 돌아와 자고 아침에 보니 의수(義手)가 간곳없이 사라져 동료들과 찾아봤으나 못 찾았다."는 것이었습니다. 나는 할 수 없이 "내가 무슨 방법을 대서라도 꼭 같은 의수를 구해줄 터이니 걱정 말라." 하고 헝가리 대사를 통해 다시 같은 의수를 구해준 일이 있습니다. 그는 그 후 문화성 차관이 되었다가 60년대에 죽었다고 들었습니다.

그밖에 북조선 문인들, 소련과 중국에서 온 문인 등 각 분야 예술인들을 매일 만나는 것이 나의 일과였기에 다 언급하려면 한이 없을 거요."

▶ 정 선생이 계셨던 원동과 소련에서 조선 문인들, 또 조선인들이 집단으로 이주해간 카자흐스탄에서 조선 예술인들의 창작 활동에 대해 이야기 좀 해주시죠. 그 어려운 가운데서의 예술 활동이라면 이것이야말로 삶과 바꾼 표현으로 보아야 할 것 같은데요.

"우선 조선 문학에 대해 말씀 드리겠습니다. 초기 개척지엔 러시아 블라디보스톡 안에 있던 시한촌(新韓村)을 중심으로 한 것인데 초기에 도착한 조선 이주자들은 가난하고 무식한 막노동꾼이었습니다. 연해주 사간벽지에는 조금씩 부락이 형성되기 시작했고, 부락이 커짐에 따라 훈장들이 나타나 어린들에게 한문 교육을 시키는 서당이 출현했지요.

19세기 말 또는 20세기 초에 러시아횡단 철로부설을 위해 이곳 북방에 온 러시아 기술자들은 조선인들의 향학열에 감탄했으며 이런 분위기 속에서 조선인들의 서당(書堂)을 중심으로 조선 민족해방운동가들과 정치 망명객을 통해 조선인들은 개화하기 시작했습니다. 왜군을 물리친 이순신과 거북선이니, 고구려의 명장 을지문덕이니, 고려의 강감찬 장군 등 한국 역사를 들으면서 우리에게도 저런 위인이 있었구나 하는 자부심과 민족의 정통성을 알게 된 것이지요. 특히 안중근 의사가 육철포로 이토 히로부미를 저격한 사건이나, 이준 열사의 헤이그밀사사건과 뜻이 이루어지지 않자 피를 뽑아 일본 대표에게 뿌렸다는 사건 등은 모두 조선인들의 피를 끓게 하는 사건들이었습니다. 이런 사건들이 기초를 이루면서 김세일 씨가 쓴 역사소설 「홍범도」 등은 조선인들에게 큰 반응을 일으켰습니다.

연해주 일대와 신한촌의 조선인들은 대부분이 가난하고 무식했기에 유산 계급과 투쟁으로 무산독재를 실시해야 한다는 계급투쟁 이론 등은 소비에트의 건립에 조선인들의 적극 참여를 유도했어요.

이러한 혁명기를 지나 소련의 조선인들 사이에서도 「춘향전」, 「심청전」, 「흥부전」, 「홍길동전」과 같은 조선 고전이 조금씩 모습을 보이기 시작했으나 소련의 그 풍부한 문학 작품은 많이들 읽지 못한 듯합니다. 그 이유는 조선인들이 소련 말을 이해하지 못했거든요.

그러나 세월이 흐름에 따라 조선의 인텔리들 사이에 책을 쓰기 시작했어요. 조선의 경향파 문인들인 박팔양, 이상화, 최서해 씨의 작품들이 들어오기 시작했고 이광수, 최남선, 김동환 같은 작가들이 문학의 창작과 형식에 영향을 주었지요. 그리고 1920, 1930년대에 조선에서 김동환이 발간했던 잡지 《삼천리》, 좌익잡지 《조선지광(朝鮮之光)》 등도 조선 문단 성장에 영향을 주었을 것입니다. 1920년부터 1930년까지는 소련 조선족의 문학과 예술성장의 황금기라고 할 수 있을 것입니다. 연해주 지역에선 조선민족 구역이 생겨났고, 블라디보스톡시에서는 국립 조선극장, 고려사범대학, 어업대학, 의학전문학교, 상업전문학교와 주(州)기관지(연해주어부)가 있었고, 우수리스크시에는 고려사범전문학교, 벼재배전문학교, 하바로프스크 변강기관지 《선봉》 신문, 국영출판사, 고려출판부, 고급농업학교, 고려간부양성소 등이 있었으며 연해주에 3백여 개의 조선말 소 · 중학교들이 있었습니다.

소련 조선족은 이렇게 수많은 중학교, 전문학교, 대학교와 극장, 문화회관, 사교클럽 등이 있었으며 여러 개의 신문, 잡지, 출판물을 가지고 있었어요. 소련 조선족은 지구상에 산재해 있는 많은 조선족 가운데 가장 잘 갖추어진 문화 예술 시설을 가지고 있었습니다. 다만 이 시설에 맡는 문화예술인들이 배출되어 그 분야에서 자기 몫을 감당하기만 하면 되는 셈이었지요. 이런 사태로 진전하면 소국가의 문화를 창조할 수 있게 된 셈이지요. 소련은 1937년의 강제 이주에 여러 이유를 붙였지만, 지나고 보면 결국 조선족의 이러한 체제 밑에서 자기의 정통성을 갖고 단결해가면 결국 독립하겠다는 결론에 도달하지 않겠나 하는 우려가 제일 큰 이유였다고 봅니다."

▶ 대표적으로 활동한 문화예술인을 꼽는다면 누가 있었습니까?

"이제는 사라진 문화예술인이 되었으니 언급하기가 쑥스럽게 되었습니다. 그러나 사라진 연해주 세계라 해도 우리의 역사이니 문학사로서의 기록은 남길 필요가 있겠습니다.

소련 조선인의 문학의 시초는 포석(抱石) **조명희**(趙明熙) 선생으로 봐야 할 것입니다. 조명희 선생은 1928년 이본의 압제를 피해 소련으로 망명해온 뒤 연해주에 머물지 않고 우수리스크의 촌락에 머물면서 교편을 잡는 한편 《선봉》 신문에 시, 논평, 수필 등을 발표하면서 원동의 젊은 청년들에게 문학의 열의를 키웠습니다. 그의 시 「짓밟힌 고려」는 애국시(詩)로서 원동의 크고 작은 모임에서 으레 애송되었고 누구에게나 애국심을 고취했지요. 그는 《로력자의 고향》이라는 잡지도 창간했습니다. 그의 이러한 친조선적 문학의 중심세력 형성은 소련을 두렵게 하여 엉뚱하게도 일본 간첩이라는 누명을 씌워 15분에 걸친 재판을 통해 총살되었습니다.

　그러나 그의 영향력과 그를 따르던 넓은 의미의 제자들인 강태수, 유일룡, 김해운, 한아나톨리, 전동혁, 김종송, 이은영 씨 등이 계속 활동을 했지요. 조명희 씨의 죽음과 학교에서 조선어학과의 폐지 등은 한때 조선 문학의 위축을 가져왔으나 조선어 신문 《선봉》을 중심으로 조선 문학의 명맥을 유지했지요.

　연성용 씨(1909~1928)는 소련 조선 희곡문학의 창시자입니다. 첫 직업배우이며 연출가, 희곡작가, 시인인 그는 첫 희곡 「승리자의 사랑」을 발표한 뒤 근동 신한촌에서 1932년에 원동 조선극장을 창립했습니다. 그리고는 자기 작품인 「장평동의 횃불」, 「불속의 조선」, 「춘향전」, 「양산백」 등 10여 편을 연출했고 백여 편의 시들도 발표하여, 소련의 작가동맹 맹원이 되었고 카자흐스탄의 공훈예술가가 되었습니다.

　한아나톨리(1911~1940)는 함북 길주군 1916년에 어머니와 도망하여 연해주 자채골에 살았어요. 그는 푸슈킨, 레르몬토프의 시들도 번역했으며, 《선봉》 신문에 발표한 그의 「사랑스러운 사람」, 「뜨락또리쓰트의 노래」 등은 애독자가 많았습니다.

　채영(1906~1979)은 연성용과 함께 원동 조선극장의 창시자의 한 사람입니다. 희곡작가, 연출가, 배우로 활약하면서 소련 조선인 문단에 뚜렷한 업적을 남겼지요.

　그는 소련 작가동맹 맹원이며 조선극장 총연출가를 지냈습니다. 그의 희곡 「동해의 기적」, 「동트는 아침」, 「무지개」 등과 각색 희곡 「심청전」, 「아리랑」 등은 조선 관객에게 영렬한 환영을 받았던 작품들이었습니다.

조기천은 연해주에서 출생했으며 우수리스크의 조선사범대학을 졸업하고 그곳에서 가르쳤어요. 1931년부터 《선봉》의 지면을 통해 시작(詩作) 발표를 하다가 1946년엔 북한으로 가서 창작 활동을 많이 했는데 해방된 조국의 밝은 앞날을 읊었습니다. 「백두산과 생의 노래」가 그의 대표작인데, 그는 조선전쟁에서 전사했습니다.

대표적인 희곡작가로는 태장춘 씨(1911~1960)가 있는데 그는 「우승기」, 「생명」, 「38도선 이남에서」 등이 있고 특히 홍범도 장군을 희곡화하여 홍 장군이 직접 이를 관람할 수 있게 했습니다.

여류작가로 이정희 씨의 단편들은 인간 세상의 사사로운 일들을 깊이 있게 파고들고 있으며, 최근작 「소나무」는 조선 여성의 운명을 심각하게 묘사하고 있습니다.

소련 문학계에는 현지어로 창작을 하는 조선인 작가로 김로만, 김아나톨리, 박보리스, 박미하일, 강알렉산드로, 한안드레이, 강겐리에타 등이 있으며 김로만과 김아나톨리의 작품들은 다시 제3국어로 변역되고 있습니다.

소련 조선인들의 문예활동은 활기를 띠자 못하게 하는 소련의 정책과 문학이 바로 민족의 정체성과 직결된다는 소련의 공산주의 이데올로기와 부딪혀 갈등을 빚었습니다. 그중에서 우리가 잊을 수 없는 작가 몇 분을 소개하겠습니다.

소련 조선인들이 민요로 알고 있는 「씨를 활활 뿌려라」라는 노래가 있습니다. 이것은 민요가 아니라 연용성 씨가 가사와 작곡을 한 노래입니다. 연용성 씨는 원동 연해주에서 태어났고 18세의 청년이었던 1927년에 원동 변강 희곡현상모집에서 「승리와 사랑」으로 1등상을 받았지요. 이로 인해 그는 하루아침에 소련 조선인 사이에서 으뜸 문인이 되었어요. 그와 본인은 특별한 인연이 있었습니다. 의원이었던 그의 아버지와 우리 아버지는 형제같이 가까운 사이여서 자연 그와 나도 형제같이 친하게 지냈습니다. 그가 작품을 쓰면 그 제목을 놓고 토론도 하며 결정한 일도 많았습니다. 그를 생각할 때마다 잊을 수 없는 사람은 그의 부인이며 배우였던 김경희입니다. 김경희는 16세의 처녀로 시집을 와서 그날부터 무대에 선 대원로배우였어요. 그런데 문제는 1936년으로 기억되는데 신한촌이 이주 문제로 뒤숭숭할 때였습니다. 마침 그때에 연해주에서 「심청전」을 공연하기로 했지요. 공연 광고는 이미 《선봉》 신문을 통해 전 연해주에 공고되었고 극성팬들은 연극공연장소인 스탈린 구락부 마당에 자리를 펴고 자면서까지 연극을 기다리고 있는 실정이었지요. 그런데 김경희의 갓난애가 초연 전날에 죽었어요. 모두가 출연을 만류했고 특히 연용성도 출연을 포기하라고 종용했다는 거예요. 그런데 김경희는 "나의 사랑하는 애기는 죽었지만, 그렇다고 극장까지 죽일 수는 없어요. 극장은 살아야 해요. 나는 무대에 나갈 거예요."라고 단호하게 결의를 밝혔어요. 그리고 무대에 서니 심청이와 심봉사가 이별하는 장면에서 울음이 타지기 시작하여 연극이 끝날 때까지 울음으로 일관했고, 가뜩이나 서러운 청중도 울음이 북받쳐 끝날 무렵에는 통곡으로 이어졌습니다. 이 세상에 이런 연극이 또 어디 있겠습니까. 오늘의 카자흐스탄 조선극장에는 이런 배우들은 아직 없다는 것입니다.

김기철 선생하면 소련의 조선족 사이에서 존경을 받던 예술인이었지요. 원동에서는 희곡과 단편소설을 썼던 김기철 선생과 연출가 연용성, 화가 김형윤, 이 세 사람을 '삼형제 친구'라고 말했지요. 이들은 모두 중국 용정(龍井)에 있던 대성중학을 졸업했고, 항시 함께 어울려 다녔기에 이런 칭호가 붙은 것입니다. 김형윤은 대성중학을 졸업하고 모스크바미술대학으로 진학을 해서 이런 화가라는 별칭이 붙었지요. 김기철 선생은 겸손하고 인간적으론 홍범도 장군을 사모하여 출타예정이면 홍 장군을 찾아가 "장군님, 이번에 제가 어디를 다녀오게 되었습니다."라고 인사를 하고 또 출장에서 돌아오면 "장군님 잘 다녀왔습니다."라고 보고를 하는 정도였습니다. 그런데도 그는 홍범도 장군에 대해서는 글을 쓰지 않았거든요. 그래서 내가 한 번 김기철 씨에게 "선생님은 홍 장군을 잘 알기도 하고 존경도 하면서 왜 홍 장군에 대해서는 글을 안 쓰시는 겁니까?" 했더니 김기철 선생은 "너무도 위대한 분이라서 나의 재주로는 감당이 안 되어서……."라고 말하더군요. 그 뒤 1960년대라고 기억합니다만……. 김세일 씨가 레닌 기치에 장편소설로 「홍범도」를 연재한바 있는데, 내가 "요즘 연재되고 있는 홍 장군에 대한 소설을 읽어 보고 계십니까?" 했더니 김 선생은 "예, 읽어보고 있긴 하지만 나는 그 소설에 대해 찬성하고 있지는 않습니다." 라고 하더군요. 그래서 "무슨 대목에서입니까?"라고 물었더니, "홍 장군이 용감하기는 하지만 그도 인간이지 않겠소? 그를 마치 홍길동 같은 귀신으로 만들어놓았어요. 그렇게 하면 그 소설을 누가 믿겠소?"

하면서 더 이상 언급하지 않더군요. 이것은 홍 장군의 생각과 일치하는 것이었습니다.

1942년 카자흐스탄의 조선극장에서 태장춘이 쓴 「홍범도」가 무대에 올랐습니다. 마침 이때 홍 장군도 그곳에 있었기에 극장에 초대되었지요. 연극이 끝나자 청중들은 일어서서 "홍 장군 만세"를 불렀습니다. 청중들은 홍 장군 주변에 몰려들어 축하와 함께 물었습니다.

"장군님, 어떻습니까?"

"너희들이 나를 너무 추겼구나."

하며 웃었셨지요.

"저희들은 오히려 미흡한 듯합니다."

"인간으로 내가 할 수 있는 것 이상으로 올려놓았다. 어쨌든 고맙다."

김기철 선생의 「동변 빨찌산」, 「붉은 별들이 보이던 때」 등은 연해주에서 많이 상연되어 나처럼 젊은 사람들에게 깊은 감명을 주었습니다. 김기철 선생은 조선을 무척 사랑하셨어요. 모임이 있는 자리에선, "조선족은 위대한 민족이야", "조선족은 결코 죽지 않아."라고 외치곤 했습니다. 그러면서 해방 전에 한 번도 조국을 방문해보지 못했고, 1989년의 제1회 한민족 체전 때엔 "이번엔 조국에 가게 되었다."고 즐거워하시더니 막상 떠날 때엔 건강이 좋지 못해 출발을 못했습니다. 그 뒤 얼마 안 있다가 83세로 세상을 떴습니다."

12 백제가 큰가? 고구려가 큰가?

백제와 고구려는 어디가 컸을까? 물론 땅 넓이는 고구려가 크다. 백제와 고구려의 옛 터는 우리가 잘 아는 바와 같기 때문에 논외로 하더라도 두 나라의 인구는 우리의 관심사다. 그러면 인구는 어디가 많았을까? 하지만 이것은 땅의 넓이만큼 간단한 문제가 아니다.

두 나라의 국세(國勢)에 대해 『삼국사기』에서 대략을 알 수 있다. 『삼국사기』의 「백제본기(百濟本紀)」 제6장 의자왕(義慈王)편을 보면 "백제에는 본래 5부 37군 76만 호가 있었다."고 했다. 37군은 행정조직을 말하는 것이고 인구수는 76만 호라는 뜻이다.

한 호(戶)의 인구가 얼마인가는 말하지 않고 있지만, 이 『사기』는 편찬할 당시(고려 인종) 편찬자는 중국에 존재하던 몇 가지 역사기록을 참고로 한 것으로 알려졌다. 책의 체제도 중국 사마천의 『사기』를 그대로 모방했다. 그런데 당시 중국은 인구수를 말할 때에 호(戶)라는 표기를 많이 썼고, 근래까지 호를 쓰고 있다. 이 호의 인구수는 5인으로 계산하고 있다(『滿族宗譜硏究』).

65년에 발간된 이 『만주족종연구』의 65페이지를 보면 만주족의 여러 종류별 분류에서 호의 인구를 5인으로 계산하고 있음을 알 수 있다. 그렇게 보면 백제의 인구는 76만 호에 5를 곱하면 380만 명이 되는 셈이다. 이것은 세금을 내는 독립된 가구의 인구를 기준한 것일 것이고 여기에 노예라든지, 점령지에서 획득한 말갈인(唐이 고구려를 점령할 당시 고구려와 합동작전을 한 말갈부대(靺鞨部隊)인들은 땅에 묻어버리는 차등을 보였음) 등 소수민족은 계산되지 않았을 것이다.

이에 비해 고구려는 『삼국사기』 「고구려본기(高句麗本紀)」, 보장왕(寶藏王)편 5부에 "당(唐)은 우리의 76성 69만여 호(戶)를 나누어 9도독부 42주 100여 현을 만들어 통치했다."고 했다. 고구려도 백제식으로 한 호를 5인으로 본다면 고구려 인구는 345만 명이 되어 백제보다 작다는 이야기다.

그러나 고구려는 싸움을 많이 했고 말갈, 거란 등 소수민족을 많이 거느리고 있었다. 당과의 전쟁에서는 말갈족만으로 편성한 말갈부대까지 보이고 있다. 나라 안에 거주하는 사람의 머리 숫자는 백제보다 많았을 가능성이 크다. 그러나 중인(中人) 즉 평상인의 수는

백제 3백 80만 명 (76만 호)
고구려 3백 45만 명 (69만 호)

였다.

고구려는 북방에서 잦은 전쟁과 주변이 소수민족으로 둘러 싸여 있어 이를 수용하는 사회제도가 발달했다. 그 대표적인 것이 전쟁미망인을 위한 배려로 형사취수제(兄死娶嫂制) 혼인제도이다.

고구려는 걸안족(契丹族)을 이끌고 수(隋)나라와 싸웠고, 말갈을 이끌고 돌궐(突厥)을 물리친 것 등은 고구려 안에 거대한 소수민족이 있었음을 말해준다. 고구려는 이들이 다른 나라로 옮겨 가지 않도록 낮은 세금을 부과하는 소수민족 정책을 썼다.

고구려는 많은 싸움을 하면서 성장했다. 싸움을 자주하려면 2가지 대책이 필요하다. 첫 번째는 미망인 대책이고, 두 번째는 절대 인구의 증가 대책이다. 싸움을 하면 어떤 싸움이든 간에 남자가 많이 죽는다. 남자가 많이 죽는다는 것은 정책상으로 전쟁미망인 대책을 세워야 한다는 이야기다. 그러려면 재혼을 부끄럽지 않게 해야 한다. 이런 상황을 고려해서인지 형이 후손 없이 죽으면 아우가 형수와 재혼을 할 수 있도록 하는 미망인 대책으로서의 형사취수혼(兄死娶嫂婚)제도가 있었고, 인구 증가책으로 사위가 결혼 후 아내의 집에서 스트레스 없이 첫 아이를 낳을 때까지 살도록 하는 서옥제(壻屋制)가 있었다. 남편 집에 가서 환경이 바뀌는 것보다 종전에 살던 자기 집에서 계속 거주하는 것이 여자의 임신에 도움이 된다고 보았다. 스트레스가 임신에 해롭다는 것을 이들은 알고 있었다. 이런 배려는 인구 정책과 인구 증가를 위해 마련된 것이다. 이 두 제도는 북쪽 민족인 흉노와 부여에서도 있었다.

고구려에는 형사취수혼에 대한 좋은 예가 전해오고 있다. 197년 고구려의 9대왕 고국천왕(故國川王) 때다. 그는 재위 19년에 죽었다. 그의 부인 우씨 왕후(于氏王後)는 왕의 죽음을 알리지 않고 혼자 궁궐 밖으로 나가 고국천왕의 동생 발기(發岐)를 찾아갔다. 왕후는 여러 이야기 끝에 "왕의 후손이 없으니 언젠가는 당신이 마땅히 왕이 되어야 합니다."라고 말했다. 우씨 왕후의 속셈을 모른 발기는 자기에게 왕을 시켜 주겠다는 이유를 묻지도 않고 밤늦게 찾아온 그녀의 행위가 예의에 어긋난다고 질책을 했다. 여기에 화가 난 우씨 왕후는 다시 발기의 동생인 연우(延優)를 찾아가 형에게 했던 대로 후계자에 관련해 말을 하자, 그는 의관을 갖추고 절을 하면서 부엌으로 가서 술과 고기를 준비하느라고 고기를 다루다가 손까지 베었다. 우씨 왕후는 자기 허리끈을 풀어 연우의 손가락을 싸매 주었다.

우씨 왕후는 다음날 연우의 손을 잡고 왕궁으로 돌아와 전왕의 유언이라며 연우가 새 왕이 되었음을 선포했다. 우씨 왕후가 연우의 손네 난 상처를 매준다고 허리끈을 풀었다는데 유혹적 요소가 있다. 그러기에 다음날 연우의 손을 잡고 왕궁으로 올 수 있었을 것이고 지체 없이 새 왕임을 선포할 수 있었다.

발기는 이에 노하여 하호(下戶. 노예) 3만 명으로 반란을 일으켰으나 연우가 성문을 닫고 대항을 안 해 실패했다. 발기는 다시 요동태수 공손탁(公孫度)에게 청해 군대를 빌려 새 왕을 공격했으나 "나라를 배신한 사람"이라는 국민의 지탄 속에서 지지를 받지 못하고 결국 자결하고 말았다. 연우는 산상왕(山上王)이 되어 우씨 왕후를 자기 부인으로 삼고 재위 30년을 누렸다. 산상왕의 오랜 재위를 보면 우씨 왕후의

'형사취수'에 대해 별다른 이론이 없었던 것이다.

형사취수가 이루어지면 본래의 동생 부인의 입장은 어떻게 되는 것인가. 질투나 시기심도 없게 되는가. 그렇지 않은 것 같다.

위 예에서 보듯이 산상왕은 형사취수로 왕이 되었다. 그러나 재위 7년까지 후손이 없자 신하들은 대책을 세워야 한다고 왕과 함께 축원제를 지내기 위해 성 밖으로 나갔다. 그런데 이 제사에 쓰려던 돼지가 달아나는 이변이 생겼다. 돼지를 잡으려 모두가 달려가는데, 잡지 못하고 따라가다가 한 마을까지 왔다. 그때 마을에서 20여 세의 미인이 나와 돼지를 단숨에 잡아 신하들에게 주었다.

이야기를 들은 산상왕은 신기하기도 하여 주통촌(酒桶村)이라는 이 마을에 있는 그 여인을 찾아가 자기가 왕임을 밝히고 며칠을 머물다 왔다. 이 사실이 밝혀지자 우씨 왕후는 질투심이 생겨 군대를 보내 주통촌 여인을 죽이라고 명령을 내렸다. 군인들이 그 여인을 잡아 죽이려 하자 그 여인은 "내 배에는 귀한 왕의 자손이 잉태해 있는데 그 아이까지 죽이려 하느냐."고 호통을 쳤다. 산상왕은 이 말을 전해 듣고 그 여인을 찾아가 궁궐로 데려와 정식으로 두 번째 부인으로 했다. 외도(外道)와 정식혼의 차이를 인정한 듯하다. 주통촌 여인은 209년 9월 아들을 낳았고, 이 아이가 바로 고구려 11대왕인 동천왕(東川王)이다 (『三國史記』 列傳).

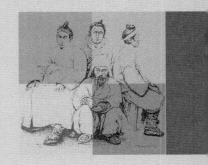

제2부

13 조선족, 해외로 뻗어

　1937년은 죽음의 해였다. 최소한 크게 보면 소련 안에 있던 조선인이 그랬고, 작게 보면 연해주 일대에 사는 조선인이 그랬다. 이들은 기차에 실려 생사를 가늠할 수 없는 미지의 세계로 실려 갔다.

　그런가 하면 35년 전인 1902년 12월 22일 서울에선 102명(남자 56명, 여자 21명, 아이 13명, 유아 12명)이 갤릭(Gaelic)호라는 배를 타고 미지의 세계로 떠났다. 이들이 조선에서 최초로 하와이 사탕 수수농장으로 간 이민자들이었다. 이 이민자들은 1903년 1월 12일 화요일 눈병으로 귀환한 8명을 제외한 86명(남자 48명, 여자 16명, 아이 22명)이 하와이 와이알라루아(waialua) 농장으로 감으로서 실질적인 이민자로써 일을 하기 시작했다.

　시작은 엇비슷했지만 결과는 하늘과 땅 차이만큼 컸다. 이를 우리는 어떻게 해석해야 할까. 인간에게 결정론적인 운명이란 것이 있다면, 그 운명을 결정짓는 것은 무엇인가. 이 두 그룹에서 대조적으로 보이는 것은 시간과 장소의 차이가 아닐까.

학식이나 종교, 개인 성격과 관계없이 어느 때에 어디에 있었느냐가 개인의 운명을 좌우하는데 제일 큰 영향을 주는 요소로 판단된다.

미국 이민은 한미수호조약에 따라 조선의 고종 황제의 허락에 의해 이루어졌다. 미국 농장주들을 대표한 미국 측의 인사들이 서울에서 이민을 모집할 때에 받은 제일 큰 애로는 조선 사람들이 해외여행을 기피한다는 사실이었다. 조선 사람들은 부모를 떠나 멀리 간다는 것은 부모에게 불효를 하는 것이라는 생각이었고, 친척과 부모 산소와 고향산천을 떠난 뒤 다시 돌아오지 못하는 것이 아닌가 하는 생각을 떨쳐 버리지 못하는 태도였다고 기술했다.

조선의 이민은 인천의 조지 허버 존스(George Herber Jones) 목사, 호레이스 알렌(Horace Allen) 주한 미국 공사, 모집 책임자 비숍과 같이 목사와 기독교인들이 중심이 되어 주선했기 때문에 금전적 이득보다는 인도적 배려가 많았다. 비록 노임이 월 16달러, 통역은 월 30달러였으나 이로서 생계비는 충당할 수 있었고, 의료혜택은 별도로 받았다.

조선 이민은 점차 감소하는 중국계 이민을 대체하기 위해 서둘러졌고 그때까지 절대적으로 우세하여 농장주들로는 제어하기 힘든 일본계 이민을 견제하기 위한 배려로 이루어졌다. 이렇게 제1차 이민이 성공리에 이루어진 후 농장주들과 하와이 언론들은 조선 이민의 성실과 열심을 격찬했다. 또 조선 이민은 처음부터 농장에서 노동하는 것을 원칙으로 받아들여 다른 곳으로 이주하거나 도망치는 예가 드물었다.

이러한 성실성을 바탕으로 제2차 이민이 1903년 2월 10일 90명이 서울을 출발, 3월 2일 하와이에 도착했다. 숙소는 부부에게는 방 한 칸, 홀아비들에게는 3~4명이 방 한 칸을 배정하여 이루어졌다. 3차 이민은 3월 1일 남자 77명, 여자 4명, 어린이 2명으로 이루어져 3월 19일 호놀룰루에 도착했다. 4차 이민은 3월 3일에 출발했는데 남자 107명, 여자 124명 등 점차 그 숫자가 증가해갔다. 이만큼 조선 이민은 현지에서 절대 환영을 받았다. 이렇게 후속 이민자들은 그 후 2년 반 동안에 약 7,500명에 달했다.

그 이유는 이민들 40% 이상이 글을 알고 있었고 교회에 수동적이었기 때문에 선교를 목적으로 하는 선교사들의 전적인 지원을 받았다. 제1차 이민의 경우, 배안에서 도착 전에 상당수가 교회에 입문했으며 도착할 때쯤엔 배안에 교회가 설립되어 있었을 정도였다.

이민자들이 전부 도착한 뒤 이들을 상대로 한 조사를 보면 이민자들은 돈을 벌기 위한 욕망과 자손들에게 좋은 교육을 시키겠다는 교육열, 종교의 자유에 대한 열망이라고 밝혀졌다. 수수하게 나라를 찾겠다는 민주주의 목적으로 이민을 했다는 것은 몇몇 선교사들과 민족주의자들이 다소 과장되게 주장한 것이었다. 1970년에 실시된 한 조사에서 13%만이 일본의 제재에서 벗어나기 위한 것이었다. 특히 직장을 잃은 전직 군인 같은 이들은 감원의 고충에서 일본을 비난할 수는 있어도 태평양 가운데 섬으로의 이민을 일본 제국주의에 대한 거부로 보는 데는 문제가 있다.

이 조사에서 응답자들은 하와이에서 수입 증가가 이루어질 좋은 전망(16%), 빈곤 탈출(17%), 살기 좋을 전망(20%) 등의 순서였다. 한국인들은 서구화와 유복함을 선교사에서 보았기 때문에 선교사들이 가진 종교에 빠르게 동화되었으며 이것이 현지인들에게 조선 이민을 찬양하는 이유가 되었던 것 같다.

조선인의 하와이 이민의 장점은 일단 하와이에 도착하면 조선인들은 정착률이 높다는 것이었다. 조선인 중 1911년과 1915, 6년 사이에 총 112명의 남자와 15명의 여자, 9명의 아이들이 귀국했다. 하와이에서 귀국한 조선인의 총수는 1,386명으로 이는 도착한 사람의 20%에 해당되는데 중국인은 도착자 4만 6천 명 중 귀국자는 2만 3천 명으로 50%였고, 일본인들은 이민자가 18만 명에 9만 8천 명이 귀국, 54%가 귀국한 비율보다 훨씬 낮았다.

더구나 1905년 일본과의 보호조약 체결과 1910년의 한일합방은 하와이 이민자들에게 귀국은 현명한 조치가 아니게 했다. 이러한 여건 변화로 조선 이민자들은 일본이나 중국과 입장이 달랐다.

하와이 이민과 비슷한 시기에 멕시코 이민도 이루어졌다. 그러나 하와이 이민과 멕시코 이민은 기본적으로 그 성격이 다르다. 어느 이민이든 농장주들의 노동 필요에 의해 주선되었다는 점은 같으나 하와이 이민은 기독교인들이 개입했고, 노동력보다는 일본계와 중국계의 독점적 노동 공급에 변수를 가져오기 위한, 다분히 정치적 색채가 가미된 것이었다.

1847년 8년간 지속된 카스트전쟁(마야 원주민과 백인과의 인종적 갈등)이라는 멕시코 역사상 최악의 인종전쟁으로 인해 1845년 422,403명이었던 유카탄의 인구가 1862년엔 248,156명으로 감소했다. 뿐만 아니라 서로 간의 불신이 커 노동력의 부족 현상이 심각해졌다. 이런 결과로 멕시코 정부는 부를 가져다주는 에네껜 산업을 뒷받침하기 위해 유카탄의 부족 노동력을 충원할 필요성이 절실했으며, 그 하나의 대안으로 조선에서의 이민을 추진했다.

지금까지의 많은 자료들이 초기의 멕시코 이민을 '노예'라고 통칭했는데 엄밀히 말해 초기이민자들이 비록 노예는 아니었다 해도 싼 임금으로 노예와 흡사한 비참한 생활을 한 것만은 확실하다. 멕시코 이민과 하와이 이민을 비교하면 비용 지급은 월 16달러, 일당 69센트로 비슷했지만 하와이 이민은 비교적 합법적이고 합리적인 절차를 통했고 노동 환경, 인권의 장래성, 미국이 개방 사회라는 점에서 곧 신분 상승이 가능했다. 그 예로 1905년부터 1907년 사이 더 좋은 노동조건을 따라 하와이에서 본토로 이동한 조선의 노동자 수는 1,100명이었고, 귀국한 숫자는 전체 한인 노동자 수의 6분의 1에 해당하는 1,300명이었다(Wayne Patterson).

이에 비해 멕시코는 외국자본가와 대지주에게 일방적으로 치우친 멕시코 사회의 불평등한 조직관계로 인해 초기 조선 이민자들은 불법적인 노동 계약이 통용되는 사회 분위기에 휩쓸려 권력가인 농장주들의 희생이 되었다.

멕시코의 조선 이민자 문제는 1905년을 기점으로 하는데 그 이후에는 대한제국이 일본에 의해 합병됨으로 일관된 문서가 없다. 다만 현재 남아 있는 것은 인천에 있던 일본의 가토[加藤] 영사관이 대륙식민합자회사(大陸植民合資會社)로부터 입수한 내용이다. 가족 이민이 허용된 이 1차 이민에서 5월 15일 도착한 1,033명의 총 이민자 가운데 남자 702명, 여자 135명, 어린아이 196명이었다.

멕시코 초기 이민의 생활이 어땠느냐는 것은 당시 여러 신문(《황성신문》 1905년 11월 15일자, 1905년 7월 29일자, 1906년 6월 2일자, 《공립신보》 1906년 3월 12일자, 《동아일보》 1922년 8월 5일자)에 르포기사로 보도되었다. 이들을 종합해본다.

유카탄에 도착한 한인들은 이민을 주선한 대륙식민합자회사에 속았다는 것을 알았다. 한국에서 광고하던 것과는 달리 기후가 무더웠고 임금과 노동 조건도 한국에서 약속한 것과 판이했기 때문이다. 메리다에서의 새로운 삶은 급작스런 변화로부터 시작되었다. 농장주들이 한인들의 상투를 모두 잘라버렸기 때문이다. 민족 전통의 자존심이 일시에 무너지는 아픔이었을 것이지만 이를 생각할 겨를이 없었다. 한 농장에 10여 명에서 50여 명씩 25개의 에네껜 농장으로 순식간에 분산되었기 때문이다.

일부는 황무지를 개간하는 곳과 벌목하는 곳, 그리고 시멘트 광산으로 보내졌다. 돈을 많이 낸 순서로 농장주들이 건강한 사람을 골라서 데려 갔기 때문에 가족 간의 생이별이 생긴 경우도 있었고 노예처럼 입을 벌리고 이가 튼튼한가를 보여주어야만 하는 경우도 있었다.

고온 다습한 뙤약볕 아래의 무더위에서 에네껜 잎을 베어내는 일은 매우 힘든 노역이었다. 게다가 감독을 맡은 멕시코 십장들은 한인들이 일을 제대로 하지 못하며 행동이 느리다고 채찍을 휘둘렀다. 밭에서 일을 더디게 하며 게으름을 피운다고 십장들이 소리를 지르며 채찍으로 때리는 까닭에 몸이 피곤하여도 죽기 전에는 쉴 수가 없었고 말을 모르니 십장의 소리만 들리면 공연히 겁이 나서 남녀노소가 이리저리 움직이는 인간 지옥에서 마치 소나 말과 다름없는 생활을 한 것이 멕시코의 초기 이민이었다. 자기들이 노예와 흡사하게 팔려온 것을 비로소 안 한인 이민자들은 목을 놓고 땅을 치며 '이것이 누구의 죄냐'면서 울고 또 울었다. 울다가 자살한 동포도 10여 명에 달했으며 또 운다고 농장주에게 매를 맞고 구류를 당하는 것이 매일의 일과였다.

이 생활을 견디다 못해 탈출을 시도한 교민도 몇 사람 있었지만 언어도 통하지 않고 우선 배고픔을 면할 수가 없어 성공의 기회는 아주 적었다. 탈출하다 잡히면 농장으로 데리고 와서 많은 사람이 보는 가운데 물에 적신 가죽 채찍으로 패는 것이었다. 그리곤 깜깜한 사설 감옥에 가두든지 굶겼다. 그리고 탈출로 인해 체포에 소요된 경비는 탈출시도자에게 부담시켜 탈출시도에 실패하는 경우 그 피해가 막대했다. 부자의 꿈을 안고 멕시코에 온 한인들은 실망과 좌절로 농장 초기에 10여 명이 자살을 했고 20여 명은 사망했다.

멕시코의 농장은 전통적으로 농장주의 횡포가 용인되고 노동력을 저가로 착취하여 노동자를 영속적인 저임금 노동자로 전락시키기로 유명한데 조선 노동자들은 이 올가미에 걸리지 않고 고리의 채무를 변제, 전원 부채 노예로 전락하는 것을 피했다. 원주민과 달리 여기에 조선 노동자의 끈기와 성실성이 있었다. 노예로서 매매계약이나 대가 없이 노동을 하는 노예가 아니라 해도 멕시코의 초기 조선 노동자들은 그야말로 노예나 다름없었다.

이렇게 시작된 한인 이민과 재외국민은 오늘 현재 세계에 약 1백여 만 명을 넘어서고 있고 미국에만 근 1백만 명에 육박하고 있다. 외교 통상부의 집계에 의하면 본격적인 이민이 실시되던 1962년부터 2009년까지의 이민자 수는 미국에 699,673명에 달하고 있고, 다음이 캐나다로 104,686명, 다음 뉴질랜드 56,470명, 라틴아메리카 33,553명, 호주 20,386명, 유럽 7,416명의 순이다.

14 기네스북에 오를 태조 왕건(王建)의 가계

신라의 영토를 받아 나라를 통일한 고려에는 세 사람이 있었다. 이 세 사람 중 첫째는 당당했고 자주적이었으나 성관계가 복잡했던 사나이, 둘째는 항시 칼에 피를 묻히고 다니던 사나이, 셋째는 갈 방향을 몰랐던 몽고 혼혈아였다. 고려의 474년은 몽고와 같은 외부세력의 영향도 있었지만 이 세 사람 간의 갈등과 싸움이 수난의 근간을 이루었다.

고려는 초기엔 왕과 장군들이 글안을 상대로 담판도 하고 자주 통일을 완성하는 업적을 보였으나, 중기에 들어서선, 몽고의 난에 시달려 그들에게 항복을 하면서 자주권을 완전 상실하고 몽고의 속국이 되었다. 거기에 죽고 죽이는 분란으로 나라를 파국상태로 몰고 간 무신(武臣)들의 난으로 국가 체통은 여지없이 추락했다.

그러다가 몽고에 항복한 1260년 이후엔 완전한 몽고의 지배를 받아 원종(元宗 태자俔)에서부터 충(忠)자 돌림의 충렬(忠烈), 충선(忠宣), 충숙

(忠肅), 충혜(忠惠), 충목(忠穆), 충정(忠定)과 공민왕(恭愍王), 그리고 경우가 약간 다른 우왕(禑王) 등으로 국가의 해체가 빠르게 진행되었다. 충자 돌림의 왕들은 몽고 여인의 혼혈 자녀들로서 일생의 반 이상을 몽고에 살면서 몽고 왕의 비호 아래 국내정치란 조선인을 상대로 간통과 간음에만 거의 유일한 관심을 가졌다.

936년에 건립된 고려 때만 해도 조선족은 근친상간과 씨족혼의 원시 윤리 속에 있었다. 당시의 혼인생활과 남녀 성관계를 지금의 유교 윤리나 기독교 윤리관으로 보면 상상을 초월하는 점이 많다.

우선 태조는 왕비가 29명, 아들이 25명, 딸이 9명이었다. 그 원인으로는 나라를 통일하기 위해 혼인정책을 따랐기 때문이라고 설명한다. 하지만 그 설명의 일부는 맞고 일부는 틀리다. 왜냐하면 제2왕비 장화왕후(莊和王后) 오(吳)씨는 신분이 미미하여 정책결혼을 할 필요가 없는 인물이었다. 왕건조차도 오씨의 신분이 미미하여 아이를 잉태시키지 않으려고 성교를 하던 중 사정을 여자의 질 속이 아닌 돗자리에 했다는데, 오씨가 돗자리에 배설된 정액을 쓸어 담아 임신이 되었다는 이야기도 있다. 그래서 이렇게 수태한 왕[惠宗]은 돗자리처럼 얼굴에 주름살이 많아 '주름살 대왕'이라는 별명을 갖게 되었다고 전한다.

특히 황해도 출신 장군인 박수경은 자신의 누이를 태조의 25비로, 조카를 태조의 27비로, 그리고 자기의 딸을 다시 태조의 28비로 보내는 기이한 관계를 보이고 있다. 태조는 3국 통일을 위해 크고 작은 호족들과 정략결혼을 했다고 하지만, 태조의 통일에서 가장 큰 무기는 결혼이 아니라 그의 덕성이었다. 호족과의 결혼정략도 있지만 박수경의 예는 한 사람으로부터 세 왕비를 얻은 것이다.

태조 왕건이 통일을 위해 정략결혼을 했다면, 중국 명(明)나라 건설자 주원장(朱元璋)은 안정을 위해 26명의 아들을 두고 그중 24명에게 왕위를 주었다.

『삼국사기』에 의하면 왕건이 신라를 병합하는 과정이나 궁예(弓裔)의 부하에서 살아남는 과정에서 그의 덕성은 잘 보여진다.

태조는 큰 포부를 가졌다. 『고려실록』 태조 후기에는 "태조가 왕위에 오른 뒤에 김부(金傅. 신라 경순왕)가 항복하여 오지 않았고, 견훤(甄萱)이 사로잡히기 전이었지마는, 그의 뜻은 역시 고구려 동명왕(東明王)의 옛 강토를 우리나라의 귀중한 유산으로 확신하고, 반드시 이를 석권하여 가지려고 한 것이었다. 그 규모가 어찌 닭을 잡고 오리를 치는 거기에만 그쳤겠는가!"라고 했다. 왕건의 고구려 실지(失地) 회복의 의욕과 포부는 『고려사』에 오를 만큼 강력했고 분명했던 것이다(『삼국사기』 「신라본기」 경순왕조).

태조 8년(925) 9월. 발해는 이 해에 글안과 큰 싸움을 벌여 국가가 거의 망했고 다음해에 결국 항복했다. 발해의 항복과 함께 발해 장군 신덕(申德) 등 5백 명이 고려로 집단 귀순해왔다. 이어 발해의 가까운 왕족인 예부경 대화균(大和鈞), 균노사정 대원균(大元鈞), 공부경 대복모(大福暮), 좌우위장군 대심리(大審理) 등 왕의 가까운 귀족 일당이 백성 1백 호와 함께 고려로 귀순해왔다. 왕족을 포함해 1백여 호가 고려로 귀순했다는 것은 단순히 자기들 목숨을 보전하려는 것과는 다르다. 여기에는 정치적 이유가 있는 것이고 그런 공통의 이유란 같은 종족이라는 것뿐이다. 고려 태조는 고려가 고구려와 발해를 계승하고 있다는 국가적 정체성을 확고히 하고 있었다.

거란은 발해를 멸망시켰다. 발해국 사람으로 고려에 귀순하는 사람들이 계속 그치지 않았다. 그 이유는 역시 태조가 내세운 '고구려의 실지회복'이라는 국가 정체성에 있었던 것이다(世家 太祖 8年).[1]

견훤이 신라 왕가의 사녀들을 능욕하고 짓밟은 뒤에 고려 태조는 경순왕의 초대를 받아 경주를 예방한다. 두 사람은 눈물을 흘리며 서로를 위로한다. 이로 인하여 고려 태조가 수십 일을 머물고 수레를 돌이켜 떠나니 왕은 혈성에 이르러서 전송하고 종제 유렴(裕廉)을 볼모로 하여 어가를 따르게 하였다.

태조의 휘하 군사가 정숙하여 추호도 범하지 않으니 서울의 사녀들이 "옛날에 견씨가 왔을 때는 시호(豺虎)를 만난 것 같더니 지금 왕공이 이르니 마치 부모를 뵙는 것 같다"고 하였다.

이 당시 경상도 경주 지방 안에서만 집거했을 경순왕과 개성과 철원에서 산 왕건 두 사람이 통역 없이 눈물까지 흘릴 정도로 감정이 통하는 말을 했다는 것은 중부 지방과 경상도의 언어가 같았다는 뜻이다.[2]

견훤이 취한 왕후와 왕의 비첩(妃妾)을 성폭행한 사실로 경순왕은 눈물로 맺힌 한을 안고 결국 고려에 항복했다. 얼마 안 돼 견훤도 그 아

1 정인지 외 지음, 북한 고전 연구실 옮김, 「世家 1 太祖─獻宗 條」, 『高麗史』.
2 『三國史記』 新羅本紀 第12 敬順王 條.

들의 배신의 분을 풀기 위해 고려 태조에게 항복했다. 견훤의 성폭행 대가로 후백제를 망친 것이다.

견훤의 행위는 기원전 331년 알렉산드르 대왕의 처사와 비교된다. 알렉산드르 대왕은 소아시아의 진격에서 이서스(Issus)전투 후 그의 동방원정을 결정짓는 바그다드 북쪽에 있는 고가멜라전투에서 사건이 있었다. 알렉산드르 대왕이 동방원정을 하게 된 동기는 바로 대왕의 아버지인 마케도니아의 필립 왕 때에 페르시아가 마케도니아의 여러 도시를 점령한데 대한 복수에서 출발한다.

이서스전투 전에 페르시아의 다리우스 대왕은 알렉산드르 대왕에게 2번이나 편지를 보냈다. 편지의 내용은 페르시아가 점거한 마케도니아 도시들을 돌려주고, 알렉산드르는 자기의 딸과 결혼하여 두 나라가 평화롭게 살자는 것이었다.

알렉산드르 대왕은 이를 모두 거절했다. 체면까지 손상된 다리우스 대왕은 당시로 거대한 병력인 기병만 45,000명을 동원, 알렉산드르 대왕의 통행로를 막으며 고가멜라 지방에 배치했다. 이 병력은 알렉산드르 대왕의 기병을 근 5배나 능가하는 큰 숫자였다.

알렉산드르 대왕의 군대와 다리우스 대왕의 군대가 평야에서 마주 섰다. 두 대왕의 위치는 물론 자기 군대의 중앙이었다. 쌍방은 한참을 노려보았다. 23세의 알렉산드르 대왕이 먼저 움직였다. 그는 오른쪽으로 부대를 끌고 이동했다. 다리우스 대왕의 군대도 이에 맞서 중간을 중심으로 하여 우측으로 알렉산드르 대왕을 마주보며 움직였다. 그 순간 알렉산드르 대왕의 좌측 군대가 포위라도 하려는 듯 좌측으로 나왔다. 이에 대항하여 다리우스 대왕 좌측 군대도 좌측으로 마주 나왔다. 다리우스 대왕은 일순간 중앙에 군대 없이 홀로 남겨졌다. 바로 이 순간 알렉산드르 대왕이 날쌘 부하 몇 명과 함께 방향을 틀어 중앙으로 뛰어들어 다리우스 대왕 앞으로 돌진했다. 불의에 알렉산드르 대왕의 기습을 받은 다리우스 대왕은 보물과 부인, 딸 등 가족을 실은 마차도 놓아둔 채 급하게 도망쳤다. 그 부인과 딸들은 모두 알렉산드르 대왕의 포로가 되었다. 싸움도 페르시아가 크게 패했다.

그러나 알렉산드르 대왕은 수십 년 간 국가에서 숙적으로 증오하던 다리우스 대왕의 가족에게 손 하나 안 대고 물론 부하들에게도 손을 못 대게 한 후에 여인 포로 모두를 고스란히 페르시아군 진영으로 돌려보냈다. 다리우스 대왕은 도덕 싸움에서도 크게 패한 꼴이 되었다. 전의가 꺾인 그는 이곳에서 패한 뒤 결국은 짐마차를 타고 위장한 뒤 바그다드 시내 북쪽 문을 빠져나가다가 잡혀 죽었다. 알렉산드르 대왕의 명성은 온 페르시아 땅에 퍼졌다.[3]

3 *National GEOGRAPHIC*, VOL 197, NO 3, MARCH 2000.

15 성도덕 부재의 고려 왕실, 서모 강간까지

태조는 결혼의 정책화와 덕성의 감화를 함께 보였다. 고려 태조의 가족 관계는 가히 기네스북에 오를 만하다. 그는 왕의 섹스를 위한 대기 여인 성격의 후궁이 아닌 정식 왕비가 29명이었고, 이들로부터 탄생한 왕자가 25명, 공주가 9명이었다.

이렇게 많은 이복 아들과 딸을 둔 태조 왕건은 아들과 딸을 결혼시켜 근친혼의 예를 보이면서, 이들 근친혼의 아들과 딸들에 의한 왕실의 초기 기초를 굳혔다.

태조의 이러한 선례는 왕실을 공고히 했다는 긍정적인 면도 있으나 그 이후 문란한 왕실의 결혼관계와 고관들의 무질서한 결혼생활의 표본이 된 것 같다.

태조의 4남으로 4대 왕위에 오른 광종(光宗)은 이복 남매 간인 태조의 딸과 결혼을 하여 제1왕후로 삼았으며, 역시 태조의 장남이며 2대왕인 혜종의 딸인 고모와 결혼하여 제2왕후로 삼았다.

이밖에도 고려 때 이러한 왕실의 족내혼은 그 수를 헤아리기 어렵게 많다. 남매 간의 결혼, 고모·이모와의 결혼, 간통사건 등이 수없이 많았다.

5대왕인 경종(景宗)은 제3비와 제4비가 친 자매 간이며, 제4비는 경종이 후사가 없이 돌아가자 친정에 머물다가 태조의 아들 안종 욱(旭)과 간통하여 남자아이를 낳았다.

이 간통 사실은 6대왕이며 태조의 7남인 대종 욱(旭)의 아들 성종(成宗)에게 추궁을 받아 대종 욱이 귀양 가는 형태를 취해 매듭짓는 듯했다. 그러나 간통한 결과로 탄생된 왕자 아이를 영입함으로써 그가 8대왕 현종(顯宗)이 되었다.

경종의 제4비는 간통으로나마 아이를 낳아 왕실을 잇게 했지만 이에 못지않게 제3비도 간통으로 나라를 떠들썩하게 했다. 그는 7대왕 목종이 죽자 자신의 정부인 김치양(金致陽)을 측근으로 불러들여 간통을 하고 그로 인해 아들을 낳자 그 아들로 왕실의 대를 이으려고 음모를 꾸미다가 큰 분란을 일으키기도 했다.

천하가 다 아는 간통으로 탄생되어 왕위에 오른 현종(顯宗)은 지방 순시 때에 공주절도사의 집에 묵게 되었다. 그는 이 인연을 계기로 절도사의 딸 셋을 차례로 왕비로 맞아들이는 처사를 보였다. 현종은 세 자매의 맏이를 제4비 원성왕후로, 둘째를 제5비 원혜왕비로, 그리고 셋째를 제8비 원평왕후로 맞아 들였다.

11대 문종(文宗)도 3자매를 모두 왕비로 맞아들이는 싹쓸이 결혼의 경우다. 중서령 이자연의 맏딸을 제2비 인예왕후로, 둘째딸을 제3비 인경현비로, 셋째 딸을 제4비 인절현비로 맞았다. 이러한 줄 결혼은 국가정책과는 아무 관련이 없는 인륜과 도덕의 문제였다. 그러나 고려 때는 아직 이러한 결혼이 인륜이나 인간 본능에 어긋난다고 보지 않았다. 결혼이란 인간 본성상 한 사람이 한 사람만을 사랑하도록 되어 있는 것이라 생각하면 고려 때까지는 감정의 미발달 단계나 여인을 하나의 물건으로 보는 단계가 아니었나 생각된다. 많은 여인을 택할 수 있었던 왕이 세 자매를 모두 부인으로 삼은 것은 왕이 많았던 출타 때에 부인들이 외롭지 않게 한다는 생각에서였던 것으로 풀이된다.

17대 인종(仁宗)은 예종의 맏아들이며 순덕왕후의 소생인데 그의 외할아버지 이자겸(李資謙)에 의해 철저히 농간되었다. 이자겸은 예종이 죽고 그 맏아들이 왕이 되자 다시 자기의 둘째 딸(인종의 첫째 이모)을 인종과 결혼시키고, 뒤이어 셋째 딸(인종의 둘째이모)을 다시 인종과 결혼시켜 국정을 농단했다. 그는 인종을 한때 자기 사저로 옮겨 기거케 했으며, 자신이 왕이 되려는 야심을 보이다가 내부 분열로 좌절되었다. 이자겸이 몰락된 뒤 둘째, 셋째 딸은 왕비에서 폐위되었다.

가장 패륜적 변태자는 충혜왕(忠惠王)과 공민왕(恭愍王)이다.

충혜왕은 자기 부친인 선왕 충숙왕(忠肅王)이 죽자 그의 후비(자기에겐 서모)인 몽고 출신 경화공주(慶華公主)에게 눈독을 들였다. 어느 날 경화공주의 침실로 들어가 강간을 하려 했다. 경화공주가 소리치며 거부하자 수행 신하들에게 팔과 다리를 잡고 입을 막게 한 후에 강간을 했다. 일을 당한 경화공주는 다음날 원나라로 돌아가려다가 실패하고 음식을 전폐한 후에 얼마 안 있다가 죽었다. 충혜왕은 같은 방식으로 충숙왕의 후비인 수비(壽妃) 권씨를 충숙왕이 죽은 해에 강간하여 자살케 했다. 두 사람이 눈이 맞은 것도 아니고 강제로 신하들이 참여한 가운데 두 사람의 서모를 강간하였다는 것은 왕이기 전에 짐승의 행위였다.

공민왕은 초기엔 왕권 회복과 민족성 강화라는 높은 이상을 내걸고 왕권 회복을 위해 친원(親元)적 요소인 편발과 호복 착용의 금지, 원의 연호 사용 금지 등을 지시하는 한편 고토(故土) 회복 등의 정책을 추구했으나 몽고 부인 노국대장공주(魯國大長公主)가 죽은 뒤엔 3년 간 육식을 하지 않고 부인을 그리워하며 불사(佛事)에 몰입했다. 그런 이후엔 정신착란 현상을 보여 시녀 중에서 젊고 예쁜 여인과 귀족의 자녀와 남자 궁인들로 하여금 혼음을 하도록 하고 그런 장면을 보고 자기도 성욕을 느끼면 남자 궁인들과 남색(男色)을 즐겼다. 공민왕은 또 자기가 소생이 없자 김흥경, 홍륜 등 궁중의 젊은 시종들로 하여금 자신의 부인인 혜비, 익비, 한씨 등과 간음케 지시하여 소생을 얻으려 했다.

그는 왕명으로 간음을 당한 익비가 임신을 하자 간음한 김흥경, 홍륜 등을 죽여 뒷이야기가 없게 하려 했다. 그러나 이런 발상이 알려지자 김흥경, 홍륜 등이 선수를 써서 공민왕이 자는 사이 침실에 침입하여 살해했다. 이러한 왕이었지만 명나라는 구체적인 사항은 알 필요가 없다는 듯이 공민왕이라는 시호를 내렸다.

이러한 친족내(親族內) 결혼은 우리나라에서는 신라 때에도 있었고, 더 넓게는 우리나라뿐 아니라 일본 등지에서도 자주 보는 바다. 그러나 고려는 태조 때부터 그 정도가 심했던 것 같다.

이 같은 족내혼이 왕가에서는 통상적으로 행해지고 있었지만 국민의 시각은 긍정적이지 않았던 것 같다. 그것은 1096년(15대 숙종시)에 복을 입는 가까운 친족(통상 6촌 이내) 간에는 결혼할 수 없다는 법을 공포했기 때문이다.

국내외를 막론하고, 특히 고려에서의 족내혼의 이유는 3가지가 아닌가 생각된다.

첫째는 권력욕이다. 왕권의 누수(漏水)를 방지해 권력 독점과 권력의 이탈을 막는다는 의미가 있다. 결혼을 하면 권력의 한 부분을 배우자와 처가에 나누어 주어야 하기 때문이다. 고대에 왕권이 흔들린다거나 왕권에 도전하는 세력은 처가나 외가가 대부분이었다는 점을 고려할 수 있다. 같은 아버지나 같은 어머니를 둔 집안 간에 결혼을 하든지, 이모나 고모 같은 이미 관계가 수립된 집안과의 결혼이라면 왕권 유지에 추호도 방해가 되지 않을 것이다.

두 번째는 왕 가계(家系)의 영속이다. 영속성과 함께 정당성(正當性)이었던 것 같다. 어떻게든지 왕가는 유지되어야 한다는 생각이다. 왕가는 일반 사인(私人)의 가계와는 다르기 때문에 이 가계를 유지하기 위해서는 어떤 수단도 정당화된다는 생각이다. 공민왕이 바로 그런 사람이었던 것 같다.

셋째는 왕실의 기밀보전과 사후 반란의 가능성 배제라는 목적이다. 현대에 와서도 북한 김일성 측 사람들의 세습이 이 권력 누수 방지와 가계 유지, 기밀보호와 사후 안전상 유지라는 바로 이런 이유가 아닌가 생각된다. 또한 조선 시대에서도 가계를 보전하기 위해 축첩제의 허용이라든지 지금도 양자제도의 허용, 입적자에 대한 혜택 등의 제도가 있었던 것도 모두 이런 연유라 생각된다.

이승만 초대 대통령도 후손이 없다 해서 양자를 두었던 일은 우리가 잘 아는 일이다. 가계 보전을 위한 남아선호사상도 이 연장선에 있는 것이다. 조선족은 가계에 대한 집착이 다른 민족과 달리 강해 족보의 보전이라든지 화수회(花樹會)가 우리나라처럼 성업을 이루는 나라는 없다. 기업하는 사람들도 자기 기업이 크든 작든 자손에게 물려주는 것을 큰 보람으로 생각한다.

조선족은 기업과 자손 중 택일을 하라면 자손 쪽이 훨씬 먼저일 것이다.

16 조선 땅을 움켜쥔 사람, 서희(徐熙)

『세종실록지리지(世宗實錄地理誌)』 경기 광주목 이천현조(利川縣條)와 이제현(李齊賢)의 『역옹패설(櫟翁稗說)』에 같은 내용의 재미있는 일화가 소개되어 있다.

고려 초에 시골 교외에 서신일(徐神逸)이라는 사람이 살고 있었다. 하루는 사슴이 화살을 맞고 화살이 빠지지도 않은 채 집으로 달려 들어왔다. 신일은 불쌍한 생각이 들어 화살을 빼주고 간단한 치료를 해주었다. 그런 후에 사냥꾼이 뒤따라 들어왔다. 그리고는 사슴의 행적을 찾다가 그대로 돌아갔다.

그날 밤 신일이 잠을 자는데 꿈을 꾸었다. 꿈에 한 노인이 나타나서 "사슴은 내 아들이다. 그런데 죽을 고비에서 네가 그 사슴을 살려 주었으니 내가 반드시 그 보답을 하겠다."면서 "그 보답으로 너의 자손이 3대에 걸쳐 재상이 되게 하겠다."고 했다.

신일이 나이 늙었으나 아들을 낳았는데, 그가 필(弼)이며, 필의 아들이 희

(熙)이고, 또 그 희의 아들이 눌(訥)인데 3대 모두가 과연 태사내사령(太師內史令)의 재상을 지냈다.

이 일화가 『세종실록지리지』와 이제현의 책에 비슷하게 실렸다.

고려에서 가장 의미 있게 중요한 역할을 한 사람은 서희(徐熙, 942~998. 출생년도에 대해서는 1년의 혼선이 있음)다. 태조 25년에 출생하여 성종 때까지 생존했다. 40세 때 내의시랑(內議侍郎)으로 송나라에 건너가 끊어졌던 외교를 재개했고, 성종 12년(993) 거란(契丹)의 침입 때는 외교적 담판으로 나라를 지켰다. 거란과의 싸움이 불리해지자 성종이 참가한 고려의 어전회의에서는 서계(西界. 평안도 지방)의 땅을 할양하고, 화친을 맺자고 하는 할지론(割地論)이 대세였다. 할지론이란 글안의 요구대로 황해도 황주로부터 철령까지를 잇는 선을 그어 그 이북, 즉 서경(西京) 이북을 글안에 주고 화평을 하자는 내용이었다. 성종은 할지론을 따른다는 전제 아래 서경(西京) 창고에 있는 쌀을 모두 백성들에게 나누어 주도록 했다. 그러고도 쌀이 남으니, 왕은 쌀이 적군의 손에 들어가면 그들의 군량비가 된다는 점을 우려하여 나머지 쌀은 모두 대동강에 버리도록 하라고 했다.

글안의 동경유수(留守) 소손영(蕭遜寧)이 대군을 이끌고 성종 12년에 침략했다. 고려는 성종 때에 비로소 중앙인사를 지방에 내려 보내는 등의 왕권을 확립했을 정도의 안정을 이룩했으며 문치에 치중했기에 글안의 군사력에 대비할 역량이 없었다. 글안은 이미 봉산군(蓬山郡)을 점령하고 우리의 선봉 군사인 급사중(給事中) 윤서안(尹庶顏)을 생포했다.

글안의 침략 소식을 듣자 서희는 중군사(中軍使)가 되어 시중(侍中) 박양유(朴良柔), 문하시랑(門下侍郎) 최량(崔亮)과 함께 군사를 거느리고 북계(北界)에서 방비했는데, 성종도 스스로 군사를 거느리고 방어하고자 하여 서경에 이르러 안북부(安北府)로 가려다 글안의 봉산(蓬山) 점령 소식을 듣고 물러섰다.

소손영은 고려에게 성토의 글을 보내 "글안이 이미 고구려의 옛 땅을 모두 점유하였거늘 너의 나라가 조금씩 강계(疆界)를 침탈함으로 이를 추궁하는 바이다."라고 했다.

이를 읽어본 서희는 강화할만하다고 판단했다. 그러나 글안은 또 글을 보내 "우리 군이 80만에 이르렀다(확인은 안 된 숫자다. 강압으로 공갈을 위해 부풀린 숫자일 것이다). 만일 강을 건너와 항복하지 아니하면, 우리나라가 너희 나라에게 천벌을 행할 것이다."라고 하였다. 성종도 이에 상당히 위축되어 창고의 쌀을 버리라(적의 군량미가 안 되게 하기 위해)고 명했다.

이에 서희가 말했다. "식량이 족하면 성은 지킬 수 있고 싸움도 이길 수 있습니다. 전쟁의 승리는 강약에만 있는 것이 아니라 기회를 보아 움직이는 것이어늘 어찌 서둘러 쌀을 버리라 하십니까? 식량은 백성의 생명인데, 차라리 적의 군량이 될지언정 헛되이 강 가운데 버리는 것은 하늘의 뜻에 어긋나는 것입니다."라고 하니 성종도 옳게 여겨 중지토록 했다.

서희는 말을 이었다. "글안의 동경으로부터 우리 안북부에 이르기까지 수백 리의 땅은 모두 생여진(生女眞)이 점거했던 것으로 광종(光宗)

께서 가주(嘉州)와 송성(松城)에 성을 쌓고 국토화한 것인데 글안이 이제 이를 다시 되찾으려 하는 것입니다. 고구려 옛 영토에 대해 떠들어 말하는 것은 우리를 두려워하기 때문입니다. 이제 그들의 군세(軍勢)가 성하다 하여 땅을 떼어주는 것은 잘못된 계책입니다. 또 삼각산(三角山) 이북이 모두 고구려 영토인데 저들이 영토 욕심을 갖고 계속 요구를 하면 모두 내주시겠습니까. 더구나 땅을 베어 적에게 내주는 것은 만세의 치욕입니다. 원컨대 왕께서는 서울로 돌아가시고 저희 신하들이 논의하고 한 번 싸운 뒤에 다시 논해도 늦지 않을 것입니다." 하니 성종도 "옳은 말이다."라고 수긍했다.

성종이 다시 신하들을 모아놓고 "누가 능히 글안 진영으로 가서 싸우지 않고 그들을 설득해서 물러가게 할 수 있는 만세의 공을 세우겠느냐?"고 묻자 아무도 대답하는 이가 없었다. 특히 '싸우지 않고'라는 말에 모두 기가 죽어 있었다. 싸우려고 수십 만의 군대를 끌고 여기까지 온 글안과 싸우지 않고 그들을 물러가게 하라니 이는 어림도 없는 이야기였다. 또한 고려로는 어떤 경우라도 군사상으로 싸울 수는 없는 형편이었다.

이때에 백관의 침묵을 깨고 감히 나서 말하는 사람이 있었다. 중군 서희였다.

"제가 명령대로 하겠습니다."

백관의 시선이 일제히 그에게 쏠렸다. 그러나 모두가 일제히 "억" 하고 소리쳤다. 40대의 젊디젊은 무관도 아닌 문관 서희가 아닌가!

이때 성종이 얼마나 감격했는지는 그가 강을 건너 적진으로 향할 때 왕이 몸소 강두(江頭)로 나아가 그의 손을 잡고 격려하며 전송한 사실을 보아도 알 수 있다.

서희가 국서를 받들고 소손영의 진영으로 가서 역관에게 상견례의 절차를 묻게 하자 소손영은 "나는 대국의 장수이니 같이 예를 올릴 수 없다. 뜰에서 절을 하라."고 했다.

서희가 이에 대해 "신하가 임금께 예를 올릴 때엔 배하(拜下)할 수 있으나 두 나라 대신이 상견례를 하는데 어찌 이럴 수 있는가."라며 두세 번 오락가락하다가 물러나왔다. 그런 후 서희는 눕고 다시 만나러 가지 않았다. 소손영이 전말을 보고 받은 뒤 서로 만나지도 않았다면 본국에 할 말이 없지 않겠나 하는 생각이 들어 만날 약속을 했다.

당(堂)에 올라 인사를 나누자 소손영이 말을 꺼냈다. "그대의 나라는 신라에서 일어났고 고구려의 땅은 우리가 차지했는데 고려(高麗)가 이를 잠식하고 있고 또 고려는 우리와 땅을 맞대고 있으면서 우리를 건너뛰어 송과 교류하고 있다."면서 "땅을 떼어 바치고 자세를 고쳐야 무사할 것"이라고 의도를 밝혔다.

이에 대해 서희는 "그렇지 않습니다. 우리는 고려라는 국호에서도 말하고 있듯이 고구려(高句麗)를 승계해서 일어났고, 또한 경계를 가지고 말한다면 귀국의 동경(東京)이 모두 우리의 땅인데 어찌 우리 보고 잠식했다고 하겠습니까. 또한 귀국과 외교가 이루어지지 못하는 것은 생여진이 곳곳에 숨어 교통을 방해하기 때문이니 만약 우리가 생여진을 내쫓고 성을 쌓고 교통을 확보하게 한다면 외교 교류가 왕성해질 것입니다. 장군께서 저의 말대로 황제에게 보고하면 어찌 허락지 않겠습니까." 했다.

　서희의 말이 간결하고 결의에 차 있어 소손영이 이를 글안제[契丹帝]에게 보고하자 글안제는 "고려가 화친을 청해왔다면 응하지 못할 이유가 없다."며 회군을 허락했다.

　서희가 7일 만에 소손영의 진영을 떠나 돌아오자 소손영은 낙타 10마리, 말 100필, 양 1,000마리, 비단 500필을 선물로 주었다. 성종은 기뻐하며 강두에 나와 서희를 맞았다. 서희는 다음해 정2품 평장사(平章事)로 영전했다.

　이 회담 결과로 성종 13년에 여진을 축출하고 장흥진(長興鎭), 귀화진(歸化鎭), 곽주(郭州), 귀주 등 4성을 쌓고 다음해에 또 안의진(安義鎭)과 흥화진(興化鎭)을 쌓았다.

　서희는 할지론을 배격하여 국토의 분할을 방지했을 뿐 아니라 고려가 고구려를 계승했다는 국가적 정체성과, 압록강을 경계선으로 하는 지리적 범주를 확고히 했다. 그가 굳세게 이 조선 땅을 움켜쥐었기에 우리는 오늘까지 이 땅에서 그나마 잘살고 있는 것이다. 당시에 할지(割地)를 했더라면 오늘의 우리 국토가 달라졌을 가능성도 있다. 그는 '고구려 고토 회복' 이라는 태조 왕건의 염원을 일부나마 성취했다. 서희는 압록강을 확실히 지키기 위해 압록강을 건너는 문제를 전담할 압강도구당사(鴨江渡勾當使)를 설치토록 했다. 이렇게 해서 확정한 압록강 국경선은 오늘에도 중국과 한국의 국경선이 되어 있다. 글안은 계속 강동 9주의 반환과 송(宋)과의 국교단절을 요구하며 침범을 계속했다.

　서희는 이러한 연유 이외에도 그의 강직한 성격으로 성종과는 각별한 관계를 가지게 되었다. 서희가 담판 사건이 있기 전에 왕을 따라 서경에 간 일이 있었다. 왕은 그에게 "우리 편복을 하고 영명사에 가서 놀고 오자."고 했으나 서희는 왕이 그러면 결국 나중에 알려져 체통을 잃게 된다며 부당하다고 말해 중지시켰다.

또 한 번은 서희가 임금을 호위고 해주에 간 일이 있었다. 성종이 그의 막사에 들어오자 서희는 "임금은 거소를 마음대로 이탈해서는 안 됩니다."라고 말해 결국 돌아가도록 하고 임금이 "목이 마르니 술 한 잔 달라."고 했으나 서희는 "임금은 먹는 음식이 따로 있는 법"이라고 거절, 임금은 어주를 가져다 먹어야 했다. 서희는 법도에 어긋나는 일은 왕에게라도 'No'를 할 수 있는 성격이었다.

글안의 이러한 태도는 송과 고려의 화친정책이 자기들의 안보에 불리한 점 때문이었다. 그러나 글안은 결국 3차까지 침입했으나 고려 강감찬(姜邯贊) 장군의 구주대첩(龜州大捷)으로 끝났다.

고려에는 그 밖의 여러 장군과 고관들이 있었지만, 서희는 국토 할양을 막고 오늘의 한반도 국토 윤곽을 확정지었다는 점에서 가장 뜻있는 업적을 남긴 사람이라고 평가된다. 그는 또 담력과 용기에 있어 고려뿐 아니라 조선 역사에 많지 않은 인물이었다.

우리는 흔히 고려를 평할 때 고려가 외세에 의존치 않고 자주의 힘으로 통일을 했고, 왕건이 군대를 움직일 때는 그 군대가 200여 지방 기치를 들었을 만큼 지방의 통일을 기초로 했다는 것을 안다. 이러한 지방색은 지방의 특색을 강조한 성씨의 본(本)으로 다시 양성화했다. 예를 들어 나주(羅州) 이씨라 하면 나주에 근거를 둔 이씨라는 뜻이다.

17 1년에 한 번씩 바뀐 무신정권

고려가 자주와 평화의 기치 아래 통차다운 통치를 한 것은 초기 150 여 년 간뿐이었다. 그 밖의 통치는 무인들의 공포정치와 그에 이은 몽고의 거친 지배 아래서 위성국으로 신음했을 뿐이었다.

엄밀히 말해 조선족이 근대사에서 자주적인 선질(善質)의 통치를 가졌던 것은 고려 초기의 이 150여 년 간이었을 것이다. 몽고 치하를 제외하고 고려에서 불량 통치의 표본이었던 두 번째 사람은 칼 찬 무인(武人)들이다. 고려왕조 470년은 1백 년 간이 무인지배였으며, 150년 간은 몽고 지배였다. 고려의 조선족은 최소 200년 간 이상이라는 절반을 불량 정권에 떨며 살아야 했다.

무인지배는 살벌하기 그지없어 왕의 면전에서나, 여러 사람이 보는 가운데서 상대방의 목을 쳐 선혈이 낭자하게 하기가 일수였고, 툭하면 그 목을 저자거리에 효수하여 많은 사람들에게 겁을 주었다. 무신정권이 바뀐다는 것은 그 세도가가 피살이나 다른 방법으로 살해되어 제거되는 것을 의미했고, 이런 경우 세도가 한 사람뿐 아니라 무신 일당과 그 수하들 수십, 수백 명이 함께 살해된다. 경우에 따라서는 3족을 멸하는 중형이 추가로 내려지는 경우도 있다. 그러기에 무신정권이 한 번 바뀌면 적게는 백여 명, 많게는 수백 명이 살해되는 피의 광풍이 불게 될 것임을 의미했다. 후에 나오는 최충헌 일당은 수하 사병(私兵) 병졸이 3천여 명이나 된다 했으니 무신정권 운영이 얼마나 국민들에게 피해와 공포를 주었는지 알 수 있다.

무신정권이 국민을 공포로 통치한 것은 문명 사회에서 있을 수 없는 일이지만 고려 사회의 특수성을 본다면 이해되는 점도 있다. 우선 고려는 문벌귀족(門閥貴族) 사회였다. 5품 이상 관리의 자제는 과거를 치르지 않고도 벼슬을 할 수 있는 음서제(蔭敍制)가 있었다. 적자(嫡子)는 물론, 수양자(受養子), 내오손(內外孫), 생질(甥姪)까지 포함되었다. 그러니 5품 이상의 관리 한 사람이 있으면 다음 대의 5명의 인척이 모두 과거시험을 보지 않고도 벼슬길에 나설 수 있었다. 거기에다 공음전시법(功蔭田柴法)이 있어서 자손에게 상속이 인정되는 토지가 있었다. 그러니 시험 없이 벼슬을 하고 거기에 먹고 살 토지까지 상속되니 평민의 입장에서 보면 불공평하기 짝이 없었다. 이렇게 세습적 권한을 가지고 있는 사람들은 통혼(通婚)을 통해 자기들끼리 뭉치고 친족 관계를 유지하기 때문에 국민의 대다수는 권외에 머물 수밖에 없었고 이런 저런 연고를 갖지 못한 사람들은 군대로 가서 이들의 행태를 응시할 뿐이었다. 여기에 불을 붙인 것이 무신의 반란이었고, 이 무신의 반란은 한 번 일어나자 마른 나무에 불을 붙이듯 번져 나갔다.

인재 발굴을 위해 4대 광종 때부터는 과거(科擧)제를 도입했지만 과거에도 응시자격이 엄격해서 아무나 칠 수 없었다. 특히 관리를 채용하는 직접적인 과목인 제술과(製術科)에 양민은 응시할 수 없었고, 명경과에 응시할 수 있는 자격은 지방의 주(州)와 현(縣)에서는 부호장(副戶長) 이상의 자손이나 부호정 이상의 자녀여야 했다. 응시자는 미리 성명 본관 4대까지의 선조 성명과 이들의 관직 등을 써내도록 되어 있다. 유력자의 자녀는 훨씬 유리한 입장에 있음은 말할 필요가 없다. 그러므로 과거는 엄밀히 말해 인재 등용의 관문이 아니라 이미 등용된 인재의 지위와 그 자손들을 재확인하는 절차였다. 한마디로 고려는 기득권자 중심으로 안정을 유지했다.

그 반면 승려들은 별개의 생활을 했다. 사찰에서도 노비와 농지를 소유할 수 있었는데 왕족과 권문세가의 비호를 받는 사찰은 농지의 세금 없이 소유하여 승려의 생활은 일반인들보다 훨씬 유복했으며, 사찰에 따라 어떤 사찰은 1천 명의 노비를 소유한 곳도 있었다. 조세와 생활에 쪼들려 양민 중에 관의 노비로 신분이 전락되는 사람이 많았다.

고려 무신정권은 고려 중기인 의종(毅宗. 18대. 1170년) 때부터 20여 년간을 거의 매년 한 번씩 통치무인들이 교체되었다. 이런 상황 아래서 국민들이 숨 한 번 제대로 쉬지 못했음을 짐작할 수 있다. 일단 정권의 정당성이 깨어지자 오로지 힘만이 집권 수단이었으며, 이런 혼란으로 도처에서 민란이 번져갔다. 뒤이은 몽고의 침략과 충(忠)자 돌림의 몽고 혼혈왕들 치하에서 고려 국민들은 죽지 못해 살았다는 표현이 적당할 것이다.

『고려사』에는 충자 왕들의 횡포가 심해지자 함경북도와 같이 국경에 가까운 거리에 사는 국민들은 아예 외국에 나가는 경우가 많아 나라에 걱정거리가 되고 있었다는 글도 보인다.

무인집권을 도표로 하면 다음과 같다.

주동자	연대	원인과 주변 상황
정중부(鄭仲夫) 이의방(李義方) 이고(李高)	1170년 (의종(毅宗) 폐위 명종(明宗) 즉위)	무신차별대우. 김부식의 아들 김돈중이 정중부의 수염을 불로 태우는 등 행패. 문신 50명 살육하고 정권을 잡음. 중방 설치하고 정권을 사유물화하여 농단.
이의방(李義方)	1171년	명종. 정중부, 이의방 사진 붙이고 보면서 정사. 이의방 태후 왕후 간음. 이고는 반란으로 피살. 정중부 아들 균(筠)에게 피살.
김보당(金甫當) 한언국(韓彦國)	1173년	의종 복위 시도 중 피살. 서경 중심 기병, 서경세 몰락과 제2차 문신의 대량 학살을 야기.
이의민(李義旼)	1174년	의종 살해. 모든 관직 무신 독점. 길거리 미인과 부인 납치 강간. 본래 천민.
조위총(趙位寵)	1174년	서경 문신의 반란. 이의방, 정중부 제거. 목표.이의방, 서경 출신 모두 살해.

주동자	연대	원인과 주변 상황
망이(亡伊) 망소이(亡所伊)	1176~1177년	천민 반란. 공주 중심. 천민 수탈에 반기. 신분해방운동. 충주, 여주까지 점거.
조위총 잔존 농민 봉기	1179년 두 차례	서경군과 중앙군의 내전. 정부군, 위계로 농민 1천 명 살해. 봉기 농민 1,500명 피살.
경대승(慶大升) 허승(許升)	1179년	정중부와 그 아들 살해. 다음해 허승 죽임. 4년간 지속. 30세에 타계. 도방(都房) 설치. 결사대 1,000명 항시대기.
죽동(竹同) 전주관노(官奴)		신분혁명을 노렸으나 진압됨.
이의민(李義旼)	1183년	경대승 사망 후 재등장. 사병이었다가 정중부의 난 때 문신을 제일 많이 살해하여 장군이 됨. 13년간 지속. 아들 지영(至榮)도 부패. 왕의 애첩도 강간. 의종의 허리를 분질러 죽임.
김사미(金沙彌) 효심(孝心)	1193년	농민 반란 사건. 김사미(金沙彌) 청도에서 반란, 효심(孝心)은 밀양에서 반란. 이의민의 아들 이지순이 토벌대장. 이지순과 김사미가 신라복원 꿈꾸다가 탄로남.
최충헌(崔忠獻)	1196(明宗 폐위, 神宗즉위) ~ 1211년	동생 최충수와 함께 정권쟁취. 다음해 동생과 고관 36명 살해. 이의민의 3족을 멸함. 이동 땐 사병 3천 명을 대동. 60년 집권토대. 병권, 인사행정권 장악.

주동자	연대	원인과 주변 상황
		1197년 상장군. 1199년 수태위상주국. 명주 반란, 삼척·울진 함락. 경주 반란. 1200년 진주·김해·탐라독립민란. 명종 10여 명 아들의 생모 기록 없음. 1203년 이부상서, 민란 반발. 1205년 문하시중. 권력을 키우는 자는 체포처리. 민가 100호를 헐고 대궐을 방불한 살림집 건축. 교정도감 설립. 음모자 적발이 목적인 정보수집기관. 왕의 순검꾼까지 동원가능. 도방(都房) 설치 국정 처리. 사병 양성. 6부제 경호. 최충헌→최이→최항→최의까지 4대에 걸침.
만적(萬積)	1198년	최충헌의 사노(私奴). 노예 반란. "고관대작이 다 천인에서 나오는데 씨가 따로 있나."라는 기치를 들고 반란. 1차 집회가 실패하자 2차 집회를 약속하였다가 발각. 모두 강에 던져짐.

　건국 초부터 무신은 정3품[上將軍]에 한정하여 무력자의 고위직을 봉쇄했다. 그런 것이 이자겸(李資謙)의 난 때 무신에게 정2품을 부여하여 전통이 깨졌다. 무신들의 힘이 강화된 것이다(서희, 강감찬, 윤관 등은 무신이 아니라 문신이었음).

　무신들이 쿠데타를 일으키자 권력의 정당성이 깨어지고 힘 있는 자는 언제나 집권을 할 수 있었다. 그러므로 집권에 야심이 있는 자는 집권자와 그 관련자를 살해하는 무력 쿠데타가 빈발했다. 그 결과 20여 년 간은 거의 매년 피의 살해극이 연출되었고, 그 때마다 집권자가 바뀌었다.

무신정권에서는 집권자가 바뀌면 추종세력과 3족이 멸문을 당했다. 새로 등장한 집권자는 국민에 대한 가렴주구와 재물, 생명, 심지어 사는 집까지 마음대로 탈취했고 이에 불응하면 트집을 잡아 죄인으로 몰았다.

왕은 허수아비로 전락했다. 명종의 경우, 왕의 아들(9명)을 낳은 후궁의 기록조차 없었다. 무신 쿠데타로 즉위한 22대 강종(康宗)은 그의 릉이 어디 있는지 기록도 없다.

무신 권력자들은 중방(重房), 도방(都房)이라는 사설기구를 두어 이곳에 부하들을 집합시켜 놓고 국정을 처리했다. 특히 최충헌(崔忠獻)은 교정도감(敎定都監)이라는 권력형 정보기관을 설치하여 왕의 근위 순검까지 동원할 수 있는 권한을 주었다. 그는 문하시중이라는 행정 최고직에 오르는가 하면 정치요직인 재추(宰樞)와 문무 관리의 인사권을 갖는 이부(吏部), 병부의 감찰권을 갖는 어사대(御史臺)와 군인으로서 상장군(上將軍) 등 5개의 권력직을 독점하여 국가의 인사, 행정, 병권과 기타 국정 일체를 자신의 도방에서 처리했다. 왕 이상의 제도 권력을 장악한 것이다. 집권 초 전임자 고위대신 36명을 무두 살해하고, 정적을 살해한 후에는 왕에게 "○○○가 왕위를 노려 살해했다"고 보고만 하면 될 정도였다. 그는 또 마별초(馬別抄)와 삼별초(三別抄, 좌우별초와

신의군)를 개인 사병으로 조직하여 무력 기반을 크게 넓혔다. 삼별초는 그 후에도 무신정권의 권력 기반을 위해 조정과 몽고병들과 싸웠다. 이러한 권력 기관들은 국민에게는 법 위에 서서 마음대로 생사를 지배할 수 있는 권한을 주었다.

이의방(李義方)이 그 형 이준의와 사찰 재물의 분배문제로 갈등을 빚을 때 이준의는 이의방에게 "너는 임금을 살해하고 그 집과 첩을 강탈한 죄와 태후의 딸을 협박하여 간음한 죄, 국정을 독단한 죄 등 3가지 보이지 않는 죄가 있다."고 공개 비방한 일을 보아도 무신들의 정권 난맥을 볼 수 있다.

최충헌은 왕 희종(熙宗)이 자신의 제거음모에 참여했다 하여 폐위시키고, 새 임금으로 강종(康宗)을 세웠다. 그의 지배력은 왕을 갈아치울 수 있었다. 그가 국민들을 강제 동원하여 지은 궁궐 같은 사저 십자각(十字閣)은 왕궁보다 화려했다.

쿠데타 무신들의 가혹한 국민 착취 행위는 끝내 전국에서 민란으로 발전하여 도처에서, 그리고 각 계층으로 번져 비참했던 국민의 생활고를 반영하는 한편 국가를 파탄으로 가게 했다.

쿠데타 정권들은 정적을 많이 살해한 자를 승진시키는 등(이의민이 그 경우) 살해 경쟁까지 시키는 반인륜적 처사로 정권을 운영했다.

최충헌이 노쇠로 죽자 그의 아들 최우(崔瑀 후에 怡로 개명)가 권력을 승계했다. 최우는 자기 집에 서방(書房)까지 두어 문신들이 3개조로 나누어 숙직토록 함으로써 문신도 지배 아래 두었다.

최우는 몽고군이 40년 간 여러 차례에 걸쳐 침입한 것 중 제1차로

1231년 살례탑(撒禮塔)이 쳐들어와 처음엔 '자주'라는 기치 아래 항쟁을 했다. 몽고는 지방 행정관이며 국민 감시자인 달루가치[達魯花赤] 72명을 전국에 둔다는 조건으로 철수했다. 몽고 침입이 계속되려 하자, 최우는 왕을 강화도로 옮기고 침략에 대비했다. 그러나 몽고는 계속된 침입을 감행했고, 그 후로는 몽고로부터 왕의 개경(開京) 환도(還都)라는 요구조건을 내걸고 침입을 계속했다.

한때 몽고에 맞섰던 조선 군대는 무인난을 계기로 실력과 사기면에서 계속 추락하여 싸울 기색도 갖추지 못했다. '무엇과 누구를 위한 싸움인가'라는 회의와 싸움의 목표를 상실했다.

최우 집정 기간에 금속활자를 발명, 이를 이용해 『상정예문(祥定禮文)』 50권을 발행하여 세계 최초로 금속활자 활용의 기록을 세웠다. 그러나 나라가 위기상황에 있고 그 금속활자를 국민의 복지나 학문 전파, 국민생활의 실용에 활용하지 못해 그 가치가 큰 의미 없이 지나갔다. 이에 비해 독일의 구텐베르크가 고려보다 후에 금속활자를 발명했으나, 이 활자로 성경을 찍어냄으로서 종교 혁명에 이바지하고, 상업상 큰 변화를 불러일으키는 영향력을 보였다. 세계 대부분의 사람들은 금속활자는 독일의 구텐베르크가 발명한 것으로 기억하고 있다. 영향 없는 행위는 없는 것과 같은 것이다.

명종 10년에 중방 가까이에 있는 강안전(康安殿)이 중수되어 이름을 향복(嚮福)이라 붙였다. 이에 대해 쿠데타 세력들은 '향복'의 발음이 '항복'과 흡사하다 하여 중희(重禧)로 고치게 했다. 그야말로 무소불위(無所不爲), 무신의 그림자가 없는 곳이 없었다. 위의 금속활자의 예에서 보듯이 국가의 운영은 다양한 창조성에 있는데, 건물 이름 하나 짓는 데까지 정권이 관여하고 있으니 국가운영은 일단 중지되었다고 볼 수밖에 없었다.

최씨 가문에서도 변화가 있어 기녀(妓女) 소생인 최항(崔沆)이 죽고, 그의 비출(婢出) 서자 아들 최의(崔竩)가 권력을 승계했으나 천출(賤出)로 고관들의 지지를 못 받았다. 1258년 대사성(大司成) 유경(柳璥, 문신)과 최씨 집안 가노(家奴) 출신의 별장 김준(金俊 또는 金仁俊)은 임연(林衍)과 함께 최의를 죽임으로서 60여 년 간에 걸친 최씨 무신정권은 일단 끝났다. 김준은 다시 무신정권 재연을 꿈꾸다가 임연에게 살해되고 가속이 전멸을 당하는 등의 화를 입었다. 『고려사(高麗史)』는 임연의 쿠데타 장면을 다음과 같이 기록하고 있다.

임연이 환관 김경(金鏡)을 죽이고 어사대부와 대장군 기온을 섬으로 귀양 보냈다. 다음날 임연이 반역을 음모하고 큰일을 단행하려고 재상들을 모아 의논하려 했다. 임연이 갑옷을 입고 삼별초와 육번도방(여섯으로 나누어 도방의 번을 들던 군사들)을 인솔하고 안경공(安慶公) 창(淐)의 집에 가서 백관을 소집한 다음 "창을 모셔 왕으로 삼았다."고 선언했다. 이 선언으로 전 임왕 원종(元宗)은 폐위되고 새 왕이 탄생되었으며, 백관들은 왕에게 나와 경하의 인사를 드렸다.

임연과 폐위된 왕 원종, 그리고 새로 옹립된 왕 창은 모두 몽고왕 쿠빌라이로부터 호출을 받고 몽고에 가서 심문을 받았다. 임연은 병을 핑계로 그 아들 임유간을 대신 보냈고, 임유간은 몽고에서 투옥되었다. 그 반면 원종은 다시 복위되어 임유간을 포박한 채 고려로 돌아왔다. 임연의 둘째 아들 임유무는 왕에게 저항하다가 살해되고, 임연은 고민하다가 죽음으로서 무신정권은 끝이 났다.

고려 정권에서 왕의 교체는 원 황제의 뜻에 따라 이렇게 간단히 이루어졌다. 몽고의 결심만 받으면 그것으로 고려왕의 교체는 몽고의 황제궁 안에서 가부가 결정이 난다. 창을 새 왕으로 세운 임연의 경우는 몽고의 불허로 원종이 다시 복위하지만, 왕의 결정 여부는 최종적으로 몽고 황실의 낮은 벼슬아치가 권한을 가지고 있었다.

이같이 몽고를 업은 고려왕의 교체와 번복은 몽고 멸망 전까지 지속되었으니 고려 국민들은 왕을 쳐다보는 것이 아니라 몽고를 쳐다보게 되었다.

임연의 경우처럼 고려 무신정권은 몽고의 간섭과 영향으로 종식이 되었지만, 무신정권을 대신하여 들어선 것은 몽고 그 자신이었다. 이는 100년 간 때로는 짐승과 같이 아들이 어머니와 장모를 범하는 인간윤리가 없는 몽고식으로 조선을 지배한 또 다른 형태의 금수(禽獸) 통치였다.

고려인들은 조선 역사의 대표적인 불량 세력인 무신세력들의 정치와 몽고라는 이민족의 강압, 그리고 이민족이나 다름없는 혼혈왕들의 통치라는 3중고를 겪으며 살아야 했다. 여기에 또 삼별초(三別抄)의 난이라는 고통까지 치루어야 했다.

후세는 삼별초의 난을 마치 몽고에 저항한 자주세력으로 기술하고 있고, 그런 요소가 전혀 없다고는 할 수 없다. 그러나 삼별초는 당초 최충헌의 무신정권을 강화하기 위한 그의 사병집단으로 출발했다. 몽고가 개입하여 무신정권의 위세가 떨어지고, 특히 왕이 강화(江華)에 피난해 있어 백성은 죽을지언정 무신정권의 기반은 위협받지 않았다.

그런데 왕이 자의로 출륙(出陸)정책을 강행하자 무신정권은 권력을 잃을 위협에 놓이게 되었다. 이에 무신정권은 삼별초를 움직여 출륙하는 왕과 몽고에 저항하는 항몽(抗蒙)을 겸해 난을 일으킨 것이다.

18 고려의 상전 몽고

몽고의 조선 침략을 한국사는 40여 년에 걸쳐 8차례라고 기록하고 있다. 마치 장기간에 걸친 침략을 격퇴한 것처럼 기록하고 있다. 그런데 여기서 한 차례, 두 차례 하는 횟수의 계산은 우리의 상식과 다르다. 『고려사』를 정독해보면 횟수는 허수임을 곧 알 수 있다. 몽고는 횟수로 따지기에 앞서 크고 작게 거의 무수히 침범하였다. 몽고군은 우리나라에 상주하고 있으면서 여기저기서 필요에 따라 불쑥불쑥 약탈과 납치를 마음대로 저질렀다. 전쟁이라는 이름은 안 붙었지만 백성들이 당하는 피해는 패전국 백성의 것이었다. 몽고군들은 한군데 주둔하고 있는 것도 아니라 전국을 무대로 떼 지어 돌아다니면서 각종 만행을 벌였다. 여인을 납치해가는 것은 말할 필요도 없고, 때로는 말을 타고 곡식밭으로 뛰어다니기도 했다. 그것은 멀리 강화도에 피난가 있는 왕이나, 그 가족에 대한 간접 보복이었다.

바다 가운데 섬으로 피난시킨 왕 주변의 고관들에게는 직접 피해가 없었겠지만 백성들에게 전쟁 이상의 피해를 주는 것이었다. 피땀으로 지어놓은 곡식을 말이 짓밟고 다니는 것을 울면서 쳐다보기만 했다. 목숨을 보전하자니 항의를 할 수도 없었다. 나라는 기근 상태여서 굶어죽는 사람이 태반이었다.

제1차 침범(1231년, 고종 18년)은 징기스칸이 죽고 그 후 오고타이가 집권했을 때로 오고타이는 힘으로 조선을 포함한 동방평정에 나섰다. 그 첫 번 시도로 설례탑(撒禮塔)을 조선에 보냈다. 설례탑은 조선의 철주(鐵州. 철산)를 함락하고 함신진(咸新鎭)을 포위한 후 안동도호부에 주둔했다. 그러면서 "고려의 백성들이 집으로 돌아와 귀순하는 사람은 종전처럼 살게 할 것이요, 귀순하지 않는 백성은 범의 새끼를 잡듯이 할 것이다."라는 공문을 보내왔다. 사실상 협박이었다. 그러면서 이들은 광주, 충주, 청주 등지로 향했는데 그들이 통과한 곳에는 파괴와 납치, 학살이 이루어지지 않은 곳이 없었다.

평안도 평주에서는 "몽고군이 성안으로 돌입하여 고을 관원을 죽이고 가옥에 모조리 불을 질러 닭과 개까지 절종을 시켰다."고 1차 침입 때의 처참함을 기록했다. 징기스칸의 몽고군이 서방 유럽에 침략했을 때에도 목숨이 붙어 있는 것은 강아지까지 모두 죽여 폐허로 만들었다는 기록과 같이 한반도에서도 그렇게 한 것이다. 몽고군은 동서에서 이런 무도한 점령정책을 썼다.

몽고군은 1차 침입 후에 물러가지 않고 중부 지역으로 남하하면서 항복을 강요했다. 그러면서 그 이듬해인 1232년 평양과 점령지에 점령정책을 감독할 달루가치[達魯花赤] 72인을 둔다는 조건으로 철수했다. 달루가치의 총 책임자로는 도단(都旦)이 임명되었다. 지역을 분할, 감시하는 이 달루가치의 횡포는 말할 수 없어 그들의 눈밖에 나면 몽고군에게 견뎌낼 수가 없었다. 이들 달루가치는 기아에 허덕이는 고려 백성들에게 잔치하는 듯한 요리상을 요구했으며, 거의 매일 밤 반반한 부녀자들을 자기들 잠자리 파트너로 취했다. 그들은 고려 국민들의 생활은 돌보지 않고 가혹할 만큼 군량미를 약탈했으며, 그들의 요구를 거절하는 것은 곧 죽임을 의미했다.

몽고측은 전쟁을 벌이면서 조선과의 교섭에서 철수의 조건으로 말 2만 필, 1백만 명 분의 군복, 수달피 2만 매, 군대에서 쓰도록 다수의 기술자와 인질로 고관의 아들 500명과, 몽고인과 결혼할 처녀 500명을 보낼 것 등을 요구했다. 보급과 병력 보충, 총각 병졸의 결혼문제 등등 조선에서 철수하는 대신 고려가 이행할 수 없는 조건을 여러 개 내걸어 장기주둔에 따른 대응책 강구의 의도를 내보였다.

이러한 몽고의 강압에 맞서 고려는 국민의 증오의 표적이 되어 있는 달루가치를 습격하고 서울을 강화도로 옮겼다. 몽고와 고려 측 간에 긴 편지형식의 협상은 '항복하라', '못한다' 하는 식으로 글 싸움이었다. 왕 자신은 최씨 사가(私家)에 머물고 있었기에 협상 내용에 관여할 권한이 없었고, 일신의 권력 연장만을 생각하는 최씨들이 모든 내용을 조정했다.

권력 연장을 위해서는 철저한 보신이 보장되는 섬으로 가는 것이 상책이라는 판단 아래 무신정권의 최우(崔瑀)가 왕을 협박하여 수도를 강화도로 전격 이전했다. 이 수도 이전은 몽고와의 협상에서 출륙(出陸)이라는 새로운 시비 거리를 만들었다.

몽고 설례탑은 수도 이전과 강압 요구조건의 불이행을 트집 잡아 계속 횡포를 부렸다. 몽고 장수로 고려에 머물고 있는 설례탑에게 고려왕 고종은 1232년 11월에 "당신이 도읍을 옮긴데 대해 탓하지 않고 전일과 같이 대해 준다면 우리에겐 만대의 행복"이라고 하고 수도 천도를 거명하지 말아 달라고 사정을 했다. 우리 역사는 이를 몽고의 제2차 침입이라고 기록하고 있다.

설례탑은 처인성(處仁城. 용인)을 공격하다가 승병이 쏜 화살에 맞아 전사했다. 이 때문에 몽고병은 철수했지만 우리가 기억할 2가지 사항이 있다. 첫째는 소백산맥을 넘어 남하한 몽고병들에 의해 대구 팔공산 부인사(符仁寺)에 보관되어 있던 고려의 보물 대장경(大藏經)의 경판이 불타버린 것이다(이는 후에 다시 복원).

둘째는 몽고에 붙어서 조선족을 3대에 걸쳐 괴롭힌 홍(洪)씨 역적 집안의 일이다. 1차 침입직전 홍복원(洪福源)이란 자는 인주(麟州)에서 지방 난을 일으켜 패하자 주민 1천 5백 명을 이끌고 몽고로 도망친 일이 있었다. 그는 몽고의 앞잡이가 되어 조선 침략을 인도했으나 최후에는 참소되어 몽고에서 처형되었다. 홍복원의 아버지 홍대순은 인주도령(麟州都領)으로 있으면서 몽고군에게 항복하여 아첨을 했다. 홍복원에 이어 그 아들 홍다구(洪茶丘)는 17세 때부터 몽고 측의 통역과 사자(使者)로 활약했으며, 나이가 들어서는 고려귀부군장관(高麗歸附軍長官)이 되어 몽고로 피난했거나 귀화한 고려인 1천 명을 이끌고 고려에 상주하면서 고려를 저주하는 입장을 택했다. 그는 고려에 피해를 극대화하는 방향으로 몽고황제에게 건의를 함으로써 고려에 큰 재앙을 입혔고 끝내는 그 악행이 몽고 측에 알려져 추방되었다.

이때쯤 몽고는 완전히 속국이 되어버린 고려를 정식 속국으로 대우하기 시작했다. 몽고에서 달루가치 책임자로 임명된 도단(都旦)이 도착하자 고려 조정은 연회를 베풀었다. 도단은 왕과 동격으로 앉으려 고집했다. 타이르자 그는 이번엔 다시 왕궁에서 자겠다고 하여 결국 언쟁 끝에 숙소로 돌아갔다. 대개 몽고의 사신들이 가지고 있는 고려에 대한 생각의 일단을 엿볼 수 있는 장면이었다.

고종 34년(1247) 7월 몽고의 4차 침입 때 장군 아모간(阿母侃)이 나타나 크게 싸움을 벌였다. 고려왕은 유화책으로 그의 군사에게 음식을 먹이게 했다. 이에 앞서 겨울에 몽고군사 400명이 수달을 잡는다고 평안도와 황해도 산간벽지 곳곳을 살피고 다녔다.

그러나 이것은 고려인들을 납치하고 살육하기 위한 것이었다. 고려인들은 몽고인들이 야생 동물을 잡는다고 샅샅이 산간벽지를 찾아야 할 만큼 산과 들로 도망쳐 있었다. 고려인들은 야생 동물이 숨듯이 집에서 기거하지 못하고 산과 들에 숨어 살았다니 그들의 삶이 어떠했으리라는 것은 이해가 간다. 몽고군은 맘에 드는 사람은 납치와 약탈을 마음대로 했다.

이러한 몽고와의 전쟁 속에서도 왕은 하루걸러 봉은사, 왕흥사, 왕륜사, 현성사 등의 절에 가서 축원을 했다. 왕의 이 같은 불심은 지푸라기라도 잡으려는 심경이어서 8만 대장경을 만드는 기본적 바탕이 되었다.

1251년 "왕이 성서문 밖에 있는 대장경판당(大藏經板堂)에 가서 백관을 거느리고 분향을 하였다. 현종 때에 새겼던 판본은 임진년 몽골 병화에 타버렸음으로 왕이 여러 신하들과 함께 다시 발원을 하여 도감을 설치하였는데 16년 만에 준공되었다."고『고려사』는 기록하고 있다. 이것은 몽고 병화 속에서 다시 16년이라는 긴 시간을 소요했다는 점에서 국보로서의 가치가 있다 하겠다. 몽고라는 국가적 적수가 나라 안에 버티고 있으면서 수시로 전국을 종횡하며 추우면 백성들이 살건 말건 집에 불을 놓아 따뜻함을 즐기는 방화와, 항의하든지 맘에 안 드는 사람은 어느 때 누구라도 죽이는 살육을 밥 먹듯이 저지르고 있고, 마음에 드는 여자가 있으면 무조건 납치해 가버리니 왕이라 해서 할 수 있는 일이 무엇이었겠는가. 고려의 왕권은 몽고에는 미치지 못했다. 몽고군은 고려인의 생명과 재산을 마음대로 처리할 수 있는 치외법권(治外法權)에 있었다. 왕이나 조정의 힘으로는 어찌 할 수가 없기 때문에 왕은 개인자격으로 하루걸러 또는 하루에도 오전 오후 2번씩 절에 들려 그 우울한 심경을 불심으로 달래어 8만 대장경을 만들어 여기에 국가 소원을 담았다는 것은 장한 일이기보다 처절한 일이었고 탄광 막장에서의 기도였다.

이런 속에서도 몽고와의 크고 작은 국지전은 전국 도처에서 산발적으로 벌어졌고, 몽고 사신들은 한 해에도 2~3회씩 와서 육지로 나오라고 끈덕지게 요구했다. 그들은 전국 각지를 돌며 민간인을 학살하고 무고한 여인들을 납치하곤 했다. 마치 고려라는 나라는 빗장을 풀어놓은 빈 집과 같아 도둑이 마음대로 들어왔다 나가고 맘에 드는 물건은 무엇이나 들고 가는 형국이었다.

충주에서 장정 최수(崔守)가 몽고군 15명을 죽이고 이들에게 납치되어 있던 남녀 2백여 명을 빼앗았다고는 기록과 함께 그 공로로 대정(隊正)에 임명되었다는 기록이 보인다. 전국에서 민간인들은 이렇게 몽고인들에게 피랍되어 끌려 다녔다. 중앙의 왕은 몽고 사신들이 오면 금과 은, 여자 등의 뇌물로 임기응변 고비만을 넘기고 있었다. 보다 못한 몽고 사신이 "왕이 백성을 돌보지 않으면 어쩌느냐."고 고양이가 쥐 동정하듯 말했을 정도였다.

제5차 침입에 대해 『고려사』는 다음과 같이 기록하고 있다.

몽고의 제3대 황제 헌종(憲宗) 때 고종 41년 5월에 몽고의 왕족인 야굴(也窟)이 황제의 조서를 가지고 왔다. 몽고황제는 고려의 인질이 몽고가 원한 수에 못 미친다는 것이 불만이었다. 뒤이어 몽고군사 3천명이 뒤따라 들어와 고주 화주에 진을 치고 그 일부는 광주(廣州)에 침입해 민가에 불을 질렀다.

왕이 야굴 등을 접견하고 예물을 주면서 철수할 것을 요청하자 그는 왕에게 "우리 군사가 귀국에 들어온 이후로 하루에 죽는 고려 사람이 수천, 수만에 이르는데 왕은 어찌 자기 일신만 생각하고 백성들의 생명은 돌보지 않습니까? 왕이 만일 진작 나와서 우리를 영접하였다면 어찌 무고한 백성들이 피를 흘렸겠습니까?"라고 말했다. 몽고 사신이 고려왕을 상대로 훈계를 했다. 왕과 사신은 취하도록 술을 마셨다. 이 야굴의 침략이 제4차 침입이라고 우리는 기록하고 있다.

몽고군은 계속 전주(全州), 양근(陽根. 양주의 일부)을 점령하고 있었다. 안경부 민인해(閔仁解)가 몽고로부터 돌아와 말하기를 "몽고황제가 차라대(車羅大)를 정동원수(征東元帥)로 하여 고려 일을 주관케 했다."고 했다. 몽고군은 인솔 장군의 교체와 함께 보다 강력히 대조선 정책을 폈다.

차라대가 군사 5천을 거느리고 1254년에 고려에 와서 몽고 헌종(憲宗)이 죽기까지 6년 간을 계속 조선에 머물면서 계속 충돌을 했다. 차라대는 조선에 온 첫해에 조선인 20만 6천 8백 명을 포로로 잡았다고 했을 만큼(『고려사』) 혹독했으며, 살상자수는 이보다 훨씬 많았다고 했다. 또한 몽고병이 머물렀던 곳이면 집은 불타고 백성은 잡히든지 산으로 도망쳐 폐허가 되었다고 했다. 몽고병 일부는 중부 지방인 충청북도 괴주(槐山)에 진을 쳤다. 왕은 대장군 이장(李長)에게 명해 몽골군 주둔지를 찾아가 차라대(車羅大), 여속(余速), 독보파대(禿甫波大)와 매국 행위를 하는 홍복원(洪福源)과 그 아들 홍다구(洪茶丘) 등에게 금, 은, 주기(酒器), 피혁, 포백 등의 물품을 차등 있게 나누어 주었다고 『고려사』는 썼다. 큰 나라 군대를 맞아 힘으로는 안 되고 백성은 매일 죽고 집들은 불타고 하니 왕이 얼마나 몸이 달아 이들에게 뇌물까지 주면서 포악성을 다스리려 했을까 생각하면 조선의 모습이 너무 처량하다.

다음해(1255년) 차라대가 대군을 거느리고 서경에 도착했는데 척후병은 금교까지 왔다고 했다. 그리고 10월에 몽고군이 충주에 넘어와 고려의 정예군사와 맞붙었는데 이것이 몽고의 6차 침입이라는 것이었다. 침입인 것은 틀림없지만, 차라대는 이미 조선 안에 들어와 있었다.

몽고가 7차 침입(고종 44년, 1257)한 해에 고려에서는 어떤 일이 일어났는가. 가을에 차라대의 사절 18명이 차라대의 병영으로부터 와서 차라대의 말을 전했다. "왕이 친히 오면 우리가 회군할 것이요, 또한 왕자를 우리 정부에 보내면 영구히 뒷근심이 없을 것"이라고 협박했다. 왕은 그들을 위해 그날 밤 협박으로 끝내준 데 대해 감사의 뜻으로 성대한 연회를 베풀었다.

몽고군은 병영에서 나오면 사절이요, 병영으로 들어가면 점령군이었다. 그러니 고려로는 이들과 싸울 수도, 접대할 수도 없는 난처한 상태였다.

이에 앞서 1258년 고려는 견딜 수가 없어 태자 전(佛)이 주축이 되어 항복 문서를 조정하고 항복의 표문(降表)을 만들어 태자 전이 이를 들고 호북 작전을 끝내고 북상하는 몽고황제 후보인 45세의 쿠빌라이(3대 憲宗의 둘째 아들)를 만나기 위해 입조했다. 쿠빌라이는 이때 스스로 황제를 칭하면서 배신한 동생(憲宗의 셋째 아들) 아리패가(阿里孛哥)와의 일전을 앞두고 있었다.

조선은 항복과 함께 몽고군의 철수 약속에 따라 그 이행의 첫 단계로 강화에 있는 내성과 외성을 모두 허물고 육지로 나올 준비를 했다. 내성과 외성의 철거는 몽고군의 감시 아래에서 고려 백성들의 손으로 이루어졌다.

이에 앞선 권력 안보를 위해 출륙(出陸)을 반대하던 무신정권의 핵심인 최충헌의 마지막 세력 최의가 1258년에 살해됨으로써 조정이 강화도에서 육지로 나오는데 아무 부담이 없었다. 성이 헐리는 것을 본 많은 관리와 백성들은 성곽의 철거를 자주권의 상실로 받아들여 국가 운명에 대해 슬퍼했다.

권력의 핵은 없어졌다 하더라도 최씨 잔족 세력은 조정의 출륙을 끝내 반대했다. 그들의 사병으로 육성되었으나 국가 상비군이 되다시피 한 삼별초(三別抄)들은 이와 때를 맞춰 반(反)몽고의 기치 아래 난을 일으켜 고려 조정과 몽고의 토벌 대상이 되었다.

고려 조정의 성곽 울타리라는 것조차 없어지니 모든 것이 몽고 자의에 따라 직접으로 결정하게 된 것이다. 항복 문서를 바치고 강화라는 표현을 쓴 것은 완전 몽고에 복속됨을 말하는 것임은 언급할 필요가 없으며 이때부터 몽고는 조선 궁궐의 출입이 자유로워졌으며, 고려왕의 면담은 손아래 사람을 만나듯 큰 절차가 없었다.

몽고는 설례탑을 앞세우고 고려에 침입한 1차 침입 때부터 침략했다가 물러가고 또 침략해온 것이 아니었다. 대부분 몽고병력은 고려 안에 그대로 머물러 있고, 장수가 와서 항복하라는 협박성 황제조서를 전하면 고려는 사신과 장수에게 금, 은, 옷감 때로는 여자를 제공하며 언 발에 오줌 누기식으로 일시 모면했다. 고려에 머물러 있는 몽고군은 지방에서 국지전을 벌이기도 하고, 필요하면 조선족을 필요한 만큼 잡아끌고 다녔다. 그러니 민생, 복지, 안전이라는 것은 없을 수밖에 없다. 농사가 안 되니 나라에는 기근밖에 더 있겠는가. 오죽했으면 몽고군이 조선인들에게 농사를 장려했겠는가. 농사를 지을 인력도 없었거니와, 지어놓은 농사도 몽고군대의 말과 훈련으로 짓밟기 일쑤였다.

고종 41년 1254년의 『고려사』 기록을 보면 "몽고군에게 잡혀간 남녀가 무려 20만 6천 8백 명이요, 살육을 당한 사람은 이루 셀 수가 없었고, 그들이 지나간 곳은 다 잿더미가 되었다."고 했다. 군신들 가족은 물론 강화도에 있었으며 세도가들은 육지에서의 폐허를 막을 수가 없어 가족을 서해의 크고 작은 섬에 갖다놓고 있었다. 이를 안 몽고군이 서해의 섬을 모두 친다는 기별을 받은 조정은 이광(李廣), 송군비(宋君斐) 등에게 수군 300명을 주어 방어토록 했다.

궁중에서는 매일 최씨들을 중심한 연회와 잔치가 벌어졌다. 민가에는 굶어 죽는 시체가 널려 있었지만 왕은 권신들에게 밀려 할 수 없이 이런 연회를 주관한다고도 했다. 또한 민가의 피폐상을 『고려사』는 "몽고군을 피해 산성에 들어갔다가 양식은 떨어지고 집으로 가는 길이 먼 사람들은 굶어 죽은 자가 매우 많았으며, 노약자는 구렁텅이에 쓰러지고 심지어 어린이를 나무에 매놓고 간 사람까지 있었다."고 상황을 설명했다. "병란과 흉년을 맞아 사람들의 해골이 들판에 널려 있다."고 참상을 기록한 『고려사』는 "잡혀갔던 사람들로 도망 오는 자가 잇대었으며 병마사가 그들에게 하루 쌀 한 되씩 주어 구제했으나 죽은 자를 셀 수가 없었다."고 비참함을 기록했다.

몽고군은 계속하여 전라도 담양과, 경기도 양근, 이천, 전라도 무등산 일대, 황해도 수안 등지를 점령하며 고려 안에서 맹렬한 약탈과 점령활동을 벌였다. 심지어 몽고군은 의주에 성까지 쌓고 주둔하고 있었다. 몽고군은 조선인들에게 농사를 장려하는 책임자(東京總管 宋山이 그 사람임)까지 두고 장기 주둔과 조선 경영을 했을 정도였다.

국가 기강이 없으니 특권 집단만이 날뛰었다. 국가 공무원을 비롯, 사회 전체의 기율이 무질서하게 되는 것은 필연이었다.

"고종 43년(1256)에 몽고 병란과 관련하여 6도에 과거와 같은 선지사(宣旨使. 일종의 정부홍보관)를 파견하지 않고 별감을 두었다. 이때에 왕의 사절로 내려간 자들이 백성의 재산을 긁어모아 왕에게 아첨하는 밑천으로 삼으니 백성들이 매우 괴롭게 여기다가 도리어 이리 떼와 같은 몽고군이 들어온 것을 기뻐하였다."고 기록하고 있다. 당시의 관의 기율과 관원들의 기강을 한마디로 말해주는 말이다.

이는 몽고군이 전토를 휩쓸고 있고 왕은 멀리 섬에 가 있으며, 관의 잘못을 다스릴 어떤 조치도 취할 수 없었기 때문이기도 했을 것이다. 그러나 그보다는 몽고군이 하루아침에도 들이닥쳐 모두를 부수고 살해할 수 있다는 위험과 절박성 아래에서는 오직 왕의 신임으로 자리 보전만이 살 길이라는 생각이 확산되어 있는 것으로 풀이된다. 이쯤 되면 국가는 파탄, 해체된 상태다. 조정이라는 것은 형태로만 있을 뿐이었다.

19 몽고피가 섞이기 시작한 조선족

1260년 고려와 몽고에서는 새 임금과 황제가 취임했다. 고려는 고종(高宗)이 59년에 사망했지만, 몽고에 머물고 있던 세자 전이 몽고 측으로부터 이를 통고 받은 것은 다음해 4월이었다. 태자 전은 몽고병의 수호 아래 귀국해 새 왕으로 취임했다. 이 왕이 원종(元宗)이다.

몽고도 쿠빌라이가 왕족 회의에서 정식 황제로 세습 받았다. 새 황제는 항복한 고려왕에게 재임 중 수십 차례에 걸쳐 식량 조달, 군수품 상납, 군인 조달 등을 명했다. 몽고는 고려 국민수를 정확히 파악, 세금과 병역 등 속국정책을 추진하기 위해 호적 작성을 지시했다.

쿠빌라이의 제일 큰 명령은 몽고를 섬기지 않는 일본을 징벌하기 위해 조선에게 그 준비를 명한 것이다. 쿠빌라이는 고려에 병선 1천 척, 군인 1천 명, 군량미 3~4천 가마를 실을 운반선을 건조하라고 명했다. 고려 원종 때는 군인 징집과 병선 건설로 산에는 나무가 전부

벌목되었으며 나라 안은 어디든지 젊은 사람을 구경할 수 없었다. 농사일이 안 될 것은 자명한 일이었다.

쿠빌라이는 일본 침략 발진기지로 합포(合浦. 마산)를 지정함으로써 이 일대는 몽고군 2천과 고려군 1천으로 가득 찼으며 그들의 식량을 조달해야 하는 고려는 연일 쏟아지는 몽고황제의 질책 조서 받기에 땀을 흘렸다.

우리는 '려몽 연합군의 일본 원정 실패'라고 간단히 기록하지만 그 연합군이라는 것은 '속국으로 인방(隣邦)을 정복케 한다'는 몽고정책의 실패로 그 밑에는 고려 국민의 피와 땀이 깔려 있다.

고려 원종(元宗)이 몽고로부터 질책에 견디지 못해 몽고 쿠빌라이 황제에게 진정서를 올려 어려움을 하소연한 내용을 보면 속국인 고려의 어려움의 일단을 엿볼 수 있다.

"정월 15일부터 일을 시작했소. 조선기술자와 잡역부 3만 5백 명, 하루 3끼 식량으로 3개월 간이면 3만 4,312석의 쌀을 지급하고 있소. 또 정월 19일 중서성(中書省)의 지시를 받아보니 흔도(忻都) 장군 관할 군병 4,500명이 금주로 이동하는데 필요한 행량(行糧) 1,570석과 주둔 중의 식량과 사료, 그리고 조선 감독관 군병 500명의 행량 85석 모두를 추가한다고 되어 있소. 또한 제주 주둔 군병 1,400명의 7개월분 식량과 사료는 이미 지급 완료했는데, 그 합계가 2,904석이었소. 또한 나주 함락 이후 남아 있는 오우로(奧魯. 몽고군의 기본 단위)와 다테치(闊端赤. 몽고 근위병)의 군량 8천 석과 군마사료 1,325석, 이들 모두를 우리가 지급했소.

또한 지원 10년 12월 이후 몽고지시에 따라 탐라의 백성 1만 2백 명에게 양식을 제공했소(삼별초의 난과 관련). 그 후 군병 군마에 충당할 식량과 사료는 도저히 마련할 수가 없어 양반과 백성에게서 강제로 거둔 것이 헤아릴 수 없이 많소. 난리에 백성들이 농사를 지을 수 없어 가을에 수확이 없었소.

조선 기술자와 잡역부, 주둔하고 이동하는 군병과 군마, 탐라 백성 등에게 제공한 식량과 사료를 계산하면 합계 4만여 석을 모두 조달해야 하오. 앞으로 금주 나주 전주에 주둔할 군병에게 양식과 사료를 제공하기는 실로 곤란하오. 그런데 여기에 중서성에서 명령하여 봉주(鳳州) 둔전군의 메우러 부족분 군량 2,047석과 소의 사료 1,017석을 모두 공급하라 하였소. 이제 이 곤궁의 참상을 알리니 후에 문책해도 조금도 어긋남이 없소. 백성은 모두 황제의 인민이요. 부디 이 가련한 참상을 유념하시고, 같은 백성에게 어진 처사를 베풀어주시기 바라오."

고려의 어려움이 솔직히 들어나 있다.

엎친 데 덮친다는 말이 있다. 고려의 이 어려운 지경에 서북면 병마사 서기로 최탄(崔坦)이라는 자가 있었다. 그는 서북면에서 중앙의 무신을 내쫓겠다는 명분으로 내란을 일으켰다가 실패하자 귀주(龜州) 등 북계 54성과 서해 6성 등 모두 60성을 들어 몽고에게 바치고 몽고로 항복해갔다. 이로 인해 북계 60성은 몽고의 소유가 되어 몽고 직할지가 되었다.

어둡고 고생스러운 고려 국민들에게 한때나마 호기심꺼리의 화제는 34세의 충렬왕(忠烈王)과 몽고 쿠빌라이의 16세 딸 제국대장공주(홀도로게리미실)와의 결혼이었다. 이 결혼은 선왕 원종(元宗)이 아들이며 세자였던 심(諶)과의 결혼을 쿠빌라이에게 청탁해서 이때에 이루어진 것이다. 고려 왕실에서 제일 큰 후원자는 몽고황제의 딸과 결혼하여 황제의 사위가 되는 것이었다. 결혼 후 제국대장공주가 개성으로 들어오는 날 개성 왕실의 모든 여인과 벼슬아치들의 여인들은 예복을 차려 입었고 벼슬아치들은 왕궁 앞에 도열하였다. 몽고 신부는 큰 볼거리를 제공했으며 나이어린 몽고 신부는 사람이 보일 때마다 가마에서 내려 인사를 하여 고려 사람들의 조금 남아 있던 감탄을 모두 받았다. 이날 행사에 나선 사람들은 모두 몽고 복장을 했다.

그러나 이 몽고 왕비는 성질이 불같아 측근들이나 어떤 때는 충렬왕까지도 가축을 치는 채찍으로 때렸다. 그리고 이미 충렬왕의 정비로 있던 정신부주(貞信府主)는 이 날로 별궁으로 쫓겨가 평생을 홀로 지내야 했다. 혹시 그가 충렬왕 주변에 나타났다가 이 몽고왕비에게 들키면, 충렬왕이나 정신부주, 그 수종 인물들 모두가 이 질투 많은 몽고 여인으로부터 채찍을 맞아야 했다.

이때부터 조선족의 피에는 몽고인의 피가 섞이게 되었고, 고려는 몽고의 부마국으로 체면을 이어갔다. 충렬왕은 조정 관직을 몽고식으로 바꾸고, 신하들에게 몽고식으로 편발과 몽고옷을 입도록 명령했다.

이런 법석 속에서 일본 정벌에 나섰던 고려와 몽고 연합군은 풍랑을 맞아 정벌군 2만 5명 중 물에 빠져죽은 자가 1만 3,500명이나 된 채 회군했으며 몽고장수 흔도, 홍다구 등은 몽고로 돌아갔고, 고려장군 김방경(金方慶)도 쿠빌라이에게 실패 경위를 보고하기 위해 몽고로 떠났다.

𝟸𝟶 충(忠)자 돌림의 혼혈왕들

고려 사회의 실질적 점령자 몽고군이 떠나고 무신들이 2선으로 후퇴한 뒤 왕들의 통치는 과연 정상을 찾아 개선되었을까.

왕은 통치권자의 핵심이며, 권위의 상징이고, 국가의 대표다. 이것은 일반론으로는 맞는 이야기이지만, 고려 후기 특히 충(忠)자 돌림인 왕의 경우는 맞지 않는다. 조선왕이라는 직책은 몽고[元] 궁정에서 하나의 이권(利權)이었다. 조선의 충자 돌림 왕은 몽고 여자에서 낳고, 세자 때엔 원의 황제 궁에 입조하여 그곳에서 몽고 이름으로 불리다가 어느 날 원 황제가 내주는 옥쇄를 받는다(왕으로 즉위한다는 뜻). 마치 귀여운 아이에게 동전 한 닢 주는 것과 같다. 원 황제의 뜻에 안 맞으면 옥쇄를 다시 회수하기도 하고 다시 내주기도 한다. 그때마다 조선왕은 왕위에 복위와 삭탈을 반복했다.

왕은 통치 지역인 고려에 취임하러 왔다가 짧으면 2개월(忠宣王의 경우) 정도를 고려 안에 머물고 다시 원나라로 가서 그곳에 영주해버리는 경우도 있다. 고려 국내에서 귀국을 간청해도 오지 않는다. 어떤 왕은 귀국 때 몽고식의 편발에 몽고옷을 입고, 완전히 몽고인이 되어 왔으며, 뒤이어 온 부인 접대 때는 신하들도 모두 몽고옷을 입으라 하여 애국심 있는 백성들이 대성통곡을 했다. 왕의 통치라는 것은 원나라 조정에서 이름으로만 하고, 국내에는 왕의 명령을 받는 관리와 대리자가 있다. 그럼에도 불구하고 고려라는 나라가 유지된 것은 몽고가 뒤에서 버티고 모든 통치를 해주었기 때문이었다. 이런 제도가 고려의 후기 국왕 제도의 운영이었다. 왕이 몽고에 머물러 있으나 조선 땅에 와 있으나 다름이 없었다. 어차피 속국이었으니까.

원종(元宗. 제24대)때부터 몽고에 의한 고려왕 선발 제도가 시작되었다. 그는 입조해 있던 원나라에서 1259년 6월 왕위에 올랐고, 다음해 3월 귀국해서 즉위했다. 최씨 무신정권을 종식시킨 김인준(金仁俊 또는 金俊)은 고종 46년 6월에 고종이 죽자 군복을 입고 무장한 병사들을 데리고 태손(太孫) 심(諶)을 모시고 대궐에 들어와 "내가 나라 일을 보겠다."고 선언했다. 그랬더니 문무백관들이 궁전에 와서 허리를 깊이 구부려 축하했다. 이것이 무신의 정권인수였다.

김인준은 이렇게 다시 무신정권을 본받아 무단정치를 시작했다. 그런데 국지전에서 몽고군을 격퇴하였다 하여 대정(隊正)이 된 임연(林衍)이 무신정권을 모방하면서 자기 세력을 키운 김인준을 죽임과 동시에 그의 3족을 멸했다. 또 한 번 정권이 바뀐 것이다.

왕이 된 뒤에도 몽고에 머물고 있던 원종은 몽고와의 약속에 따라 강화로부터 송악으로 수도를 옮긴다고 했다. 그러나 무신들이 자기 정권을 유지하기 위해 출륙(出陸)을 반대했다. 이 문제가 결정적인 갈등의 요인이 되어 무신들은 끝내 원종을 폐하고 말았다. 그러나 이 사실을 알게 된 몽고의 쿠빌라이 황제가 이에 적극 개입함으로써 몽고에 체류 중이던 원종은 왕위를 물러난 뒤 5개월 만에 다시 왕위를 회복했다. 왕위를 찾은 원종은 임연과 충돌을 하면서 출륙을 서둘렀고, 몽고의 쿠빌라이 황제는 임연을 몽고로 호출하는 등의 압력을 가해 사태를 진정시키려 했다. 마침 임연이 1270년에 사망함으로써 고려의 무신시대는 1170년 정중부의 난이 일어난 후 100여 년 만에 종식되었다.

이 무신정권은 100여 년 간 피의 정권다툼을 벌인 기간이다. 국민들은 도탄에 빠졌고 마지막의 최후 수단으로 죽음을 무릅쓰고 자포자기 심정으로 민란에 호소하기도 했던 암흑기였다. 국력의 내부 소진으로 몽고에의 복속은 가속화되었고, '자주'로 출발했던 고려의 모습은 살육과 무력만의 지배라는 황폐한 국가 이미지로 완전 변색되었다. 이 무신정권은 고려의 정치형태를 기형화시켰으며, 왕정 100년이 또 다시 기형화함으로써 국민정서는 오로지 '힘'과 기회주의만을 숭상하게 되었다.

정상생활을 벗어난 왕정은 내일에 대한 희망도 없고, 국정을 정상화할 수도 없다고 판단하여 역대 왕들은 본능에 따른 지배와 성욕 충족이라는 변태적 통치로 일관했고, 나라는 몽고의 힘에 의해 겨우 유지되었다.

21 평생을 몽고에 살아

충렬왕(忠烈王. 제25대)은 원종의 맏아들이었으며, 1272년에 원에 입조하여 1274년에 원 세조 쿠빌라이의 딸 제국대장공주와 결혼했다. 몽고황제의 딸과 결혼했다는 것은 이미 고려왕이라는 이권을 손에 넣은 것과 다름이 없는 것이다. 같은 해 원종이 죽고 귀국할 때엔 몽고옷과 몽고식 편발로 몽고인이 되어 있었고, 고려는 그의 부인이 된 쿠빌라이의 딸의 귀국을 계기로 더욱 몽고화되었다. 몽고화가 되어갈수록 고려 왕권은 더욱 확고해지는 것이다. 그는 고려왕으로 즉위했고 뒤따라온 부인의 영접 행사는 국민의 화제꺼리가 되었다. 고려는 이러는 사이 몽고의 속국답게 '작은 몽고'로 변해가고 있었다. 작은 몽고는 몽고 황실과의 유대를 강화하려는 왕들에 의해 더욱 가속화되어 갔다.

독립을 잃은 고려 왕실의 이 같은 친몽고정책은 그 복속의 표시로 고려왕의 칭호와 관명에서부터 반영되었다. 고려의 관직명과 행정부 서명은 몽고 내의 부속 왕실 정도로 격하되었다. 황제의 나라와 왕의 나라를 구분 짓는다는 것이다. 왕의 이름(묘호)에 종(宗) 대신 왕(王)자를 쓰도록 했고, 왕의 시호 앞에는 몽고에 대한 충성을 뜻하는 충렬, 충선 등과 같이 충(忠)자를 넣게 했으며, 왕이 자신을 지칭할 때엔 짐(朕)이 아니라 고(孤)로 부르도록 했다. 이 밖에도 많은 관직 이름이 몽고식으로 바뀌었다.

충렬왕은 원나라 부인인 제국대장공주가 본국의 부친 쿠빌라이의 권한만을 믿고 귀국해서도 몽고어를 쓰고, 일상생활에서도 몽고 풍속만을 고집하자 왕은 그에 대해 점차로 혐오감을 갖기 시작했다. 아들을 낳았으나 원의 황제궁에 가 있었다. 어렸을 때부터 몽고 교육을 시키기 위해서였다. 왕이 왕비에게 접근을 하지 않은 채 다른 궁인들을 가까이 하면서 사냥에만 전심하여 국고는 탕진되고 제국대장공주과의 사이는 점점 벌어졌다. 왕의 이 사냥에는 고려 여인을 몽고 부인 모르게 대동했다.

한편 원나라에 머물고 있던 왕세자 장(璋)은 제국대장공주의 아들로서 어머니 편에 섰기에 충렬왕에 대한 감정이 좋지 않았다. 이런 가운데 제국대장공주가 사망하자 일시 귀국한 세자 장은 몽고를 등에 업고 '어머니를 힘들게 했다' 하여 궁녀들과 고관 40여 명을 살해 또는 귀양 보내는 것으로 간접 보복을 했다. 충렬왕은 다시 원나라로 들어가 원귀족의 딸과 결혼을 했다. 세자 장이 귀양 보낸 대부분의 고관들은 충렬왕의 측근들로서 그들을 귀양 보내고 살해했다는 것은 왕에 대한 불신임이었으며 이런 행위가 가능했던 것은 뒤에 쿠빌라이라는 강력한 몽고황제가 있었기 때문이었다.

몽고황제의 딸을 왕권처럼 소중히 여겼던 당시 풍습으로 보아 뻔한 이 사실이 표면화하자 충렬왕은 결국 왕위를 내놓고 아들 장이 왕위에 올랐다. 그가 25대 충선왕(忠宣王)이다.

충선왕은 즉위하자 새삼 궁궐에 만연된 몽고풍을 정비하고 고려제도를 복원한다고 하여 몽고의 옛 어머니 측근들과 충돌이 잦았다. 제국대장공주 측근들은 이런 사실을 본국에 알렸고 원은 즉위 7개월로 접어든 충선왕의 옥쇄를 빼앗고(왕위에서 폐위) 원으로 압송했다. 그리곤 일단 물러난 충렬왕에게 옥쇄를 다시 주었다(왕으로 재용립).

왕으로 재취임한 충렬왕은 아들에 대한 원한이 많아 그를 제거하고 그의 힘의 원천인 몽고 귀족부인도 다른 곳으로 개가시켜 아들에 대한 복수를 철저히 하려고 했다. 충렬왕은 이 음모의 실현을 위해 1305년 원나라로 가서 그곳에 2년 간 머물면서 이를 추진했다. 그러나 원 황제가 바뀌는 바람에 이의 결실을 보지 못했다. 반대로 새 황제 편에 서 섰던 충선왕은 새 황제의 신임을 얻어 하루아침에 고려의 새 실권자로 뒤바뀌었다. 충선왕은 몽고에 머물면서 다시 아버지 충렬왕에 대한 보복으로 아버지 때 앞장섰던 고관들을 대거 살해하고 벼슬자리에서 내쫓았다. 완전 패배자가 된 충렬왕은 국내외의 팔다리가 모두 끊긴 채 혈혈단신 귀국했고, 울분이 터져 곧 별세했다.

충렬왕을 논할 때에 빠뜨릴 수 없는 사람은 숙창원비(淑昌院妃)다. 그는 용모가 뛰어났다. 진사 최문과 결혼했으나 과부가 되었다. 이런 이야기를 듣고 충선왕은 부친 충렬왕이 사랑하던 궁인 제무비(諸無比)를 죽이고 그 대신으로 숙창원비를 무비 자리로 올렸다. 충렬왕이 죽자 충선왕은 서모인 그와 불륜의 관계를 맺고 얼마 후 그를 자기 부인으로 삼았다.

조선의 고구려나 일본 등지의 옛 풍속으로 취수혼(娶嫂婚)이라는 제도가 있었다. 가계를 잇기 위해 어떤 형태로든지 자기 가문에 일단 발을 들여놓은 여인은 절대 버릴 수 없다는 의미로 형이 소생이 없이 죽으면 동생이 형수와 함께 사는 이른바 형사취수(兄死娶嫂)라는 제도가 있었다. 그러나 고려에는 아버지가 죽으면 아들이 어머니를 자기 부인으로 차지하는 짐승이나 다름없는 부사취모(父死娶母)의 예까지 여러 번 보인다.

너무도 당연한 일이지만 충선왕이 고려로 복귀하자 국내 정치는 일시 안정이 되는 듯했다. 왕이 새로운 자세로 재출발할 수도 있는 기회였다. 그러나 실제적인 고려 병합을 위해 그렇게 노력하던 몽고가 왕다운 왕의 탄생을 방관할 이유가 없었다.

『고려사』는 "충렬왕은 교만한 생각이 들었음인지 연희와 기악에 탐혹하고, 왕비와 세자는 조정 관언들의 논평도 듣지 않았다. 말년에 이르러서는 그의 적자를 폐위시키고 조카를 후계자로 세우려고까지 하였으니 세자 때에 비록 옛 법전을 잘 배웠고 글을 많이 읽어 대의를 올바로 이해했다고 하지마는 과연 그것이 무슨 소용이 있겠는가. 처음부터 일을 잘 하는 사람은 없지만 끝까지 좋은 일을 하는 사람은 아주 드물다고 한 옛말이 충렬왕(忠烈王)을 두고 한 말이 아닌가?"라고 평했다.

충선왕의 일생을 보면 이런 사람을 어떻게 한 나라의 왕이라 할 수 있을까 하는 의문이 생긴다. 몽고 여인의 아들로 태어나 쿠빌라이의 외손자라는 위치 때문에 3살 때에 세자가 되었다. 몽고 진왕(晉王)의 딸과 결혼(계국대장공주(薊國大長公主))하여 원의 부마가 되었다. 24살로 왕이 될 때까지 원나라에 살았으며 왕으로 옥쇄를 받고 고려에 와서 왕으로 즉위했으나 7개월 만에 다시 원으로 떠나서 그곳에 계속 살았다. 고려에서는 왕이 귀국을 하지 않아 정승 최유엄(崔有渰)이 상소를 올려 "정무는 한두 가지가 아닌데 4천여 리나 떨어져 있으니 어떻게 처리를 하며, 나라 일이 복잡한데 결재를 받을 길이 없어 다만 만백성과 더불어 빛이 비쳐올 것만 우러러 바라고 있습니다."라며 조속히 귀국할 것을 간청했다. 그러나 그는 돌아오지 않았다. 그는 원나라에 있으면서 개혁안이라는 것을 서면(書面) 명령서로 제시했으나 이런 방식으로 개혁이 이행될 리 없었다.

그는 몽고의 계국대장공주와 결혼하기 전에 이미 결혼한 조선 여인 조비(趙妃)가 있었는데 부부 사이가 좋았다. 계국공주는 충선왕의 1차 결혼 후에 2차로 결혼했으나 몽고의 힘으로 제1왕비 자리를 차지하고 (제1왕비에서 출생해야 적손이 됨) 다시 조비를 질투하여 모함했다. 충선왕이 고려 여인 조비만을 사랑한다고 원의 황실에 보고하여 결국 왕위를 빼앗겼고, 전임왕이었던 충렬왕이 2번째로 왕위를 차지했다. 충선왕은 충렬왕의 제거 계획을 피해가며 원의 황제교체기를 교묘하게 활용하여 다시 실력자가 되고 반대로 충렬왕은 자연 패배자가 되었다.

충렬왕 측에서는 충선왕을 제거하고 그 아들 감을 세우려 했다. 이런 이유로 세자 감은 부왕 충선왕에 의해 살해되었다. 고려 왕위는 충선왕으로 교체되지만, 원에서 살았던 충선왕은 즉위 2개월 만에 다시 원으로 출국해서 51세로 죽을 때까지 원에서 살았다. 죽은 후 시신만이 고려로 돌아왔다.

그는 재위 5년 3개월 중 전기에 7개월, 후기에 2개월 만 고려에 머물렀고, 공사생활 전부를 원에서 보냈다. 그는 심양왕, 고려왕이라는 2중 겸직 왕으로 호화롭게 살았지만, 고려에 남긴 것은 죽어서 돌아온 시신뿐이었다.

『고려사』는 그가 원에서 일생을 지낸 사실을 다음과 같이 지적하고 있다.

> 임금의 지위란 국민들이 우러러 보는 바이며, 만사가 집중되는 곳임으로 하루라도 이 자리를 비어두지 못하는 것이다. (…중략…)
> 그런데 왕이 이미 책명을 받고 다시 왕위에 오른 뒤에도 여자와 내시들에게 미혹되어 연경에 몇 년 간을 체류했다. 그가 체류하는 동안 자국의 백성들은 공궤하기에 곤란하였고 수종하는 신하들은 오랫동안 피로하여 고향을 그리워하게 되었다. 그런 나머지 나중에 서로 모함하는 데까지 이르러 원나라에서도 실증이 나서 두 번이나 본국으로 돌아갈 것을 권고하였다. (…중략…)
> 장래에 대한 계책이 이처럼 좋지 못했으니 토번으로 귀양 가게 된 것도 불행한 일이라 말할 수 없을 것이다.

『고려사』의 이 기록에 의하면 충선왕이 원나라에 오래 머물러 있었던 이유 중의 또 하나는 여자와 호화생활 때문이었음을 알 수 있다.

22 백성과 신하들을 죽을 정도로 팬 왕

제26대 왕이었던 충선왕은 장남이었던 충숙(忠肅)에게 왕위를 선양
하면서 조카인 왕고(王暠)를 세자로 택함으로써 왕과 세자 간에 왕위를
놓고 원 궁정에서 숱한 싸움이 벌어졌다. 원 궁정에서는 음모와 무고
와 갈등의 냉전이 빚어지었는가 하면, 고려에서는 이 냉전의 표면화
로 구속과 징역이 잇따르는 등의 열전이 표면화되었다.

충숙왕(忠肅王. 제27대)도 몽고 여인을 어머니로 하고 있는 혼혈이라
는 점은 같으나 몽고의 귀족 어머니를 둔 다른 혼혈왕들과 달리, 그의
어머니는 원의 공주나 귀족의 딸이 아니라 무명의 몽고 여인이라는
점이다. 의비(懿妃)라고만 알려진 이 여인에 대한 기록은 없으며, 왕의
생모란 점에서 있을 법한 태후 등으로의 추존이 충선왕 때도, 충숙왕
때도 없었다. 이러한 어머니에서 태어나 세자시절을 원에서 보내고
20세 때 왕위에 올라 귀국했기 때문에 충숙왕도 다른 혼혈왕들처럼

고려보다는 원에서의 생활과 습관에 더 익숙해져 있었다.

　고려 왕세자들의 몽고에서의 생활은 상세히 기록되지 않았지만 어느 세자는 회홀 여인에게 빠져 있다고 했는가 하면 또 다른 세자는 임질 같은 성병에 걸렸다고 한다. 또 여인을 선택한 것이 왕의 딸이나 귀족뿐 아니라 시중의 무명 여인도 부인으로 데리고 온 것은 접촉한 여인이 그처럼 폭이 넓고, 그중에는 몽고 천민도 있었던 것으로 볼 수 있다. 이런 점으로 보면 고려 왕세자들은 몽고에서 무절제한 성생활을 했고 많은 여인들을 상대했던 것 같다.

　왕위에 오른 충숙왕은 몽고 사람만 사람으로 보았기 때문인지 미행 시에 조선 행인을 만나기만 하면 몽둥이로 마구 때려 거의 죽을 지경에 이르게 했다. 또 조정에서 건의하는 신하들이 마음에 안 들면 왕좌에서 일어서 꿇어 엎드린 신하를 발길로 마구 차고 때렸다. 심지어 왕비도 구타하여 2번이나 코피를 흘리게 하는 등 폭력이 심했다. 그러니 궁궐이나 조정의 분위기가 어떻게 되었겠는가. 아마도 충숙왕은 몽고에 있을 때 깡패들과 어울려 조폭생활을 하지 않았는지 생각이 되기도 한다.

　왕이 큰소리로 호령을 하면 조신들이 경청하고 대령하는 것이 아니라 모두 자리를 박차고 도망친다고 했다. 『고려사』에까지 이 같은 왕의 폭력 행위를 특기했을 정도면 왕의 품위나 체신 따위는 이미 저버린 것이다. 『고려사』는 또 왕이 미행(민정 시찰이 아니라 음행을 하기 위함)을 많이 했으며, 미행하다가 사람을 만나기만 하면 붙잡아 몽둥이로 구타하곤 했다고 쓰고 있다. 왕이 폭력을 휘두른다는 것은 왕이 시정

잡배와 다름없는 행동을 한 것이다. 왕은 아마 심리적으로 고려인에 대해서는 이질감을 느꼈을 가능성이 많고, 몽고에서 본 고려인은 사람으로 인정하기보다 짐승 정도로 본 것이 아니었나 하는 생각도 든다. 이유 없이 왕의 이러한 구타는 충격적으로 이루어지는 행위다. 몽둥이로 때려 '거의 죽을 정도'라고 기록한 것을 보면 공연한 인간 혐오증이 있었을 수도 있다고 할 수밖에 없다.

고려 세자와 원의 공주나 귀족 자녀와의 혼인은 대략 고려 측에서 왕위 쟁탈전에서 든든한 후원자를 구한다는 뜻으로 먼저 요청을 하면, 원 황제가 시혜(施惠)를 하듯 허락하는 절차로 이루어진다.

충숙왕의 결혼은 상왕이었던 충선왕이 요청한 것으로 기록되어 있다. 원의 영왕(營王. 원 세조의 5남)의 딸 역린진팔라(亦憐眞八喇. 최종으로 폭력왕인 충숙왕의 왕비였던 복국장공주(濮國長公主))가 사망하자 원에서는 폭력에 의한 사망 여부의 사실 조사관이 파견되었다. 심문을 받은 궁인과 주방직원은 공주가 충숙왕의 원래 비인 공원왕후 홍씨(충혜왕 생모)와 사이좋게 노는 모습을 보고 질투를 했으며, 이를 불쾌하게 생각한 충숙왕이 공주를 폭행하여 코피가 나기도 했다고 증언했다. 이런 여건 아래서도 충숙왕은 매일 기생들을 불러놓고 주지육림 속에서 살아 국고는 탕진되었다. 보다 못한 원에서는 충숙왕을 원으로 소환해 3년 간이나 연금시킴으로써 폐위 일보직전에까지 몰렸다. 이 사이 나라 운영은 엉망이 되어, 일부에서는 고려를 아예 원의 일개 성(省)으로 편입시켜 달라는 상소까지 원에 발원하는 실정이었다.

충숙왕은 원의 환심을 위해 첫 몽고왕비가 죽자 원의 위왕의 딸과 재혼을 했으나 후처 역시 해산 중에 절명을 했다. 충숙왕이 어려울 때마다 세자 고(暠)는 고려왕 운동을 했으며, 충선왕은 이때마다 세자 고의 편에 섬으로써 그 싸움을 더욱 복잡하게 하기도 했다.

몽고는 조선인들의 대우를 해줄 귀족과 손쉽게 다루어도 무방한 천민을 쉽게 알아볼 수 있도록 복장을 구분해서 입도록 하라고 지시했다.

충숙왕은 몸이 약해 왕위를 아들 충혜왕(忠惠王)에게 물려주고 상왕으로 물러나, 원에 가서 머물렀다. 그러나 충혜왕의 난잡한 여인 행각이 문제가 되어 폐위되자 1년 만에 다시 복위되었다. 그는 복위되어 귀국할 때에 왕 자리와의 인연을 강화하고, 왕으로 존재할 수 있는 원천인 몽고 여인 정화공주(靖華公主)에게 세 번째로 장가를 들어 국민들에게 보란 듯이 의기양양하게 대동했다.

『고려사』에 보면 고려왕들은 특히 사냥을 즐긴 듯하다. 경우에 따라서는 며칠씩 사냥터에 머물렀다. 이런 사냥에 나가는 측근이나 호위병들의 수효는 3백여 명이었다. 그러니 그들에 의한 민폐가 심해 국민들의 원망이 많았다고 기록되어 있다.

23 임질(淋疾)에 걸린 왕

　충혜왕(忠惠王. 제28대)은 인간에게 목표 없는 권력이 주어진다면 그 권력이 어떻게 사용되는지를 극명하게 보여준다. 그는 원나라에서 황제의 숙의를 들 때에 회홀(回忽) 여자와 사랑에 빠져 숙의를 결근하는 일이 많았다. 황제는 그를 발피(撥皮. 건달, 사기꾼)라는 별명을 지어 불렀다. 그것이 유행이 되어 국내에서도 발피라고 불렸다.

　그는 원 황제로부터 고려로 돌아가라는 명에 의해 귀국했다. 귀국 즉시 장인 홍융(洪戎)의 후처를 여러 차례 강간하여 악명을 떨치기 시작했다. 한편 밤에는 미행으로 여러 사가(私家)에 가서 개인의 딸이나 부인들과 간통을 하는 등 음행이 고쳐지지 않자 원은 충혜왕을 소환하고 충숙왕을 대리로 즉위시켰다. 그러나 충숙왕이 죽음에 임박하여 1339년 16세의 충혜에게 다시 왕위를 물려주었다.

　충혜는 왕위를 물려받자 같은 해 5월 아버지 충숙왕의 후궁이며 자신의 서모인 수비(壽妃) 권씨를 강간했고, 같은 해 8월에 역시 아버지의 후비인 몽고 여인 숙공휘령공주를 강간하여 악명대로 실례를 보이기 시작했다. 충혜는 후비들이 자신의 말을 듣지 않고 반항하자 시종들을 불러 그들로 하여금 팔과 다리를 잡게 하고 입을 막은 뒤 강간했다. 숙공휘령공주는 다음날부터 식음을 전폐하고 이 사실을 원 황제에 알렸다. 이 사건은 충혜왕 폐위의 주요 원인이 되었다. 수비 권씨는 다음해에 죽었는데 자살한 것으로 전해진다.

『고려사』의 충혜왕조를 읽어보면 간음, 강간, 사냥 등의 용어가 주를 이루어 마치 무슨 포르노 엽기소설을 읽는 듯하다. 이런 대목도 있다.

> 왕은 2년 3월에 예천군 권한공의 둘째 처 강(康)씨가 아름답다는 말을 듣고 호군 박이나적(朴伊喇赤)을 시켜 궁중으로 데려오라고 했는데 박이나적이 데려오는 중에 먼저 간통한 사실이 밝혀져 왕이 노하여 두 사람을 모두 때려 죽였다. 또 이해 8월에는 충숙왕이 한 선비의 처인 남씨를 강탈해 왕궁으로 데리고 와 간음하고 음행을 계속했던 그를 노영서(盧英瑞)의 처로 주었다. 그러나 왕은 남의 처가 된 그를 가끔 찾아가 다시 음행을 계속했다. 인륜으론 짐승이고, 의리로는 배신이었다.

충혜왕은 이런 음황한 행동으로 일단 폐위되고 충숙왕이 대신 즉위했다가 충숙왕이 죽자 다시 복위했다. 고려왕 자리는 원 황제궁에서 커다란 이권이었다. 문제는 그 이권이 바뀔 때마다 수많은 인재들이 '전왕파', '후왕파' 해서 무참히 살해되고 귀양을 감으로써 많은 인재의 손실을 가져왔다는 사실이다.

충혜왕은 도덕적으로도 패륜아이지만, 재물에도 매우 인색했다. 그의 외할머니 김씨가 늙고 병으로 죽음이 임박했다는 말을 듣자, 낭장 송명리(宋明理) 등을 보내 외할머니의 토지와 노비 문건 등을 회수해오게 하여 동리 사람들로부터 "아직 죽지도 않은 사람에게 그럴 수가 있느냐."며 비난을 샀다고 『고려사』는 적고 있다.

충혜왕은 성병 임질에 걸린 것으로 전해진다. 그는 한 번 간음하면 그 사람을 상대해서 연속으로 간음을 하는 성격으로, 이미 간음했던 홍융(洪戎)의 후처가 임질에 걸려 있는 것을 알자 의술을 아는 중 복산(福山)으로 하여금 임질을 치료해주도록 했다는 기록이 있다. 『고려사』(世家 3 충혜왕조)에는 왕이 정력제 열약(熱藥)을 복용해서 관계하는 여인들에게 이런 병을 옮긴 듯하다고 우회적인 표현을 했지만 정력제와 성병은 전혀 다른 것이다. 충혜왕은 몽고에 있을 때도 황제궁 사람들로부터 건달이라는 별칭을 들을 만큼 많은 외국 여인을 상대했으며, 고려에 귀국해서도 무절제하게 사가를 다니며 성행위를 했기에 임질에 걸렸을 가능성도 많다고 하겠다.

『고려사』에는 충혜왕이 간음과 강간을 했다는 말이 9회나 나오며, 사냥을 다닌 기록은 19회나 기록되어 있다. 간음과 강간은 은밀히 이루어지는 것임에도 공적 기록에 이같이 뚜렷하게 기록된다는 것은 보통일이 아니다. 또 사냥은 경우에 따라서는 며칠 간을 계속한 예도 있다. 그 사냥은 몽고 부인을 피하고 조선 여인을 데리고 가서 간음한 것이 대부분이다.

『고려사』는 고려의 정사(正史)이긴 하지만 이성계가 조선왕조를 창건한 후로 그 당위성을 강조하기 위해 고려의 혐을 많이 확대하였다고 볼 수도 있다. 그러나 없는 사실을 있다고 허무맹랑하게 거짓 사실을 기재했다고는 볼 수 없다. 이씨 조선이 『고려사』를 통해 고려의 비정을 확대하고 그로 인해 이조 건국을 합리화하려 했다면 우선 태조 왕건에서부터 이 원칙을 적용했어야 할 것이다. 그러나 태조의 많은 결혼은 긍정적으로 받아들인 듯 언급을 하지 않았다.

태조 왕건에 대해 『고려사』는 "태조는 왕위에 오른 후 김부(金傳. 신라 경순왕)가 항복해오지 않았고, 아직 견훤이 투항하기 전이었건만, 그는 고구려 동명왕(東明王)의 옛 강토를 우리나라의 귀중한 유산으로 확신하고 반드시 이를 석권하여 가지려고 한 뜻을 가졌다. 그 규모가 어찌 닭을 잡고 오리를 치는 거기에만 그쳤겠는가."라고 하여 왕건 태조의 포부는 고려가 고구려의 후신임을 확인하고 그 옛 강토를 회복하는 것이라고 했다. 태조 왕건의 건국이념과 포부를 이보다 더 미화할 수는 없는 것이다.

충혜왕에 대한 『고려사』의 비판은 원나라 황제가 그를 귀양 보낼 때 내린 유고와 『고려사』의 충혜왕 결론 부분에서도 나타난다. 원 황제는 원나라에 머물고 있던 충혜왕을 함거에 태워 귀양 보내면서 그 귀양 이유를 밝히는 글에 "그대 왕은 남의 윗사람으로서 백성들의 고혈을 긁어 먹는 것이 너무 심하였으니, 비록 그대의 피를 온 천하의 개에게 먹여도 오히려 부족하다. 그러나 내가 사람 죽이기를 즐겨하지 않기 때문에 이에 계양으로 귀양 보내는 것이니 그대는 나를 원망하지 말고 가라."고 했다.

또 『고려사』 충혜왕조를 끝내면서 결론으로 "왕은 성격이 호협하고 주색을 좋아하여 놀이와 사냥에 탐닉하였고, 부화방탕하여 절도가 없었으며 남의 처첩이 아름답다는 소문만 들으면 친소와 귀천을 가리지 않고 모두 후궁으로 데려온 것이 기백 명이 넘었고, 재리에는 털끝만한 것에도 이해를 타산하여 항상 영리하는 것을 일삼았으며 (…중략…) 회회족 집에 포(布. 돈의 밑천)를 주어 그 이자를 받아들였고 송아지 고기를 매일 15근씩 진상케 하였다."고 기록했다.

고려 후기 왕들의 통치를 보면 몽고의 귀족들과 어울려 사냥을 특히 좋아했고, 몽고는 일 년에도 여러 차례 "상당수의 숫처녀[童女]를 보내라."는 요구를 해왔다고 『고려사』는 기록하고 있다. 그러나 고려가 그 숫처녀를 어떻게 조달했는지, 또 몽고가 이들을 어디에 사용했는지에 대해서는 기록이 없다. 청나라가 이씨 왕조에 처녀 조달을 요구했던 때 『이조실록』에서처럼 상세히 기록하지 않고 있다.

후기 왕들은 왕으로의 자제력을 잃고 국민이나 조신들을 구타하는 악습까지 있었다. 충숙왕은 폭력으로 악명이 높았거니와 재위 3년 14세 때 독살당한 충정왕(忠定王)에 대한 『고려사』의 사후 평에는 "여자를 곁에 두고 자는 자가 있으면 문득 질투심을 내어 재상이라도 구타했으며, 때때로 철퇴를 가지고 사람을 거의 죽도록 때리기도 하였으며, 혹 겨울에 얼음물을 언 밥에 섞어 사람에게 먹이기도 했는데 그의 광패한 행동이 대개 이러하였다."고 했다.

충(忠)자 돌림의 몽고 혼혈왕들은 왕위를 하나의 이권으로 생각하여 원의 황제궁에서 왕 자리를 놓고 심한 갈등과 경쟁을 벌였다. 충자 돌림 왕들은 모두 몽고 이름을 가지고 있었다. 원의 궁중에서 한 왕이 옥쇄를 얻었다가 다시 빼앗기는가 하면, 심지어는 연금을 당하고 귀양까지 가는 일이 있어 왕으로의 체통을 바닥까지 상실하는 경우가 많았다. 왕들이야 본래 함량 미달이 많았지만, 그 아래에서 살 수밖에 없었던 백성들의 고충이 얼마나 컸을지는 상상만으로 부족하다.

이 문제에 대해 『고려사』는 "충렬왕, 충선왕, 충숙왕, 충혜왕의 4대는 부자 간에 서로 갈등이 생겨 심지어 원나라에까지 시비질을 하여 천하후세에 웃음거리를 남겨 놓았다."고 평했다.

고려는 초기에 서희 장군과 중기의 윤관 장군의 의기와 담력으로 중기까지는 독립적인 자세를 지킬 수 있었지만 중기에 등장한 무신정권 때부터는 국력과 나라 체제가 파탄 상태에 이르렀다. 몽고의 침략은 작은 나라로 어쩔 수 없는 일이라 하더라도 당시 충(忠)자 돌림의 혼혈왕들의 도덕적 타락은 조선족 전체에 부끄러운 유산이라 아니할 수 없다.

24 미친 개혁가(改革家) 신돈(辛旽)

　고려의 사실상 마지막 임금이 되는 공민왕(恭愍王)은 이상한 인연으로 신돈을 기용, 역사에 없는 풍파를 겪었다. 22세의 공민왕은 전례에 따라 몽고의 종실 여인 위왕(魏王)의 딸인 노국대장공주(보탑실리)와 1351년에 결혼했다. 그리고 그해에 왕이 되어 10월에 고려로 귀국했다. 그런데 이 여인과 결혼 8년 간 아이가 없자, 고려 종실에서는 고려 여인 중에 명문가 출신의 '애 잘 낳을 만한' 여인으로 비를 들이자는 논의가 한창이었다. 노국대장공주도 이 계획에 동의했다. 논의 결과 재상 이제현(李齊賢)의 딸을 궁중으로 맞아들였다.

　그러나 노국대장공주는 많은 질투를 느껴 식음을 전폐하고 누워버렸다. 그러던 중 노국대장공주가 임신을 하여 만삭이 되었다가 해산이 임박해서 절명했다. 노국대장공주는 공민왕이 두 번이나 왕의 기회를 놓쳤다가 늦게 왕위에 오르도록 힘을 썼을 뿐 아니라 왕으로서의 개혁 정책을 펴는데도 어려움을 극복토록 전력을 다해 내조했다. 공민왕은 등극 직전 강릉대군(江陵大君)에 봉해졌고 원(元)에 가서 숙위했다.

그는 즉위하자 반원(反元) 운동을 일으켜, 56년에는 몽고의 연호를 쓰지 않고, 호복(胡服) 등 몽고풍을 중지시키고, 변발(辮髮)을 금했다. 우리나라의 내정을 간섭해오던 정동행중서성정이문소(征東行中書省理問所)를 폐지하고, 100년 간 원의 직속으로 존속해온 원나라 쌍성총관부(雙城總管府. 함경남도)를 쳐서 국토를 확장했다. 원나라 순제(順帝)의 제2황후 기씨를 미끼로 국내에서 원을 엎고 권력을 행사하던 기철(奇轍) 가족 일당을 숙청했다.

기철 가족을 숙청한 반면 쌍성총관부의 실력자 조휘 가문과 탁청 후손의 가문, 전주에서 이곳 동북면 지역으로 이주해와 영흥에 정착하여 군사 1천 명을 거느린 장수로 있는 이안사 등을 포섭했다.

이안사는 당초 원에 충성을 보여 원의 남경 천호가 되어 몽고의 달루가치가 되었고, 이 집안은 부하 1천 명을 거느리는 천호와 몽고인이 아니면 얻기가 힘든 달루가치를 양손에 쥔 집안이 되었다. 그러다가 다시 원 집권 시대엔 천호와 달루가치를 겸해 동북면을 관할하면서 원의 영흥 지역 지배를 뒷받침했다. 이자춘(李子春)의 아들 이성계(李成桂)는 젊은 장수로 지략이 뛰어나 골수 친원파로 조선의 고려 공민왕을 만나 폐지되는 쌍성총관부로 쌍성 지역에 대한 지배력을 보증 받았다.

개혁의 길로 잘 나아가는 듯하던 공민왕은 원나라 부인 노국대장공주(魯國大長公主)가 죽자 식음을 전폐하고 3년 간이나 고기를 입에 대지 않았다. 왕은 의지할 곳을 몰라 자나깨나 방황하는 모습이 뚜렷했다.

왕은 노국대장공주의 그림을 붙여놓고 밥을 먹을 때도 그 옆에서 먹고 잠을 잘 때도 그 옆에서 마치 산 사람을 상대하듯 했다. 그래서 많은 사람들이 그가 정신착란증의 증세가 있다고 믿었다. 부인의 명복을 비는 불사를 일으켜 17군데에서 동시에 불사를 행하게 했다.

정치는 모두 신돈(辛旽)이라는 요승(妖僧)이 대행했다. 불쌍한 사람, 부당하게 땅을 빼앗긴 사람을 구제한다는 이유로 전민변정도감(田民辨整都監)을 설치하여 여기에서 불평불만이 있는 백성들의 신고를 받아 해결해주도록 했다. 신돈은 이러한 도감의 권한이 지방에까지 확산되지 않자 지방에는 사심관(査審官)을 두어 이를 대행케 했다. 이를 더욱 강력히 추진하기 위해 도사심관(都査審官) 제도를 추진했으나 왕은 이를 원치 않았다.

왕은 개혁 작업을 신돈에게 일체 일임했으며 이해 6월에 상장군 노숙(盧璹)이 환관의 아내와 간통사건이 발생하자 발기부전증(勃起不全證) 등으로 성(性)환자였던 왕은 크게 노해 "몽둥이로 800대를 치라."고 했다. 그런 후 한 달여가 지난 뒤 왕은 혹시 형리들이 노숙을 800대를 치지 않고 산 채로 방림했을지도 모른다는 망상에 사로 잡혔다.

왕은 갑자기 죽은 노숙의 무덤을 파헤치라고 명했다. 그리고 노숙의 목을 베어 매달도록 했다. 그래도 화가 덜 풀린 왕은 노숙의 죄를 제대로 다스리지 못했다며 헌부의 관원 민수생(閔壽生)을 여주로 귀양 보냈다.

왕의 심리상태는 정상이 아니었다. 이런 심리상태는 다시 신돈에게 꺼림직한 부담이 되었다.

그렇다면 공민왕과 신돈은 어떤 관계이며 어떻게 친해졌는가?

왕이 노국대장공주를 잃고 헤매고 있을 때 하루는 꿈을 꾸었다. 꿈속에서 어떤 사람이 칼을 빼어들고 왕을 찌르려고 쫓아왔다. 그런데 스님 한 분이 그 사람의 탈을 빼앗아 위기를 모면했다. 꿈을 깨니 전신에 땀이 비 오듯 젖어 있었다. 왕은 하도 이상하여 "참으로 힘든 꿈을 꾸었구나." 하고 생각하고 있었다.

그런데 왕의 외척이며 세도가 기현(奇顯)의 집에 드나들고 있던 김원명(金元命. 홍건적의 난 때에 왕을 호종해 2등공신이 됨)이 승려 한 사람을 소개하겠다며 신돈을 궁궐로 데리고 왔다. 공민왕이 얼굴을 보니 꿈에 본 바로 그 스님이었다. 그 순간 왕은 속으로 '아, 이 스님이 바로 나를 구해주실 분이구나.' 하고 생각했다. 사실 스님이란 복장과 삭발한 외모가 비슷하여 얼핏 보면 모두가 같은 인상을 주기 마련이다. 더구나 꿈에 본 스님이나 생시의 스님이 같을 수 있는 것은 있을 수 있는 일이다. 더구나 왕이 그에게 몇 가지 말을 걸어보니 말 또한 청산유수요, 왕이 생각하던 개혁과 국정 쇄신의 청사진을 그대로 밝히고 있었다. 왕은 속으로 '저처럼 깨달은 스님은 나라와 백성들에게도 천지의 묘법대로 가르칠 것이 아닌가. 그러면 저런 스님에게 정사를 위임하면 나라와 백성도 저 깨달음 속에서 지도하게 되겠구나. 더구나 자기가 구상하고 있는 반원(反元) 개혁을 이루어내고 두루 평온한 세상을 만들어내리라.'고 생각했다.

공민왕은 노국대장공주가 죽은 뒤 소위 말하는 대대로 벼슬을 한 세신대족(世臣大族)이나 새로 진출한 초야신진(草野新進)을 모두 왕권을 억누르는 기득권자로 보았다. 여기에 과거부터 왕족 주변에 머무는 승려들 모두가 쓸만하다고 보지 않았다. 왕은 속세를 떠나 혼자 사는 이세독립지인(離世獨立之人)을 얻어 왕의 주변을 크게 개혁하고 싶었다. 왕은 그제야 왜 자기가 그런 꿈을 꾸었는지를 깨달았다.

왕은 편조(遍照. 신돈)에게 왕사로서 세상일을 구제해주기를 요청했다. 그러나 편조는 왕에게 신앙을 주는 일은 무고하지만 왕의 정치일선에 함께 선다는 것은 위험한 일임을 알고 있었다. 또한 매골승(埋骨僧. 죽은 승려와 사찰인들을 매장하는 것을 직업으로 하는 승려) 출신으로 왕의 왕사를 맡는다는 것은 부담이 되는 것이기도 했다.

편조가 뒤로 물러서는 듯하자 왕은 더욱 몸이 달아 "내가 왕사님 앞에서 보증을 하리다." 하고는 당장 부하들에게 명하여 붓과 먹을 준비하라고 했다. 왕은 손수 붓을 들어 "사부는 나를 구하고, 나는 사부를 구하리라. 죽고 살기를 함께 해, 남의 말에 미혹됨이 없으리라. 이를 부처님과 하느님이 보고, 이 맹세를 지켜주리라."

이로써 공민왕과 신돈(전이름 편조)은 목숨을 함께 하는 개혁의 동지가 되었다. 공민왕은 신돈을 청한거사(淸閑居士)라 부르다가 사부(師父)라고 불렀다. 그리고 안동 출신 밀직재상인 김란(金蘭)의 집에 거하도록 했다.

김란은 왕명이 떨어진 신돈(辛旽)을 자기 집에 유숙토록 하면서 자기의 두 딸에게 왕사부님의 잠자리를 거들어 드리라며 두 딸을 신돈에게 바쳤다. 그 두 딸은 어느 사이 신돈의 첩이 되었다. 왕사부로서의 행동에 대해 많은 말들이 나왔다.

왕은 14년 12월에 우선 신돈에게 수정이순논도섭리보세공신(守正履順論道燮理保世功臣)이라는 벼슬을 내렸다. 바름을 지키고 도리를 따르고 도를 논하고 이치를 조화하고 세상을 보호하는 공신이라는 의미였다. 왕은 이어 영도첨의사사사(領都僉議使司使), 판중방감찰사사(判重房感察司使), 판서운관사(判書雲觀事), 취성부원군(鷲城府院君), 제조승록사사(提調僧錄司使)로 삼았다. 벼슬이 너무 많아 별도의 시록장을 가지고 다녀야 할 판이었다. 여하간 신돈이 승려와 음행, 오행 등 잡스러운 생활규범, 정무권, 군통수권, 감찰권, 재정, 행정, 정치의 모든 것을 관장하도록 한 것이다. 신돈은 왕의 대리인이며 분신이었다. 왕은 신돈의 복식 착용, 호위 병력을 왕에 준해 금위병 100명이 호위하도록 했다. 재상들은 신돈을 만나 상의해서 정무를 처리했다. 왕과 신돈은 왕과 신하가 아니라 친구였으며 왕은 신돈의 집을 자주 찾았고 둘은 함께 걸터앉아 이야기를 나누었다.

신돈은 왕이 자기 집을 자주 찾아오는 이유로 정무실을 아주 좁게 만들어 검소함을 보였다. 특히 여자들이 찾아오면 '방이 좁다'는 이유를 달아 겉옷을 벗고 속옷만을 입고 들어오도록 했다. 신돈은 이 속옷 부대를 품에 품고 몇 시간이나 그들의 사정 이야기를 듣고 정욕을 만끽했다. 가뜩이나 정조관념이 희박한 고려 여인들은 왕의 대행자인 신돈의 품에 몇 시간이라도 안겨 있고 자기 몸을 완전히 맡기를 즐겼다.

신돈은 전민변정도감(田民辨整都監)을 설치하여 부당하게 빼앗긴 토지를 찾아 백성들에게 돌려주고 선량한 백성으로 노비가 된 사람은 다시 평민으로 돌렸으며 잘못 관리한 재산은 가난하고 헐벗은 이들에게 나누어 주었다. 신돈이 그리는 이상세계의 실현이었다. 그러자 도처에서 활불(活佛)이 나왔다고 칭송이 대단했다.

이렇게 정무가 계속되자 많은 말이 나왔다. 그중에는 2만 1천 명의 군의 대부인 50세의 대호군 최영(崔瑩), 지휘관 유탁(柳濯)이 앞장서 토지와 노비를 빼앗긴 문신들의 불만을 대변했다. 특히 삼사판사(三司判事) 추충보절(推忠保節)의 신하들의 저항이 많았다. 신돈은 거구의 최영이 앞으로도 군대를 엎고 저항한다면 나라에 그 화가 클 것으로 생각했다. 이것은 신돈의 생각뿐 아니라 공민왕의 생각이기도 했다.

최영은 그간 홍건적분쇄, 왜구와의 싸움 등 크고 작은 내분을 소탕하여 국민에게 이름이 널리 알려졌다. 이것이 공민왕의 근심이며 신돈이 이를 대신해서 처리하려는 것이었다.

최영은 동서강(東西江)의 도지휘사(都指揮使)였다. 동서강이란 서강은 예성강(禮成江), 동강은 임진강(臨陣江)으로 수도 개경을 보호하도록 한 강을 말한다. 최영은 이곳의 지휘사로서 개경을 바다로부터, 다시 말해 왜구로부터 보호할 책임을 지고 있는 것이었다. 그런데 왜구가 침입을 했다. 왕이 최영에게 지시해 동강으로 나가 막도록 했으나 공교롭게 왜구는 최영이 도착하기 전에 태조 왕건의 묘인 창릉을 약탈하고 왕건의 영정을 떼어갔다. 왕은 진로하여 최영을 계림군(鷄林君)에 임명했다. 수도권에서 밀려난 좌천이었다. 그날부터 신돈의 개혁이 시작되었다. 임군보, 김란, 이춘부 등을 찬성사에 앉히고 일부는 죽이고 지방으로 추방했다. 특히 공민왕 4년에 최영은 체포당해 국문을 당했다. 국문의 고초는 전장에서의 고초보다 더 컸다. 그는 죽음의 코앞에까지 갔다가 간신히 죽음을 면했다. 최영은 동주(철원) 사람이었다. 그는 유배지에서 때가 오기를 조용히 기다릴 줄 아는 사람이었다.

최영의 숙청을 계기로 군부 강경론자들이 모두 제거되었다. 이제는 더 이상 신돈의 개혁에 걸림이 없었다. 어느 날 신돈이 자기의 관상을 보니 첩을 백 명 둘 팔자였다. 좁은 자기 정무실에서 사무실이 좁다는 이유로 청탁을 오는 고관대작부인들을 속옷과 겉치마만을 입고 들어오도록 하여 마음껏 농락은 하고 있지만 이러한 상대로 한 은밀한 관계로는 백 명을 채우기는 어려웠다. 신돈은 사찰본관에서 멀리 떨어진 백일기도 장소를 생각했다. 백일기도 장소의 마루를 특수하게 만들어 마루가 자동으로 한쪽이 꺼지게 만들고 자기는 그 밑에서 불공을 들이도록 하여 적당한 때가 되면 마루가 꺼져 신도가 자기에게 내려오도록 하는 특수 고안된 시설을 이용했다. 특히 아기를 낳아달라는 백일기도 부인들은 수없이 신돈의 아기를 낳았다. 그럴수록 영험하다는 소문이 퍼져 나갔다.

이 같은 성적 미혹은 공민왕도 마찬가지였다. 남성 구실을 못했던 공민왕은 남색주의자였다. 그는 궁 안에 자제위(子弟衛)를 설치했다. 그의 성도착증은 중증으로 깊어졌다. 자제위의 미소녀들과 미소년들을 혼음시키고 그 모습을 문틈으로 들여다보다가 그들이 절정에 이르면 불러내어 "나도 그렇게 해달라."고 시켰다. 그 결과로 자기가 정욕이 생기면 미소년을 데리고 가서 남색을 즐겼다. 왕은 또 자기가 손(孫)이 없자 미소년들로 하여금 자기 부인들을 간음케 하여 자기 부인이 잉태하면 자기 자식이라 하려 했다. 이들 자제위 소속 홍륜, 김홍경, 권진, 한안 등에 의해 부인 익비가 잉태하자 이를 자기 자식이라 하려고 동침한 홍륜과 자제위 소속 미소년들을 죽이려 했다. 그러나 이 비밀이 새어나가 이들이 만취 상태의 공민왕을 침실에서 죽였다.

고려 왕실의 성도덕은 이렇게 문란했다. 공민왕은 평소에도 "신돈의 노비 첩(반야)이 아름답다 하여 가까이 하였더니 나의 원자를 잉태했다."고 말했다. 아들을 낳자 '모니노'라 아명을 붙였다. 자기가 관계해서 신돈의 노비가 잉태했다는 공민왕의 말은 누구도 믿을 수 없는 말이라고 생각했다. 공민왕은 10세의 모니노를 왕의 후계원자로 삼아 강령대군에 봉했다. 모니노라는 아명도 우(禑)로 했다. 그는 즉위 전에 궁궐에 들어와 1374년 11월에 즉위했으나 신돈의 아들일 가능성이 크다는 이유로 이씨 조선 건국자 이성계 일당에 의해 폐위되어 강화도에 유배되었다. 그리고는 피살되었다. 공민왕은 죽기 전 우왕을 신돈의 노비의 아들이라고 할 수 없어 이미 죽은 궁인 한씨를 생모로 소개하고 한씨의 조상을 벼슬에 추존하는 연극을 했다.

신돈의 이러한 모습은 권력과 성에 취한 세속의 한 단면을 보여주는 것이었다.

제3부

25 임진왜란

이씨 조선은 북으로부터의 호란(胡亂)과 남으로부터의 왜란(倭亂)으로 수난을 겪었다. 호란은 중부의 일부지역에 2달 간 국한된 것이라 해도 임진왜란은 전국에 걸쳐 7년 간 계속된 것으로 그 처참함이 비할 데 없었다.

"와 돌격이다! 돌격……."

울산성(蔚山城)을 둘러싸고 있던 고니시 유기나가[小西行長] 휘하의 왜적들은 뒤이어 오던 본대가 부산성을 하루 만에 점령했다는 소리를 듣자 자신들도 큰 공을 세워야겠다는 전의에 불타 돌격 시간만을 기다려 오던 차다.

전체로는 돌격이지만 개개인들은 전혀 다른 생각을 하면서 돌격 대열에 끼여 있다. 가토 기요마사[加藤淸正] 부대의 와타나베[渡邊]는 돌격

소리와 함께 허리에 찬 칼을 다시 한 번 힘껏 쥐어보는 것이다. 이 칼은 와타나베 선조의 한 사람이 가마쿠라[鎌倉] 막부건립에 참여하여 시라가와궁[白河宮]을 치는 보원(保元)의 난 때에 적군 16명을 베었다는 전설과 함께 와타나베 집안의 가보(家寶)로 전해오고 있는 것이다. 와타나베는 아버지로부터 이런 이야기와 함께 이 칼을 받으면서 이번 전쟁에서 무슨 일이 있든지 이 칼로 16명 이상을 베어 칼의 면목을 바꾸겠다고 속으로 결심을 했다.

와타나베는 진격해보니 조선 군인은 볼 수조차 없고 조선 백성은 밭에 심어놓은 무나 배추와 같아 목표인 16명 이상을 벤다는 결심을 쉽게 달성할 수 있을 것 같아 안도했다.

구로타 나가마스[黑田長政]를 따라온 가와타[川田]는 영주의 거실 청소부로 일하면서 느꼈던 부러움을 다시 한 번 기억했다. 거실을 청소할 때마다 영주는 책장 옆에 둔 크고 흰 항아리 앞에는 얼씬도 못하게 하면서 "저것은 조선에서 건너온 백잔데 일본에서는 아무리 많은 돈을 주어도 구할 수가 없는 물건"이라고 말했다. 가와타는 그 말을 잊을 수가 없다.

이번에 마침 군 편제에 따라 보물부에 배속되었으니 '무슨 수를 쓰더라도 최소 항아리 몇 개는 품고와 아들놈 공부방에 놓아주리라' 굳게 마음먹었다.

야마나카[山中]는 이들과는 약간 다른 생각을 한다. 무로마치[室町] 정권이 쇠약해진 뒤 오다 노부나가[職田信長]를 거쳐 도요토미 히데요시[豊臣秀吉]가 천하통일을 하기까지 근 1백여 년 간 내전을 치른 일본에서는 처녀 총각들이 결혼할 기회를 잃어 국민들은 집단 성 욕구 불만 히스테리에 걸려 있었다. 25세라는 이 늙은 총각은 조선 여자라면 싫건 좋건 끼고 누워 풀어보지 못한 성욕을 마음껏 충족시키리라는 환상을 갖고 있다. 전쟁의 공포보다 내전에 시달려온 이들의 이러한 엉뚱한 나름대로의 욕심을 전쟁이라는 미친 시간을 통해 충족시키려 하고 있었다.

허약한 성문을 부수고 욕심으로 얼굴을 벌겋게 상기시키면서 일본 군은 칼을 빼어 들고 "와" 하는 함성과 함께 성안으로 쳐들어갔으나 이게 웬일인가. 이들과 맞서 싸워야 할 조선 군대는 한 사람도 보이지 않고 백성들만이 무엇인지 모를 짐을 이고, 지고, 소를 끌며 울면서 이리저리 방황하고 있는 것이었다.

일본 군대는 주인 없는 짐승을 대하듯 여자는 잡아서 장소를 가릴 여지도 없이 집 마당이나 동리길 옆에서 집단 능욕을 했다. 심지어 밭에서 김을 매는 여인까지도 밭에서 능욕했다. 남자는 그들이 저항을 하느냐의 여부와 관계없이 닥치는 대로 칼로 치고 찌르고 무술 연습을 하듯 한바탕 횡포를 부렸다. 집에 뛰어 들어가 여인이 있으면 집단 능욕이요, 남자면 칼로 쳐 죽였다.

와타나베는 이날 하루에 울산거리를 방황하는 조선인 5명을 해치웠다. 그러면서 속으로 생각했다. 이런 식으로 나가면 최소 한성에 갈 동안 한 20명은 쉽게 베겠구나. 다만 아쉬운 점은 군인은 없고 흰옷 입은 허약해 보이는 백성들뿐이라는 것이었다.

조선인들이 사는 집들은 대부분 비어 있었다. 빈 집을 수색하여 귀중품이나 양식이 있으면 약탈을 한 후 그 집을 떠날 때는 불을 질렀다. 분풀이 겸 증거를 없애는 통쾌함에서다. 동리마다 연기로 가득했다.

울산에 있던 경상좌병사(慶尙左兵使) 이각(李珏)은 부하들로부터 "왜군 군함이 수백 척 부산포에 상륙했다."는 말을 듣고 겁부터 더럭 났다. 그는 "우선 성을 나가 전세(戰勢)를 파악해야겠으니 추호도 동요 말고 자리를 지켜라."고 그럴듯하게 명령을 하고 가솔을 이끌고 서둘러 성 뒷문을 통해 무조건 북쪽을 향해 내달렸다. 부하들은 이 병사가 전세 파악을 위해 나간다는 말만 믿고 아우성치는 성안 백성들의 모습을 보면서 자리를 지켰으나 이 병사는 성을 나간 후 행방이 묘연해졌다. 군인들과 좌 병사의 아전들은 서로 눈치를 보아가며 한둘 자리를 떴다. 그런 사이 울산성은 오도 가도 못하고 가끔 비명을 지르며 "아이고, 아이고 어떻게 살아." 하며 울고 있는 백성들만 남았다. 이 백성들을 시퍼런 칼을 차고 미치듯 날뛰는 와타나베 같은 일본 군대 앞에 아무 대책 없이 몽땅 내주고 말았다. 정작 싸워야 할 조선 군대는 한 사람도 보이지 않자 왜군은 뺀 칼을 어떻게 다시 칼집에 넣느냐면서 애매한 백성들만 베었다. 김해, 언양, 울산성은 어느 동리를 막론하고 대개 이런 식으로 살인과 약탈, 폭행과 방화로 인해 하루아침에 재로 변했다.

4월 18일(일본군이 부산포에 상륙한 것은 4월 13일) 적군이 밀양의 황산성(黃山城)을 공격하였다. 부사 박진(朴晉)이 신주만 안고 성을 빠져나와 영남루 앞을 바라보았다. 왜군이 인가에 불을 지르며 인축(人畜)을 죽이고 빼앗아가며 부녀를 능욕함이 마음대로였다(『征蠻錄』).

왜군들에 의한 만행은 일반 국민과 특히 포로로 잡혔다가 속환되어
온 사람들의 가슴 속 깊이 사무치게 운한으로 뭉쳐졌다. 『정만록』의
포로들의 체험기에는 이런 만행이 솔직하게 기록되어 있다.

> 상주(尙州)에 살던 하락(河洛)은 영남의 명사인데 그들 부자가 대부인을
> 모시고 처와 자부와 함께 피난 중에 왜적을 만났다. 적은 먼저 부인을 잡
> 고 항복하라면서 부자를 목 베이고는, 자부를 보리밭에 끌고 가서 10여 명
> 의 적이 집단으로 욕을 보이고 놓아 주었다. 풀려나자 자부는 목을 매어 죽
> 었다.
> 왜적들은 여자 하나를 잡으면 굶주린 짐승처럼 30~40여 명이 몰려들어
> 윤간을 했다. 왜적들은 윤간을 하면서 떠들고 웃으며 이를 재미로 삼았다.

일본 왜적은 이런 만행을 저지르며 부산에 상륙한 뒤 파죽지세로
서울을 향해 북진을 계속했다. 일본군의 진격 소식이 전해지는 곳마
다 관청과 관군은 싸울 준비는커녕 도망칠 준비로 뒤죽박죽이 되었고
그럴수록 백성들의 동요는 한층 더했다.

이미 치안이 없어지자 각 동리의 건달들은 때가 왔다는 듯이 평소
눈여겨 두고 있던 처녀와 부녀자들을 끌고 노골적인 만행을 저질렀
다. 사대부집 머슴들은 날이 기울어 인적이 끊기면 "내가 마님을 엿본
지가 6~7년이 되었소."라며 거칠 것 없이 사대부집 마님과 며느리, 그
리고 어린 딸까지 범행의 대상으로 삼았다. 옥천의 한 마을에서는 상
머슴과 새끼머슴이 주인집 여인들을 한 방에 몰아넣고 여러 식구들이

보는 가운데서 여인 한 사람 한 사람을 불러 만행을 하고 주인아저씨가 소리를 지르고 야단을 친 것에 앙심을 품고 왜적이 들어오자 왜적을 안내하여 또 윤간케 했다는 이야기도 전해졌다.

거침없이 북진을 하던 왜군에게 충주에선 약간의 저항이 있었다.

26 조선 8도에서 가장 겁 없는 사람

"일본군이 쳐들어온다."

이 한마디에 남해안 모든 촌락의 기관장들이 마을과 성채를 버리고 도망쳤다. 왜군들은 무인지경을 달리듯 북상을 계속했다. 부산성이 떨어지고 동래(東萊)가 적군 수중에 들어갔다는 말이 전해지자 낙동강 이동의 육군을 책임지는 경상 좌도병마절도사 이각(李珏), 양산군수 조영규(趙英圭), 밀양부사 박진(朴晉) 등 주요 고을의 책임자들과 방어에 근간이 될 군대 간부들이 모두 도망쳐, 나라의 방어는 미처 손쓸 사이 없이 무너지고 있었다. 조정은 할 수 없이 천하명장이며 겁 없기로 소문난 북병사(北兵使) 신립(申砬)을 불러 방어에 투입할 수밖에 없는 형편이 되었다. 신립 장군은 함경북병사(咸鏡北兵使)로 있었다. 관직에 있을 때 늙은 부모를 모신다는 이유로 사직서를 내자, 왕은 '현직에 있으면서 노부모를 근처에 모셔다가 봉직하며 부모를 봉양하라'는 각별한 호의를 베풀 정도였다.

함경북도 온성(穩城)부사로 있을 적에 두만강 일대에서 여진족 니탕개(尼蕩介)의 반란을 평소 육성했던 마군(馬軍)을 이용, 과감히 물리쳐 국가적 영웅으로 부각된 신립 장군이었다. 신 장군이야말로 나라의 근간이요, 중추로서 이 위급함을 막아낼 유일한 인물로 부상되었다. 신 장군 자신도 이러한 국가적 위기에 흔쾌히 참여하겠다고 나섰다. 그는 서울의 관문격인 충주(忠州)에서 왜군의 진격 저지에 나섰다.

이에 앞서 신립 장군은 두만강 일대에 주둔하던 오랑캐를 소탕하여 함경북병사(咸鏡北兵使)가 되었고, 뒤이어 평안병사(平安兵使)가 되었다. 생김생김에 위세가 당당하여 평인은 감히 그를 잘 쳐다보지도 못했다. 그가 왜군 저지를 위해 출전하려고 서울 근교에 이르자, 선조왕은 몸소 나아가 맞이했다. 장군에게 나이가 찬 딸이 있다는 말을 듣고 왕은 자신의 넷째 아들 신성군(信城君)의 배필을 삼아 며느리로 받아들인 바 있었다. 왕은 그가 북쪽에서 올 때에 그의 군복에 핏자국이 있음을 보고 자신의 옷을 벗어 입게 했다. 그에 대한 기대와 이를 전기로 하여 패전을 승전으로 역전시키려는 왕의 의도가 강했다.

신립 장군이 충주로 떠날 때 왕은 자기가 찬 칼을 끌러 주면서 격려했다. 정규군은 대부분 흩어졌거나 병역에 갈 장정들이 허위로 군포(軍布)를 바치고 병역 면제를 받고 있어 떠날 때 긴급 소집에 응한 군인은 불과 8,000명이었다. 한량까지 모으고, 의사(醫司)의 군인도 모으고, 무기고에서 병기를 꺼내고, 조신(朝臣)들이 타던 말을 내놓아 가까스로 말을 조달했다.

그는 당쟁(黨爭)에 직접 참여는 안 했지만 인맥으로는 서인(西人)에 가까워 동인(東人)이었던 유성룡(柳成龍)의 견제를 받았다.

그가 4월 27일 도순변사로(都巡邊使)로 임지에 도착해서 채 진도 짜기 전에 왜군은 이미 26일 조령(鳥嶺)을 넘어 충주 시내로 침투하기 시작했다. 그는 장기인 마군으로 왜군을 짓밟으려 했다. 그 전략 아래 조령과 죽령(竹嶺), 추풍령(秋風嶺)을 이어 심도 있는 방어선을 형성하고, 왜군의 선봉을 여기서 일단 멈추게 하려는 구상을 했다. 그러나 현지에 도착하니 조령에서 이미 순변사(巡邊使) 이일(李鎰) 장군이 후퇴한 뒤였다. 방어선은 그의 도착 전에 이미 붕괴되어 있었다. 그는 이일 장군의 목을 벨까 하다가 용서하고, 앞면으론 탄금대(彈琴臺)의 물논과 벌판, 뒤로는 남한강과 달촌(達川)을 끼고 있어 퇴로가 없는 곳에 진을 쳤다.

신 장군의 탄금대 진영은 앞으로 나아가지 못하면 뒤로는 더 밀릴 수가 없어 적을 무찌르고 나아가느냐 아니면 물속으로 들어갈 수밖에 없는 '전부' 아니면 '무' 라는 극단적 진지였다. 그래서 배수진(背水陣)이란 말이 나온 것이다. 이 진을 펼칠 때에 일부 부하들은 이를 재고토록 건의했지만, 신립은 듣지 않았다. 그는 성격이 강직하고 굳세어 한번 '아니다' 하면 그것으로 끝이었다. 그는 한때 정언신(鄭彦信)의 부하로 있었는데 그가 정여립(鄭汝立) 모반에 연루되어 모두가 접촉을 피할 때도 당당히 접촉을 하며 정씨 부인에게 문안까지 올렸고, 절대로 편법이라든지 임기응변 등의 일시적 수단으로 처리하는 법이 없었다.

배수진을 치는 그의 의중엔 또 하나의 구상이 있었다. 그것은 '옥쇄

(玉碎)'였다. 실패하면 이 진안에서 죽는 것이었다. 후퇴한다든지 비껴 갈 생각은 아예 없었다. 대구에서 조선군은 이미 패했고, 상주에선 이 일이 어이 없이 패했다. 적군을 여기 충주에서 잡지 못하면, 그들은 2~3일 안으로 새재(鳥嶺)나 이화령(梨花嶺)을 통해 서울에 도달할 것 이다. 그러면 상감은 신변을 수습할 여유도 없고, 이 나라의 사직은 위험에 노출될 수밖에 없다. '충주 싸움에선 적을 잡든지 최소한 시간 을 끌어야 한다.'는 것이 신 장군의 생각이었다.

신립은 배수진을 친 채 적군을 맞았다. 3배나 많은 왜군들, 더구나 그들은 사정거리와 관통력에 있어 조선군의 화살에 비교가 안 되는 조총(鳥銃)으로 무장했다. 조선의 군대는 농민군으로 불리는 훈련도 안 된 상태여서 불리한 여건이 한둘이 아니었다.

조선군의 앞에 서서 벼락같은 소리를 지르며 창과 칼로 10여 명의 왜적을 치고 찌르고 하던 신 장군은 어깨와 팔에 부상을 입었다. 갑자 기 손과 팔에서 힘이 빠지고 팔을 들 수가 없었다. 창을 들어 찌르려 해도 창이 곧게 나가지 않았다. 그럴수록 이마에서는 땀이 흘러 눈을 뜰 수가 없었다. 전신이 땀으로 목욕을 하다시피 했을 뿐 아니라 옷이 땀에 젖어 살에 감기는 바람에 팔을 마음대로 움직일 수조차 없었다. 팔에 조총을 맞은 것이었다. 갑옷이 갑자기 무겁게 느껴졌다. 그러는 사이 적의 사격 목표가 된 그는 온몸에 수도 없이 조총 탄환이 박혀 더 이상 몸을 움직일 수가 없었다.

'내 일찍이 오랑캐와 수십 차례를 싸웠지만 이렇게 땀을 흘린 일이 없었는데, 이러다가 내가 죽는 것이구나!' 생각하니 너무나 원통하고 답답했다.

임금에게 보답도 못하고 왜적들이 자기 머리를 베어놓고 승전가를 부를 것을 생각하니 욕되게 죽을 수는 없다는 생각이 들었다. 푸른 탄금대 물결이 눈에 들어왔다. 신 장군은 부하들에게 "열심히들 싸워줘서 고맙소. 내가 먼저 감을 용서하시오."라는 말을 남기고 물로 뛰어들었다. 그는 물속으로 가라앉는 말 위에서도 생각을 계속했다. '그렇다. 나의 목을 놓고 승전가를 부를 왜적의 무리를 생각하니 추하게 죽을 수는 없다.' 그는 가슴속의 단도를 꺼내어 스스로 목을 찔렀다.

신 장군이 강물로 뛰어드는 순간 후방에서 예비군을 지휘하던 김여물(金汝岉) 장군도 뒤따라 강물로 뛰어 들었다. 충주목사(忠州牧使) 이종장(李宗長)과 조방장(助防將) 변기(邊璣) 등도 남은 군인들을 지휘하며 장렬하게 싸우다가 순직했다. 탄금대 전투에선 대부분 조선 군인들이 순직했다. 용장(勇將) 밑에 약졸(弱卒)은 없었다.

이것이 임진왜란 때 거의 유일하게 적군과 맞서 장렬한 전사를 한 조선 최고의 육지 명장 신립과 김여물 장군의 순국 모습이었다. 비록 패할 수밖에 없는 전장에서 패장으로 끝났지만 그의 용기와 감투력, 그리고 나라에 대한 충성심은 강감찬, 을지문덕 등 역대 명장과 함께 조선 육군사(陸軍史)에서 기억될 인물이다.

신 장군의 전사와 함께 조선군의 대패 소식이 전해지자 선조를 비롯한 조정은 마지막 기대가 무너짐에 큰 충격을 받았다. 모두가 다시 도망갈 궁리로 들썩였다.

후에 신 장군의 아들 신경진(申景禛)은 인조반정(仁祖反正)을 주도하여 광해군을 몰아내고 공신의 작위를 받았다.

탄금대 전투에서 신 장군의 패사(敗死)는 많은 국민들에게 애석함을 주어 특히 충주 지방을 중심으로 12개의 전설이 이어 내려오고 있다. 전설은 대부분 그의 죽음과 패전을 안타깝게 생각하여 이를 전설 속에서 보완해주는 내용이다. 이는 또 다른 민심이기도 하다. 주요 내용은 다음과 같다.

신립 장군이 사냥을 나갔다가 날이 저물었다. 길을 찾다보니 큰 기와집이 있었다. 문을 두드리니 한참 만에 아름다운 여인이 나와 문을 열어주면서 오늘만은 잘 수가 없다고 했다. 이유를 물으니 귀신이 나와 집 식구들을 다 잡아갔는데 오늘 밤엔 딸인 자기가 마지막으로 잡혀갈 차례라 했다. 신 장군은 귀신 문제는 내가 해결하겠다면서 그 밤을 자고 가기로 했다. 밤 12시가 되자 요란한 잡소리와 함께 귀신이 나타났다. 귀신들은 신립이 마루에 서 있는 것을 보자 깜작 놀라 도망쳤다.

다음날 아침 신 장군이 떠나려 하니 그 여인은 자신도 데리고 가 달라고 애원을 했으나 신 장군은 거절하며 길을 떠났다. 한참을 가다가 뒤를 돌아보니 집은 불에 타고 있는데 그 여인이 지붕 위에서 입에 칼을 물고 불속으로 뛰어 내리는 모습이 보였다.

그 여인의 원망의 혼이 신 장군이 싸울 때에 패하는 길로 이끌었다는 내용이다. 신 장군이 그 애처로운 여인을 거두어주지 않은데 대한 원망이다.

충주 근교에 떠도는 전설로 다음과 같은 것이 있다.

① 화상(畵像) 전설 : 신립은 물에 띄어 들었으나 죽지 않고 수영으로

1km를 가서 창동의 바위(마애석불)에 원통한 자기 얼굴을 그린 뒤, 붉은 피로 색칠을 했다(마애석불에는 붉은색이 있음).

② 열두대(彈琴臺, 12臺) 전설 : 신립 장군이 왜군을 무찌르기 위해 화살의 열을 식히기 위해 탄금대를 12번이나 오르고 내렸다.

③ 옥관자(玉貫子) 전설 : 신립의 시신은 찾지 못했다. 그 후 금색의 큰 잉어를 잡았는데 그 배속에 옥관자가 있었다. 감정해보니 신 장군의 것이었다.

④ 갈마혈(渴馬穴) 전설 : 전쟁이 끝난 뒤 한 준마가 합수나루의 마을 입구에서 굶어 죽었다.

⑤ 상사(相思)바위 전설 : 신 장군을 흠모하는 한 여인이 여기서 투신 자살했다.

⑥ 신립 장군과 원혼(怨魂) 전설 : 신립 장군을 사랑하던 혼백이 원망의 혼이 되었다.

27 왕은 도망 준비만 급급

특히 겁이 많고 몸이 허약하여 세자에게 일찍 왕위를 넘겨줄 생각을 간절히 했던(신하들과 세자의 반대로 실현되지 못했음) 선조왕은 앞장서 도망 준비를 하라고 서둘렀다. 늙은 신하들이 나서 왕이 허둥지둥 도망갈 준비만 하려는데 제동을 걸었다.

"주상께서 수도를 버리시면 이 나라는 망하고 맙니다." 울음으로 만류를 했으나 이미 후궁들이 서둘러 도망갈 채비를 하고, 가솔들이 "흉측한 적에게 잡히기라도 하면 그 대책을 누가 세워 주느냐."면서 왕을 재촉했다. 그리고 보따리를 싸는 바람에 왕도 독야청청 혼자 버틸 수는 없었다. 그러나 신하들에게는 "걱정 마라. 내가 유도대장(留都大將)이 되어 수도를 지킬 것인즉 경들은 근심하지 말라."고 엄하게 선언했다.

그러나 충주가 적의 손에 떨어지고 믿었던 신립(申砬) 장군마저 패했다고 하니 왕은 더 이상 버틸 자신이 없었다. 금시라도 적군들이 문을 열어젖히고 눈앞에 쏟아져 들어오는 환상이 자꾸 머리에 떠오르며 겁이 났다. 왕은 점점 겁이 나서 수도에 남아 전투를 지휘한다는 유도대장이란 말은 점점 머리에서 잊혀졌다. 유도대장이란 목숨을 내걸고 싸워야 되는 것인데, 거기까지는 생각해본 일도 없었다. 피난을 가려니 그런 사람을 찾아야 한다는 생각에서 그냥 해본 소리였다. 그런 말을 했다 해서 책임을 지는 것도 아니니 손해 볼 것은 없다는 생각이 얼핏 떠오른 것이었다.

이씨 왕가 500년 동안 수없는 전쟁을 겪었으나 대부분 왕들이 그랬던 것처럼 전사(戰死)를 무릅쓰고라도 국토와 백성을 지킨다는 독립국가 군주로서의 기개와 용기는 없었다. 그러면서도 왕실을 500여 년 간이나 지켰다는 것은 중국에게 사대(事大)를 한 덕이었고 그 사대의 근성은 때로는 중국으로, 또 어떤 때는 일본으로, 그리고 미국과 소련으로 나라를 바꾸면서 오늘까지 악의 유산처럼 이어져오고 있는 것이다.

왕이 파천의 뜻을 밝히자, 신하들은 울면서 "전하께서 수도를 떠나신다는 것은 이 나라와 만백성, 그리고 태조대왕 이래 2백 년을 지속해온 이 나라를 버리신다는 것이니 파천 의사를 철회해주시옵소서." 모두가 통곡을 하며 만류했다.

종친들도 몰려와 왕의 파천에 적극 반대했다. 다만 전 영의정 이산해(李山海)만이 긍적적이었다. 그리곤 언제나 온건파며 왕당파인 좌찬성 유성룡(柳成龍)의 건의를 마음속에 새겼다.

유성룡은 "왕이 만에 일이라도 불행하게 적에게 잡히어 사직의 문을 닫는 것보다는 우선 피했다가 후일을 기약하는 것이 종묘 사직을 위해 백 번 나은 일"이라고 건의했다.

왕은 황해도감사를 지낸 최흥원(崔興源)과 안주목사를 지낸 이원익 (李元翼)을 따로 불러 "경들이 그곳에서 일할 때에 주민들의 신임을 얻었으니 미리 떠나 그곳으로 가서 민심을 안정시키고 나라의 형편을 잘 설명해주게."라고 타일렀다. 말하자면 미리 그곳으로 가서 주민들이 혹시 난동이라도 벌이지 않게 단속을 잘 해달라는 당부였다.

왕은 4월 29일 새벽 2시 빗속에 행장을 꾸려 말을 타고 뒷문을 통해 주요 대신과 수행원 수십 명을 이끌고 북으로 출발했다. 세자도 말에 올랐으나 수행원은 열 명도 되지 않았다. 그나마 왕비는 가마꾼들이 제대로 갖추어져 있지 않아 가마를 버리고 통곡하는 궁녀들을 뒤로한 채 도보로 대궐을 나섰다. 아무리 난을 피해 야밤에 달아나는 행각이라 해도 2백 년 사직을 가진 군주로서는 너무도 초라한 피난길이었다. 왜군이 부산에 침입한지 16일 만이었다.

왕이 수도를 탈출한 사실이 알려지자 시민들은 분노와 허탈로 대궐에 몰려가 보물과 귀중품을 약탈했다. 노예문서를 관장하는 장예원(掌隸院)과 형조(刑曹)를 불사르고 난동을 부렸다. 관원들은 모두 도망쳐 밤이 되었으나 대궐은 불도 켜지 않은 채 어둠속에 빈 집으로 내팽겨졌고, 나인과 경비인도 모두 자취를 감추었다. 이 통에 장례를 준비하던 덕빈(德嬪)의 시체는 행방불명이 되었다(끝내 찾지 못했다).

5월 4일 왜적들은 수도 한성을 접수하면서 인적도 없고 관원도 없어 한참을 내탐한 뒤 한 사람도 남아 있지 않는 것에 오히려 놀라워했다. 일본 군인들과 부대 지휘관들은 2백 년 된 한성을 점령하려면 상당한 군인들이 죽을 수밖에 없을 것으로 생각했었다. 높은 성에 그 뒤로 병검을 정연히 하고 늘어섰을 군인들을 연상했던 고니시 부대와 가토 부대원들은 텅 빈 수도의 모습에 놀랐다. 왕이 피난을 하기 전에 수도를 지킬 유도대장, 수성대장(守城大將), 군인으론 도원수(都元帥), 부원수(副元帥) 등을 임명했지만, 그들 모두는 왕이 피난길에 오르자마자 자취를 감추었다. 그 어마어마한 직함들은 부하와 함께 도망치는 와중에서 백성을 약탈하는 수단 구실밖에 되지 않았다. 군인과 관원들이 사라지니 백성들은 불안해서라도 집에 있을 수가 없었다. 그들은 이고 지고 아이들의 손을 잡고 남산과 북악산으로 올라가 숨었다. 남은 것은 거지와 버리고 간 개들뿐이었다(서울의 함락 모습은 『이조실록』 26권에 사실적으로 기록되어 있다).

왜군들은 부산에 침입한 4월 13일로부터 20일 만에 조선 수도를 무혈 점령했다. 점령이라면 지나친 군사 용어다. 점령이 아니라 주인 없는 물건을 병졸 한 사람의 희생도 없이 공짜로 주은 것이다. 이것이 조선의 실상이었다.

일본에서 성(城)이 점령당하면 성주는 자결을 하든지 항복을 하는 관례에 익숙해온 왜군들은 백성을 버린 채 고관들과 왕만 도망친 데에 의아심을 갖기도 했다(『이조실록』). 이들은 그 뒤에도 왕이 계속 북으로 도망치는 데에는 아연 놀라워했다.

조선은 144년 뒤인 1636년 병자호란 때에 북에서 침략해온 청나라 여진족에게 수도를 9일 만에 점거된 것과 좋은 대조를 이루는 것이었다. 임진왜란이란 표현은 그럴 듯하지만, 실질적인 교훈은 없었다. 내 힘으로 내 나라를 지켜야 한다는 확고한 의식 없이 적군이 쳐들어왔다 하면 우선 나만이라도 도망치고 보는 것이 이씨 조선, 그 후 6·25 때까지 관습이 되었다.

임진강을 왜병이 건넌 후 개성을 거쳐 평양에 도착한 임금 일행은 "더 이상 파천을 하지 말아달라."는 신하와 백성들의 진정에 대해 임금은 "너희들의 의견에 따르겠다."고 확약을 했다.

그러나 임진강을 넘어 왜군이 개성을 함락하자 왕은 다시 겁을 먹고 의주로 가기를 지시했다. 이번에도 신하들이 만류했으나 임금은 서둘러 의주로 피난했다.

왜군이 평양을 점령하자 임금은 압록강을 건너 중국으로 가자고 했다. 임금이야 몇 사람을 데리고 쉽게 갈 수 있지만, 백성들은 난폭한 적군에게 내맡겨지는 것이었다. 중국으로 피난을 가는 문제에 대해서는 많은 신하들이 이론을 달았다.

"내 나라에서는 형편에 따라 이동을 할 수 있는 것이지만, 남의 나라에 들어간다는 것은 그 나라의 허락을 받아야 함은 물론, 이것은 내 나라를 완전히 버리는 꼴"이라며 통곡으로 반대했다.

그러나 왕은 "황제의 나라에 가서 죽을지언정, 왜군의 손에는 죽지 못하겠다."며 거듭 망명을 지시했다. 임금은 수행원과 왕비 일행을 간출히 축소한 다음 요동으로 가기로 결심하고 신해(辛亥) 일에 요동 지방관에게 망명의 공문을 보내게 했다. 왕은 육지로 못 가면 바다로 가면 되지 않느냐며 계속해서 망명을 지시했다(이 중국 망명 기획은 『이조실록』에 상세히 기록되어 있음).

임금은 가산(嘉山)에 있었다. 임금은 평양에서 적군이 곧 들이닥칠 것으로 판단했음인지 이번엔 의주(義州)로 가자고 했다. 예부터 지도자 복이 없는 조선 백성이지만, 적군에 밀려 싸움 한 번 해보지 않고 도망만 치는 이런 임금의 통치 아래 있을 때보다 더 복이 없을 때는 드물었다. 더 이상 갈 곳이 없게 된 임금은 마지막 수단으로 요동에 망명할 것을 결심하고, 요동 지방관에게 통고하는 등 적극적으로 나섰다.

그런 한편 두 왕자 임해군(臨海君)과 순화군(順和君)을 함경도와 강원도(순화군은 후에 함경도의 임해군과 합쳤음) 쪽으로 각각 보내 백성을 순무시키고 모병을 하게 했다. 두 왕자와 수행 신하들은 회령부(會寧府)로 갔다. 두 왕자 일행은 이곳에서 조선인 아전 출신의 국경인(鞠景仁) 일당에게 포박되어 일본 장수 가토 기요마사[加藤淸正]에게 넘겨졌다. 두 왕자는 전쟁이 화의로 끝날 때까지 일본 군영에 억류되어 끌려 다니면서 때로는 주먹이나 몽둥이로 얻어맞는 등 갖은 고생을 했다.

함경도 아전이 두 왕자를 포박하여 왜군 장수에게 넘길 수 있었던 것은 함경병사 한극함이 자기의 두 딸을 가토에게 바치고 조선을 칠 여러 계책을 알려주는 등 친일 태도를 보였기 때문이었다(한극함은 전쟁이 끝난 뒤 조선 조정에 의해 처단되었다. 한극함을 본받아 생원 진대유도 자기 딸 둘을 왜장에게 보냈다. 『이조실록』).

일본이 조선을 점령하고 있는 동안 자기 딸까지 받쳐 부를 누리려는 자가 있는가 하면, 첨지 성세념이라는 자는 일본군이 들어오자 약삭빠르게 그들에게 붙어 '경기감사'라는 임명장까지 받았다.

28 약탈을 목표로 짜인 일본군

　왜군은 조선 침략 전에 이미 군대 편제를 전투부대와 특수부대로 짜놓았다. 특수부대는 도서부(圖書部), 공예부(工藝部), 포로부(捕虜部), 금속부(金屬部), 보물부(寶物部), 축부(畜部) 등으로 나누어 조직적인 납치와 약탈을 계획했다. 봉건 제도 아래에 있던 일본의 영주(다이묘[大名])들은 조선에서 각 분야의 전문가들을 잡아갈 구상으로 혈안이 되어 있었다. 특히 구주 지방은 조선 포로로 인해 도자기 기술이 일본에서 제일 가는 원인이 되고 있다. 19세부터 전투에 참가하여 용맹을 떨친 시마즈 요시히로[島津義弘]는 귀국길에 전북(全北) 남원성(南原城)에서 도자기공 80여 명을 납치해가 일본 구주(九州)의 도자기 공업을 일으키는데 큰 도움을 주었다(姜沆의 『看羊錄』).

　점령군 총대장인 우키다 히데이[宇喜多秀家]는 경복궁안의 교서관(校書館) 주자소에 보관되어 있는 활자와 인쇄 기구를 약탈하여 도요토미 히데요시에게 바치고, 도요토미 히데요시는 이를 다시 천황에게 바쳤다. 천황의 이 재산은 대장군 도쿠가와 이에야스[德川家康] 가문에 보관되어 있다가 우여곡절 끝에 현재는 동경대학 부설도서관에 보관되어 있다. 일본은 이 금속활자를 본받아 자기들도 금속활자를 만들었다. 이 같은 국가적 보물의 약탈과 함께 군인들 개개인이나 부대 단위로 약탈해간 도자기, 오차그릇, 서화 등은 현재 후손들이 보관하고 있던지, 지역 박물관이나 지역 대학에 기증되어 있다.

일본 군대에 설치되었던 공예부가 이 일을 맡았다. "벌써 일본 전함에서는 너나 할 것 없이 남에게 뒤질세라 재보(財寶)를 빼앗고 사람을 죽이며 서로 쟁탈하는 모습들, 도저히 눈뜨고 볼 수조차 없다"(일본 종군스님 게이넨[慶念]의 정유재란 참전 종군기록. 「壬辰亂 從軍記－朝鮮日日記」).

임진왜란 때에 포로가 되었던 조선 선비 강항(姜沆, 1567~1618, 전남 영광 출생)의 『간양록』 섭란사적(涉亂事迹, 환란생활의 기록)편을 보면 강항과 그의 무리가 도착한 일본의 장문주(長門州)의 하관(下關) 일대에서 일본인들이 시 한 수, 글 한 폭이나 조선 문화재를 얻기 위해 돈까지 주는 등 열심이었음을 보여준다. 강항은 포로로 있는 중에 후지와라 세이카[藤原惺窩]와 아카마쓰 히로미치[赤松廣通]와 교분을 쌓았고 학문적 영향을 주었다. 이 두 사람은 일본 주자학의 개조자가 되었다.

일본의 장수들은 대개 글을 몰라 스님을 종군에 동반하여 의술, 길흉화복의 점, 다도, 글 통역을 하도록 했다. 게이넨 스님도 이런 연유로 종군을 했다.

조선인이 얼마나 포로로 잡혀 갔는지는 정확한 기록은 없다. 전쟁이 끝나고 포로교환 협상이 있었지만 일본 측이 조선 포로를 숨기고 내놓지 않아 실효성 있는 교섭이 되지 못했다. 그러나 여러 저서들을 종합해보면 수만 명이 될 것임을 알 수 있다. 강항의 『간양록』에는 "적이 본인을 사족(士族)으로 인정하여 본인과 형, 그리고 아우를 일제히 결박하여 무안현(務安縣)의 한 바다모퉁이 낙두(落頭)로 끌고 갔다. 그곳에는 적선 600~700척이 있었고 우리나라 남녀가 각각 왜놈과 반반씩 되었다. 이 배 저 배에서 부르짖고 우는 소리가 산과 바다를 진동시켰다."[1]

『간양록』은 다시 "일본에 당도해보니 우리나라 남녀로서 전후에 잡혀온 사람이 무려 천여 명은 훨씬 넘어보였다. 금방 온 무리들은 밤낮으로 마을과 거리에서 떼 지어 다니며 울고 있다. 진작 와서 있던 패거리들은 돌아갈 길이 막혀서인지 거의 왜놈이 다 된 성싶었다(賊中封疏)."라고 기록하고 있다.

이 글에서 강항은 일본에 머무는 동안 조선 선비들인 동래의 김우정(金禹鼎), 하동의 강사준(姜士俊), 강천추(姜天樞), 정창세(鄭昌世), 함양의 박여즙(朴汝楫), 전시습(全時習), 무안의 서경춘(西景春)들과 모여 시문도 짓고 일본인들에게 글과 시문을 가르쳤다. 이 조선 선비들은 또 조선 사람을 죽인 후 그 코와 귀를 베어가 만든 귀무덤 '이총(耳塚)'의 축문도 지어 제사를 지내기도 했다. 조선 문인들이 일본에서 문단활동을 할 수 있었다는 것이다.

---

1 姜沆, 『看羊錄』. 이 『간양록』 중 「賊中封疏(적국에서 임금께 올리는 글)」에 있는 글. 『간양록』은 강항이 포로로부터 석방되어 실제 체험을 기록한 것임.

이렇게 모인 선비들은 대개가 눈앞에서 가솔과 어린 자식들이 물에 빠져서, 혹은 굶어서, 또는 왜적의 칼과 창으로 죽는 참혹한 모습을 본 기억을 가지고 있었다(강항은 1600년 5월 5일 제자들의 도움으로 탈출, 귀국했다). 왜군들이 조선 포로를 잡아가는 모습에 대해 게이넨은 다음과 같이 회고한다.

> "들도 산도 섬도 모두 다 불태우고 사람을 쳐 죽인다. 산 사람은 금속줄과 통대나무로 목을 묶어서 끌고 간다."
> "조선 아이들은 잡아 묶고, 그 부모는 쳐 죽여 갈라놓으니 다시는 볼 수 없게 된다. 남은 부모 자식의 공포와 탄식은 마치 지옥의 귀신이 공격해오는 때와 같이 공포와 서러움 속에서 몸을 떨고 있다."
> "이곳(경북 永川)에 체류하는 동안 젊은이를 많이 잡아들였는데 잡아들인 자는 수없이 많다."

　　조선 사람들을 잡아가는 한편 침공 때의 가와나가[川中]가 '가문의 살인기록을 세우겠다'고 벼른 것처럼 현장에서 일본 칼의 연습용 죽임을 당한 조선인들은 헤아릴 수 없었다.

　　정유재란 때에 전주 일대는 조선 백성들의 최고 명절인 8월 15, 16일에 왜병들에게 함락되었다. 현존 기록인 『이조실록』에는 이 일대 도시의 함락 사실에 대해 "전주와 남원 등이 함락되니 백성들이 공포와 두려움으로 마음이 없어져 인근 마을에서도 도망치는 자가 많고 한데 모아지지 않고 있다."는 정도로 기록하고 있다.

　　그러나 이 부분에 대해 게이넨은 "여기 전주(全州)를 떠나가면서 가는 도중의 벽천에서 남녀를 불문하고 죽인 참상은 차마 두 눈으로 볼 수 없는 처참한 모습이었다. 길을 가는 중에 칼에 베여 죽는 사람의 모습이여! 오지(五肢)가 제대로 붙어 있는 것이 없을 정도구나."라고 기술했다. 『이조실록』엔 차마 그 처참함을 다 기록하지 않고 있지만, 그 사실이 어떠했는지는 일본 측의 기록으로 알 수 있다.

병졸들의 칼 연습으로 상당한 조선 인명이 사라졌다. "팔과 다리에 칼로 난도질을 했다는 구체적 표현이었다."(게이넨의 「종군기」) 그래서 백성들이 무서워했고 도망쳤음을 느낄 수 있다. 이 기록 이상의 처참함이 또 있었다.

도망치던 왜병들은 죽이는 것도 실증이 나서 조선 사람의 코와 귀만 베어 갔다. 베어낸 코와 귀는 소금에 절여 부대장을 통해 일본의 도요토미 히데요시에게 보고되어 전과를 확인했다. 확인한 뒤에는 한데 모아 땅에 묻어버렸다. 이것이 오늘까지 전해오는 이총(耳塚)이다.

29 이윤이 많이 남는 조선 포로 매매

포르투갈 상인들의 요구로 노예 값이 많이 나갈 젊은 포로를 우선
으로 잡았다. 게이넨의 「종군기」는 생생하게 포로 매매에 대해 쓰고
있다.

일본에서 온갖 상인들이 왔는데 그 중에 사람을 사고 파는 자도 있다. 본
진의 뒤에 따라 다니며 남녀노소 할 것 없이 사서 줄로 목을 묶어 끌고 간다.
잘 걷지 못하면 뒤에서 지팡이로 몰아 붙여 두들겨 패는 모습이 지옥 사자가
죄인을 잡아들이는 것도 이와 같을 것이다.

일본과 마카오 관할 천주교 교구신부였던 루이 코웨리오(Luis Cerquerira)
신부는 다음과 같이 회상한다.

배가 들어오는 항구인 나가사키[長崎]에 인접한 곳의 많은 일본인들은 포
로를 사려는 포르투갈 사람들의 의도를 떠보고, 또 그들에게 조선 노예를

팔기 위해 법석이다. 일본 사람들은 여기에서 매매할 조선 노예를 사려고 일본의 여러 지역으로 돌아다녔다. 조선인이 이미 잡혀 있는 지역에서 그들을 소매로 구매하는 한편 일부는 조선인들을 포획하기 위해 조선으로까지 갔다.

조선인 매매는 그만큼 이윤이 남는 장사였다. 임진왜란 때의 조선인 노예문제는 서양인들의 책에도 언급되어 있다. 옥스퍼드대학의 석좌교수였던 토마스 넬슨(Thomas Nelson)은 그의 『중세 일본에서의 노예문제(Slavery in Mediyeral Japan)』라는 책에서 "제수인 제단에서는 정당하지 않은 전쟁에서의 포로는 노예로 할 수 없다는 것이 제수인의 입장이었다."면서 "일본인들이 임진왜란에서 수많은 남녀포로들을 데려와 노예로 파는 것은 정당하지 못하다는 견해를 보였다."고 포로의 노예화는 인정하기 어렵다고 썼다. 제수인 제단은 "임진왜란은 포로를 잡을 수 있는 정당한 전쟁이 아니다."라는 견해를 가지고 있었다.

그는 이어 "포르투갈이 지배하는 마카오의 큰 선박에 의해 일본이 수없이 많은 조선의 전쟁 포로들을 일본 나가사키로 가지고 와서 싼값에 시장과 일본인들에게 팔면, 포르투갈 상인들은 이들을 재구입해서 국제 노예시장에 판다."고 하고 "포르투갈이 전쟁 지역에 단독으로 배를 운행하지는 않는다."고 했다.

일본인들은 포획 과정에서 많은 조선 사람들을 잔인하게 죽였고, 일본에 데리고 들어오기가 불편할 때에는 중국(마카오) 배에서 이 포로들을 포르투갈 상인들에게 팔았다. 조선인들은 포르투갈 상인들에게는 이윤이 많은 인기 무역 상품이었다. 일본군의 여러 부서에서 최고

인기 부서는 포로부(捕虜部)와 보물부(寶物部)였다. 특히 포로부는 포르투갈 상인들과 전쟁 전에 이미 조총 두 자루에 포로 한 명으로 교환 약정이 되어 있기 때문에 모든 다이묘들이 숫자 확보에 경쟁이 치열했다. 포르투갈은 조총 대금으로 포로를 확보했는가 하면, 상업적 차원에서 스스로 포로를 사서 이를 다시 유럽에 파는 노예 무역을 했다.

한 이탈리아 신부의 기록을 보면 팔린 노예는 이탈리아에서 성을 코레아(COREA)라고 쓰기도 했고, 조선 노예의 대량 공급으로 인해 국제 노예값이 하락했다고도 전해진다. 조선에 침입한 일본군 숫자가 대략 17만 명이었으니 그 절반이 조총으로 무장을 했다면 일본이 자체적으로 대금을 지불하고 나머지 조총 결재용으로 필요한 조선 포로 수는 10여 만 명이라는 계산이 나온다. 여기에 일본 자체가 필요로 하는 도자기, 금속 기술자, 기타 숙련공을 합치면 적어도 10만 명 이상을 포로로 잡아갈 계획을 세웠다고 보여진다. 실제로 각종 기록들은 조선인 포로가 대략 10~15만 명이었을 것으로 추산한다.

포르투갈 상인들은 임진왜란 전에 조선에도 조총을 팔러 왔다. 그런데 매매대상의 노예가 없던 조선에서는 조총 값이 비싸고 현금 지불이 어려워 흥정조차 제대로 하지 못했다. 싸움이 많았던 일본은 임진왜란 전에도 영주와 무사 계급들이 천민을 사서 값을 지불하고 이 총을 사기 시작했다. 제수인 제단은 일본 내전에서 노예로 잡은 포로는 노예로 팔기에 정당하다고 했다.

도요토미 히데요시는 1586년 포르투갈의 루이 코웨리오 신부에게 여러 질문을 하는 가운데 "포르투갈 사람은 왜 일본인 천인을 사서 해외로 실어 나르는가"라는 대목이 있다(김희영 엮음, 『이야기 日本史』).

조선과의 조총 흥정이 제대로 이루어지지 않은 것은 첫째 조선은 일본과 달리 조총 값을 사람으로 대용하지 않고 돈으로 값을 치루려니 비쌌다. 둘째 조선 지도자들이 조총의 위력과 효용성을 제대로 파악하지 못했다.

조선 지도자들은 조총의 작은 탄환으로 먼 거리의 사람을 겨누어 맞춘다는 것은 활보다 훨씬 어렵다고 판단했다. 이들 지도자들은 차라리 몽둥이로 싸우는 것이 좋다고 임금에게 건의했으며, 선조왕도 "그래, 몽둥이가 낫다."고 맞장구를 쳤다(『이조실록』). 조선 임금이나 지도자들은 조총(鳥銃)이 활보다 거리와 명중률에 있어 5배나 더 위력이 있다는 것을 모르고 있었던 것이다.

잡혀간 포로들은 포르투갈 상인들에 의해 일부는 해외로 팔려나갔다. 나머지는 일본에서 기능공(특히 도자기공)으로 살았거나 군대에 가고, 또 일부는 천민으로 살았다.

30 명군(明軍), 조선 영의정까지 꿇어 앉혀

관군(官軍)과는 반대로 눈 속의 매화처럼 도처에서 의병(義兵)을 일으켜 목숨을 돌보지 않은 사람도 많다. 영남의 곽재우(郭再祐)와 정인홍(鄭仁弘), 호남의 고경명(高敬命), 김천일(金千鎰), 호서의 조헌(趙憲)과 함경도의 정문부(鄭文孚) 등이다. 의병을 일으킨 인물들은 여러 종류이지만, 군인이 아닌 유학을 공부한 백면서생이나 선비들, 특히 스님의 신분으로 승병을 일으킨 휴정(休靜)과 유정(維政) 두 분은 조선에서 호국불교(護國佛敎)의 시발이 되었다.

전쟁의 전말을 보고하고 중국 명(明)에 구원병을 요청했으나 명나라 궁궐에서는 '조선이 그렇게 쉽게 무너지는 것은 조선이 오히려 일본 앞잡이가 되어 길을 인도하고 있는 것 같다' 는 의심까지 있어 쉽게 파병이 이루어지지 않았다.

조선은 중국의 '속국(屬國)' 이 되겠다는 약속을 하면서 연이어 사신을 보내 애타게 구원병 파견을 요청했다.

조선의 이러한 간청을 받아들여 명나라는 12월 25일 군사를 일으켜 한국계 장군 이여송(李如松)으로 하여금 1차로 4만 8천 명의 군사와 2만 6천 마리의 말을 이끌고 압록강을 건너게 했다(이때 조선 조정이 이여송에게 보고한 자료에 의하면 조선 군인은 모두 170,000명으로 기록되어 있다).

조선은 명나라 군대를 '큰 나라 군사'라는 공식 명칭을 붙여 존대했음에도 중국 군대의 진입은 또 다른 재난의 많은 문제를 일으켰다. 수만 명이 들이닥치니 우선 그들을 함께 먹일 양식이 부족했다.

명나라 군대들은 군량이 떨어졌다면서 우리 조정에게 "우리가 너희 나라에 온 것은 목숨을 내걸고 싸우러 왔는데 너희들은 먹을 양식조차 준비하지 않았으니 말이 되느냐."고 호통을 치고 대신들의 볼기까지 쳤다. 이여송은 왕을 대신하는 체찰사 유성룡, 호조판서 이성중, 경기 좌(左)감사 이정형에게 야단을 치고 이들 영의정과 대신들을 뜰아래에 꿇어 앉혔다. 그리고는 군법을 시행하겠다(사형에 처한다는 뜻)고까지 했다. 유성룡은 어쩌다가 우리가 이렇게 되었는가 생각하니 저절로 눈물이 나서 울었다고 한다(유성룡 지음, 임진왜란의 기록, 『징비록(懲毖錄)』).

조선의 영의정까지 꿇어 앉혔을 정도이니 명군의 행패는 알만 하다. 그들은 부대마다 조선 여인 10여 명씩을 억류해서 끌고 다녔다. 모두가 민가의 아낙네들이었다. 조선 측이 이를 만류하면 명군들은 "너희 조선이 잘못해서 우리가 여기까지 목숨을 걸고 왔다. 여자 조달도 못하느냐."면서 도리어 호통이었다. 포천에서는 끌고 다니던 조선 여인 15명이 심신이 피곤하여 기동을 제대로 못하자 먹을 것도 주지 않고 산에 버리고 간 일도 있었다. 명나라 군대들은 구원병이 아니라 점령군 이상이었다.

이여송은 또 유성룡이 명나라가 추진하는 휴전을 반대한다는 이유로 체찰사 겸 영의정인 그를 잡아다 곤장 40대를 치라고 부하들에게 명령하기도 했다. 그러다가 유 체찰사가 도착하니 이여송은 분에 못 이겨 부들부들 떨다가 엉뚱한 하인에게 곤장 100대를 쳐 끌어냈다.

명군은 육군뿐 아니라 이순신(李舜臣) 활약으로 위상이 높아진 수군에서도 같은 조선군 모독 사건이 횡행했다. "나는 진린(陳璘. 명나라 수군 제독. 한국 구원병 수군 5천 명의 책임자)의 군사들이 조선 수령을 거리낌 없이 때리고 모욕하는 것을 보았다. 찰방 이상규의 목을 밧줄로 묶어 끌고 다녀 얼굴에 피가 철철 흘렀다. 역관에게 풀어주도록 권유하라고 했으나 그들은 듣지 않았다."라고 이순신은 회고하고 있다.(『난중일기(亂中日記)』)

이런 창피 속에서나마 명군은 불촉 화살로 평양성을 공격, 적의 머리 1,285개를 베고, 말머리 2,585개를 베었으며, 포로로 잡힌 조선인 남녀 1,115명을 구출하면서 평양성을 탈환했다. 탈환하는 과정에서 명나라 군대는 3,000명이 목숨을 잃었다. 그러나 탈환한 평양성에 조선 군인은 일체 발을 들여놓지 못하게 했다. 그래서 조선 군인들은 성 밖에서 있어야 했고 성을 탈환하면서 무슨 일이 있었는지, 성을 점거하고 있으면서 왜군들과 어떤 일을 했는지 알 수가 없었다.

오늘날 북한이 만약 붕괴되면 중국군과 미국군은 북한으로 들어가겠지만 한국군은 휴전선 이북으로 가지 못하도록 되어 있는 것으로 알려졌다.

평양 수복 때 이미 명나라와 일본 간에는 강화의 말이 오고 가는 중이어서 패한 왜병의 상당수를 명(明)군이 살려 보냈다는 뒷이야기도 있고, 서울과 평양 탈환 때 왜병의 신변을 보호한다는 조항이 강화조건 중의 하나라는 이야기도 있었다. 명나라가 자기들 전략대로 하기 위해 조선 군인들의 입성을 막았다는 이야기다. 하여튼 이렇게라도 평양성을 탈환해준 데 대해 선조왕은 명의 황제가 있는 북쪽을 향해 감사의 뜻으로 울면서 5번 절을 했다.

4월 20일엔 수도 한양(漢陽)을 수복했다. 지역에 따라 아직 전쟁이 계속되고 있긴 했지만, 임금이 공식적으로 수도로 돌아온 것은 무려 5개월 뒤인 10월 1일이었다. 이 한양 수복도 싸워서 한 것이 아니다. 19일에 왜병들이 모두 철수를 한 뒤였다. 조선엔 강화 내용을 일체 비밀에 붙였지만 전쟁의 진행 상황으로 보아 무언가 두 나라 간에 내통이 있음이 분명해졌다. 전쟁 당사자이며 제일의 피해자인 조선은 돌아가는 내용도 모르고 있었다.

400여 년 뒤인 6 · 25 직후 한국 전쟁 때도 같은 현상이 되풀이되었다. 한국은 미국과 중국이 어떤 내용으로 휴전 협정을 하는지도 몰랐던 것이다.

"수복한 한양엔 사람과 말의 죽은 시체가 너무 많아 길이 안 보일 정도였고 성안의 백성은 백에 하나도 없었다. 관청과 집들은 모두 비어 있거나 불에 타 있었다. 날이 더워지자 시체 썩는 냄새로 코를 들수가 없었다."고 유성룡은 『징비록』에 기록하고 있다.

왜병은 앞에서 명나라 군대가 급하게 추격하지 않고, 뒤에는 있어야 할 조선 군대는 그림자도 없어(명나라 군대가 공격을 못하게 했음) 여유있게 철수했다.

31 이순신, 동양 최고의 명장으로 재평가

임진왜란 때의 명장 이순신(李舜臣, 1545~1598)의 전공과 활약은 우리가 너무나 잘 아는 바다. 다만 그 전과에 비해 인간 이순신이 어떤 사람인가가 흥미의 대상이 될 것이다.

이순신은 책임감이 강한 사람이었다. 그는 난이 일어나기 1년 전인 1591년 유성룡의 천거에 따라 정읍(井邑)현감에서 전라좌수사가 된 후에 그가 어떻게 전쟁에 대비한 활동을 했는지를 보면 알 수 있다. 그는 우선 전라좌수영 지역의 지형을 알기 위해 매일 배를 타고 책임 지역을 순시했다. 순시하면서 현지의 현감 아전들과 같이 그곳에 오래 근무하던 사람들을 만나 실정을 듣고 대비책을 세웠다. 그는 우선 수많은 섬 주변의 물살이 빠르다는 점을 인식, 대비에 나섰다.

온 국민들은 최근 천안함(天安艦)의 폭파와 수장된 선미(船尾) 및 선수(船首)가 30일 후에야 인양되어 사고 본질에 가까스로 접근했으며 조류에 무리를 하면 죽기까지 한다는 사실을 처음 깨달았다. 잔잔한 듯한 바다도 내부에선 엄청나 속도로 물이 흐르고 있다는 무서운 사실을 우리는 오늘에야 알았다. 대략 남서해에선 조수가 들어올 때엔 8~12미터까지 물이 들어온다. 그러다가 4시간 정도를 통해 들어 온 물이 1시간 정도 정조(停潮)했다가 다시 4시간 안에 모두 나간다. 그 넓은 바닷물이 10여 미터 들어왔다가, 나가기 위해 움직이는 물의 양은 가히 천문학적 양 이상이다. 그 엄청난 양의 물은 표면적으론 일제히 온화하게 들어왔다 나갔다 해 움직이는 것이 아닌 것처럼 보인다. 그러나 바다 밑의 물은 해저 골짝을 따라 움직이기 때문에 급히 빠지거나 들어오는 곳은 마치 기차가 달려가듯 세차고 빠른 급류를 형성한다. 억센 해군 구조대원들도 접근할 수 없을 만큼 엄청난 힘의 물살이다.

이러한 급류는 방향이 일정한 것도 아니고 부유물과 벌흙이 엉켜서 시야가 어둡기 마련이다. 이런 양상은 특히 섬 주변에서 훨씬 강하게 나타난다. 조용한 듯한 바다 밑에서는 이처럼 무서운 광경이 연출된다. 우리는 이 사실을 이제야 알았지만 전라좌수사에 임명된 이순신 장군은 부임 후 좌수영 내를 순시하면서 이러한 '물길'을 파악했다. 이러한 물길을 이용, 여기에 쇠사슬을 매고 위급한 경우에 이를 잡아당기면 어떤 배라도 여기에 걸려 난파될 수밖에 없다. 이순신 장군은 이러한 준비로 부임한 뒤부터 봉화를 수리하고, 섬주변의 물살 빠른 곳에 쇠사슬을 잡아매는 작업을 실시했다.

임진년 초 2일 『난중일기(亂中日記)』에는 "동헌에서 공무를 보았다. 쇠사슬을 걸어 매는 데 쓸 크고 작은 돌 80여 개를 실어 왔다. 활 10순

(巡. 화살 50개)을 쏘았다."고 했다.

2월 25일

25일 흐리다. 사도진의 여러 가지 전쟁 장비를 살펴보았더니 결함이 많았다. 군관과 책임을 맡은 서리들을 처벌하였다. 방비가 다섯 진포 가운데서 제일 못한 데도 잘 되었다고 장계를 올렸다. 죄를 제대로 검사하지 못하니 쓴 웃음이 나왔다.

2월 26일

아침 일찍 배를 띄워 개이도에 이르니 여도의 배와 방답의 배가 나와서 기다렸다. 날이 저물어서야 방답진에 이르렀다. 서로 인사를 한 다음 무기를 점검하였는데 장편전 가운데 하나도 쓸만한 것이 없어 참으로 걱정스러웠다.

3월 23일

아침에 흐렸다가 저녁에는 맑았다. 보성에서 보내와야 할 배 만들 판자를 아직도 납부해오지 않았기 때문에 다시 공문을 띄워 색리를 잡아 들였다. 순천에서 잡아 보낸 소국진(蘇國進)에게 매 80대를 때렸다.

3월 27일

날씨가 맑고 바람조차 없었다. 아침을 일찍 먹은 뒤 배를 타고 소포에 갔다. 쇠사슬을 가로질러 걸어 매는 것을 감독하며 하루 내내 기둥나무 세우는 것을 보았다. 그리고 거북선에서 대포 쏘는 것도 시험해보았다.

초 6일

진해루(鎭海樓)에 나가서 일을 마친 뒤에 군관들에게 활쏘기 훈련을 시켰다. 아우 우신(禹臣)과 전별(餞別)하였다.

이순신의 『난중일기』는 대략 이런 식이었다. 여기에서 볼 수 있는 것은 그가 원칙주의자로서 사소한 어김도 묵과하지 않았다는 것과 그는 일과를 수영 내의 순시와 자신을 포함하여 해전에서 주력 무기인 활쏘기를 권장했던 점이 특별히 눈에 띈다. 그리고 병선의 수리와 건조를 위해 송판을 징발했고 거북선을 만들어 그곳에서 대포도 쏘아보고 하는 등의 실전 연습에도 열심이었다. 특히 이장군은 병선상태, 화살, 무기 손질 등에 게을리 하지 않아 언제나 출전 채비를 하고 있었다. 이렇게 보면 그의 해상 승리는 우연한 것이 아니고, 물길까지 섬세하게 점검하여 공격과 후퇴의 여울을 정확히 파악하고 있었다는 점에서 당연한 것이었다.

이순신은 바다의 무서운 힘을 알았고 이를 이용하여 적군을 치는데 철저히 이용할 준비를 미리 하고 있었다. 그러기에 명장이었고 자연의 힘을 이용한다는 점에서 누구도 당할 수 없었다.

이순신의 일기는 그 한 사람의 행각을 적는데 그친 것이 아니라 당시의 사회상, 특히 난을 당한 국민과 관의 태도와 사고를 함께 느낄 수 있다는 점에서 중요한 의미를 갖는다. 일본군이 1592년 4월 15일에 부산에 닿았다. 왜적이 침략을 시작하자 조선의 분위기는 어떠했는가를 이순신은 『난중일기』에 기록하고 있다.

4월 29일
　전라 좌수영과 인접한 남해 미조항, 상주포, 곡로, 평산포 등 네 진의 현령, 첨사, 만호 등에게 군사와 병선을 정비하여 길목에 나와 기다리라고 특별한 공문을 만들어 이언호(李彦浩)를 시켜 달려 보냈다. 그런데 이언호가 돌아와서 한 보고에 의하면 "남해 현성 안의 관청 건물과 여염집들이 거의 비어 있고 집안에서 밥 짓는 연기도 나지 않으며, 창고의 문은 거의 열려 곡식은 흩어졌고, 무기고의 병기도 모두 없어졌습니다. 마침 무기고의 행랑채에 사람이 하나 있기에 그 사유를 물어보니 "적이 급박하게 닥쳐오자, 온 성안의 사졸들이 소문만 듣고 도망했으며, 현령과 첨사도 따라 도망하여 간 곳을 알 수 없다"고 대답했습니다."

5월 2일
남해 현감과 미조항 첨사, 상주포, 곡포, 평산포, 만호 등이 왜적에 대한 소문을 듣고는 벌써 달아났고, 무기 등 온갖 물자도 죄다 흩어져 남은 것이 없다고 했다. 참으로 놀랄 일이다.

임진왜란은 이같이 왜적이 온다는 말만 듣고는 모두 도망치기에 바빴다. 임금과 지방의 장수들 지방 장관들이 모두 미리 도망치기가 우선이었으니 관의 기강과 백성을 돌보는 책무는 누구에도 없었다. 남는 것은 올 데 갈 데 없는 백성뿐이었다. 이런 나라에서 농사를 짓고 애를 낳아 기르고 북에서나 남에서나 적이 쳐들어오면 목숨을 내놓고 있어야 하니 조선 백성의 목숨은 누구도 보전해주지 않는 물건이었다.

이순신의 승리 기반은 엄한 기강과 장수로서 병법대로 '죽으려 하면 살고 살려고 하면 죽는다'는 신조로 조금도 흔들림이 없는 지휘태도에 있었다. 그는 큰 싸움에 나갈 때는 병법의 엄중함을 한 번 더 강조해서 부하 장수들에게 경각심을 높였다.

5월 16일 이순신은 영랑해전을 앞두고 부하들을 모아놓고 병법과 군법을 설명한 뒤 전투장에 나섰으며 전진을 어물어물하며 늦추는 거제 현령 안위에게 배 위에서 "안위야 군법에 죽고 싶으냐? 네가 도망가면 어디로 가겠느냐."면서 독려를 했고, 중군(中軍) 김응함에게로 가서 "네가 대장을 구하지 않고 피하기만 하니 너는 처벌 대상이나 한 번 기회를 준다."고 하여 두 배가 앞서 나감으로 승리의 기선을 잡았다. 이순신은 크게 보며 잘게 관찰하는 대관소찰(大觀小察)을 하는 장수였다.

이순신은 동료들과는 술도 잘 마셨고 일이 있을 때마다 어머니 생각으로 번민했다. 비록 꿈을 꿀 때에도 꿈을 풀어 어머니의 안위와 건강을 알아보려고 했고, 그 해몽으로 어머니를 그리며 눈물도 많이 흘렸다. 그런가 하면 아들의 사망 소식에는 식음을 전폐하다시피 슬퍼하는 다정다감한 면모를 보였다.

한마디로 인간 이순신은 전쟁에 임해서는 치밀한 준비와 대책을 세우는가 하면, 부하를 지휘함에는 무섭고 원칙에서 물러서지 않았다. 그러나 어머니를 모시는 아들로서, 그리고 아버지로서의 인간 이순신은 연약하기 그지없었고 눈물이 많은 심약한 사람이었다.

그의 치밀한 대책은 누구도 생각지 않는 선견지명이다. 21세기의 조선 해군도 쉽게 접근하지 못하는 조수의 힘과 이를 400년 전에 벌써 작전에 이용했다는 천재적 발상, 여기에 쇠줄까지 얽어매는 준비에 그의 천재성이 있었다고 보아야 할 것이다. 이순신의 인간과 바다에 대한 지식, 그리고 관리로서의 자세 등을 종합한 기록이 400년을 지난 오늘, 외국인들에 의해 나왔다.

중국, 일본에서 보는 이순신

"아시아 역사를 바꾼 이순신"

이라는 제목으로 1990~1998년의 8년이라는 시간에 걸쳐 중국학자 5명, 일본학자 7명, 그리고 일본사관학교(육사, 해사) 출신 장교 및 중국인민 박물관장, 한국 해군사관학교 장교들의 도움으로 책이 발간되었다. 총 32권이라는 방대한 양이다.

책 내용은 크게 6부분으로 나뉜다.

(1) 이순신 장군의 생애(이순신은 누구인가)   5권

(2) 일본 장수가 본 이순신   2권

(3) 명나라가 본 이 순신   1권

(4) 1500~1600년 시대의 조선과 일본 그리고 명나라   10권

(5) 이순신과 임진왜란   5권

(6) 도요토미와 이순신   2권

이렇게 역사적 사실을 근거로 한 내용이 25권, 그리고 역사적 근거로 가설을 붙인 내용이 7권이다.

와키자카가 본 이순신

이 중에서 특이한 것은 일본 장수가 본 이순신이라는 2권의 책인데, 이순신 장군이 남긴 『난중일기』처럼 일본 장수들도 이순신에 대

한 기록을 남겨놓은 것이 많다. 그중에는 와키자카와 도도, 두 수군 장수의 기록들이 특히 많다고 한다.

와키자카의 후손들은 자기 조상의 기록을 보고 매년 이순신 장군의 생일에 한국을 방문하고 있다. 와키자카가 이순신 장군을 알게 된 것은 한산도 대첩 때인데 그는 전형적인 사무라이로서 명예를 존중하고 차(茶)를 좋아했으며 함부로 살생을 하지 않고 덕을 베풀어 적이라도 자기 수하로 만드는 그런 사람이라 한다.

와키자카는 2천 군사를 거느리고 참전했으나 듣도 보지도 못한 조선 장수 이순신에게 대패를 했으니 그 충격은 대단했을 것이다. 그는 한산도 대첩 이후로 그 충격과 분함으로 6일을 굶었다고 기록하고 있다. 그의 기록에는 식음을 전폐하고 왜 졌는지에 대해서만 생각하고 고민하는 문장이 있다.

> 나는 이순신이라는 조선 장수를 몰랐다. 단지 해전에서 몇 번 이긴 그런 조선 장수였을 거라고 생각했다. 하지만 내가 겪은 그 한 번의 이순신은 여느 조선 장수와는 달랐다.
> 나는 그 두려움에 떨려 몇 날 며칠간을 음식을 먹을 수가 없었으며, 앞으로 전쟁에 임해야 하는 장수로서 나의 직무를 다 할 수 있을런지 의문이 갔다.

와키자카는 이후에도 여러 번 이순신 장군에 대한 본인 생각과 조선 수군과 있었던 전투 내용을 상세히 기록했다고 한다. 와키자카가 쓴 흥미로운 내용을 보면,

내가 제일 두려워하는 사람은 이순신이며,

가장 미운 사람도 이순신이며,

가장 좋아하는 사람도 이순신이며,

가장 흠숭하는 사람도 이순신이며,

가장 죽이고 싶은 사람 역시 이순신이며,

가장 차를 함께 하고 싶은 사람도 바로 이순신이다.

아마 이러한 이유로 400년이 지난 지금도 이순신 장군의 생일에 그 후손들이 오는 것일 것이다.

명(明)의 사신이 본 이순신

운덕이라는 명나라 사신이 있었는데 이 사람은 훗날 이순신 장군에 대해 이렇게 기록했다.

하루는 어두운 밤, 눈이 몹시 내리고 바람이 칼날 같아서 살결을 찌르는 듯하여 밖에 나서지 못할 정도였다. 그러한 가운데 통제사 영감이 홀로 지나가 '무슨 영문으로 이 어둡고 추운 바람 속을 거닐고 있을까?' 궁금해서 따라가보니 통제사 영감이 가고 있는 곳은 바로 왜놈이 잡혀 있는 현장이었다. 더욱 이상하여 뒤를 바짝 따라갔다. 통제사 영감 손에는 책 한 권이 들려 있었다. 밖에서 보니 통제사 영감은 한 왜군에게 『명심보감(明心寶鑑)』 중 효행편을 읽어주고 있는 것이었다.

다음날 알아보니 그 왜군의 나이는 15세였다. 10대의 어린 나이에 병사가 되어왔음에 이 아이가 포로가 된 후 이를 딱하게 여긴 통제사 영감이 책을 읽어주기도 했다고 한다.

서로 죽이고 죽는 전쟁이지만 이 두 사람을 보면 누가 원수라 하겠는가. 내가 본 이 두 사람은 조선 장수와 일본 적군이 아닌 아버지와 아들로 보였다. 통제사 영감이 저러하면 백성들에 대한 마음은 무엇으로 나타낼 수 있겠는가.

명의 도독(都督) 진린이 본 이순신

명나라의 황제 신종(神宗)은 조선에서 진린(陳璘) 도독(都督)으로부터 한 통의 서신을 받았다.

황제 폐하! 이곳 조선에서 전란이 끝나면 조선의 왕에게 명을 내리시어 조선국 통제사 이순신을 요동으로 오게 하소서. 신(臣)이 본 이순신은 그 지략이 매우 뛰어날 뿐 아니라 그 성품과 장수로서 지녀야 할 품덕을 고루 지닌 바, 만일 조선 수군통제사 이순신을 귀히 여기신다면 우리 명(明)국의 화근인 저 오랑캐(훗날 淸國)를 견제할 수 있을 뿐 아니라 저 오랑캐 땅까지 모두를 우리의 명(明)국으로 귀속시킬 수 있을 것이옵니다.

혹여 황제 폐하께서 통제사 이순신의 장수됨을 걱정하신다면 통제사 이순신은 전란이 일어나고 수년 간 수십 차례 전투에서 단 한 번도 패하지 않았습니다. 그럼에도 조선국 왕은 이순신을 업신여기며, 조정 대신들 또한 이순신의 공적을 질투하여 이간질과 모함을 했으며 결국에는 조선 수군통제사의 지위를 빼앗아 백의종군케 하였나이다. 그러나 이순신은 불평 없이 국왕에게 충의를 보였나이다. 조선 국왕은 원균(元均)에게 그 통제사 지휘권을 주었으나 원균의 자만으로 수백 척의 함대를 10여 척만 남겼으매 당황한 조선국

왕은 이순신을 다시 불러 통제사에 다시 통제사에 봉했으나 이순신은 불평없이 충의를 보여 10여 척의 함대로 수백 척의 왜선을 격파하였나이다.

전란이 끝나면 이순신의 목숨은 풍전등화가 될 것이 뻔합니다. 부디 통제사 이순신을 거두시어 저 북쪽의 오랑캐를 견제케 하소서.

책의 저자인 장웨이링 교수가 본 이순신

1990년 3월 하북에서 제1차 중일(中日) 이순신 연구회(硏究會)를 가졌다. 이 연구회에 나는 나의 절친한 친구 동료학자의 권유로 참석했으며 잠시만 있을 생각이었다. 나는 그저 일본인 교수들의 말만 들었을 뿐이었다.

조명이 꺼지고 화면 가득히 보여지는 것이 있었으니 그것은 바로 거북선이라고 불리는 배였다. 저런 배가 400년 전에 있었단 말인가(나에게는 처음이었다). 나의 놀라움은 거기서 끝나지 않았다.

일본학자들은 임진왜란에 대해 나와 너무나 다른 시각으로 보고 있었다. 이 차이는 중일 간의 차이가 아니라 바로 조선이라는 나라를 보는 것, 엄밀히 말하면 조선이 아닌 이순신이라는 한 인간을 보는 것이었다.

나는 그 학술회의가 끝난 뒤 일본 교수의 도움으로 이순신이란 인물에 대한 책자를 얻을 수 있었다. 7권으로 이루어진 이순신이라는 인물에 대한 것이었고, 나는 그 7권을 하루 만에 다 읽었다. 책을 손에서 놓은 뒤 내게 있어서 가느다란 한숨과 함께 어디선가 느껴지는 심장의 소리를 들을 수 있었다.

이! 순! 신! 알면 알수록 수수께끼 같은 인물. 지금까지 우리 중국 학자들은 임진왜란은 일본의 도요토미가 조선을 침략했고, 조선왕은 이를 막지 못해 명(明)나라에게 지원을 요청했으며 이로 인해 가까스로 위기에서 벗어났다. 중국은 이로 인한 국력 소비로 청(淸)에게 망하고 만다는 정도로만 알고 있었다. 이것은 중국, 한국, 일본, 북한 등의 역사교과서에서 거의 공통으로 나오는 내용이었다. 그런데 이날 학술회의에선 이 모든 것을 뒤엎는 가설이 나왔다. 이순신이라는 이름으로서의 가설이었다.

1997년 10월. 한 번은 내가 북경대학에서 초빙을 받아 북경대학생들과 토의를 한 일이 있었다. 주제는 청나라의 멸망에 관해서였다.

나는 한국에서 가져온 거북선을 학생들에게 보여주면서 "이것이 무엇인지 아는 사람이 있느냐?"고 묻자 250여 명의 학생 중 아는 사람이 한 사람도 없었다.

역사학자인 나도 이순신을 연구하면서 거북선을 처음 보았으니까 학생들이 모른다고 하는 것도 무리는 아니다. 나는 이 거북선을 한 사람씩 자세히 볼 수 있도록 돌아가며 보도록 했다.

그런 후 나는 청나라가 망할 수밖에 없었고, 서양과 일본에게 질 수밖에 없었던 점을 물어보았다. 학생들은 모두 맞는 말로 답변을 했다. 아편, 황제, 또는 정치적 이유 등……

그래서 나는 질문을 바꾸어 여러분이 아는 영웅 중 단 한 명이 다시 태어나 청나라를 구할 수 있는 위인이 누구냐고 물었다. 그랬더니 항우, 제갈공명, 손자, 관우 등을 들었다. "여러분이 지적한 장수들은 모두 육군이었다. 패배의 결정적 이유는 유능한 해군 장교가 없었다는 것이었다."

"조선 장수 이순신은 5천 명도 안 되는 군사와 50척도 안 되는 함대를 이끌고 40만의 왜군과 1,300대의 일본 함대와 맞서 단 한 번의 패배도 없이 모두 승리하여 조선을 구할 수 있었다. 당시 조선은 청나라와 같은 처지였다. 당파싸움에 휩싸여 있었고 병력은 5만도 안 되는 그런 조선을 이순신이 지켜냈던 것이다. 여러분들이 말한 장군들은 모두 육군 장군들이다. 우리 중국 역사에는 세계에 내놓을 만한 수군 장수가 없었다. 우리 중국은 바다가 넓다."

그러자 한 학생이 손을 들고 반박했다.

"그렇다면 중국에는 주유(周瑜)가 있지 않습니까?"

"맞다. 주유는 훌륭한 지휘관이다. 그러나 격이 다르다. 주유는 양자강(陽子江)에서 활약한 장수이지 진정한 해상 지휘관은 아니다. 영국을 보라. 네덜란드와 스페인을 보라. 그들의 나라는 작아도 바다를 가졌기에, 그리고 그 바다를 점령하였기에 세계 최고의 국가로 일어설 수가 있었다. 그와 반대로 청나라는 거대한 대륙 국가였지만 바다를 몰랐기에 무너지고 만 것이다. 여기 거북선을 보라. 이것을 400년 전에 만들었다고 생각할 수 있는가. 여러분들은 눈을 떠야 할 것이다. 바다로 눈을 떠야 할 것이다."

나는 다시 한 번 거북선을 보여주었다. 이 거북선은 실무적으론 나대용이라는 장수가 만든 것이다(나대용은 이순신 장군 휘하에서 거북선을 거조하는 실무 책임자였다. 28세에 훈련원 별시에 합격하고, 거북선 이외에 다른 전쟁 무기도 만들었다. 그는 거북선 이외에 역시 사격을 위주로 하는 전함인 창선함, 쾌속정 해추선(海鰍船)을 만들었으나 지금은 전하지 않고 있다. 나주에 나대용비가 지금도 남아 있다).

조선 수군은 임진왜란 1년 전만 해도 허약한 군대였다. 그 허약한 병사들을 1년 만에 40만 대군과 1,300척을 거느린 일본군과 맞서 이길 수 있는 군대로 만들었기에 위대하다고 하는 것이다.

나는 그리고 1시간 정도 더 이순신 장군의 삶과 죽음에 대해 이야기해주고 강의를 끝냈다. 강의를 끝냈을 때 나는 비로소 전 학생들로부터 기립 박수를 받았다. 어떤 학생은 눈물까지 흘리고 있었다.

장웨이링 교수는 "역사가란 후세사람들에게 부끄러운 일을 해서는 안 된다."고 말했다. 장 교수는 1995년 중국이 고구려 역사를 중국에 편입시키는 작업에 중요한 책임을 맡았으나 사퇴한바 있다.

일본의 역사가 이리모토가 본 이순신

세계의 전쟁 영웅은 피로 만들어진다. 그러나 이순신 장군은 우리에게 고개를 숙이게 하며 우리를 부끄럽게 한다.

나는 크리스천이다. 십자가에 못 박혀 있는 그 분을 보면 나는 이순신 장군을 연상한다. 이순신 장군은 처절한 그 전쟁 속에서 忠, 孝, 義, 愛, 善을 가르치신 분이다. 한국 사람들은 이순신 장군을 영웅이라 하지 않는다. 다만 성웅(聖雄) 이순신이라 한다.

장군의 혁명과 죽음에 대한 논란

1996년 4월. 이케다 하야토 교수의 글.

우리는 왜 이순신이 왜 혁명을 하지 않고 죽음을 택했을까하는 의구심을 가지고 있다. 그가 단 한 번이라도 혁명을 생각했을까. 이순신 장군은 끝까지 냉철함을 잃지 않고 무엇을 해야 하는지를 정확히 아셨던 분이다.

당신 앞에서 한 줄기의 눈물을 흘립니다, 장군!

32 조선군도 전사(戰死) 왜군의 귀(耳) 잘라 보고

명군이 살려준 왜병은 명나라와 일본과의 내통이 어떤 것이었는지 철수하면서 침입 시에 점령을 못했던 진주성(晉州城)을 공격하여 많은 인명 피해를 낳게 했다. 그밖에도 무수한 횡포를 자행했다. 조선의 주도로 휴전이 진행되었더라면 진주성 공격과 같은 일은 없었을 것이다.

진주성은 왜병이 당초 침공했을 때 점령하지 못했던 곳이었기에 그 오기로 철수할 때 점령하려 했던 것이다. 일본의 오기는 바로 이런 것이었다.

진주성은 무려 10일 간이나 왜병에게 포위되어 있었으나 조선의 중앙에선 말만 했을 뿐 실제적인 구원은 하지 않았거나 못했다. 이곳에 구원 차 달려온 충청병사 황진은 갓과 도포를 벗고 손수 돌을 날라가며 수성의 열의를 보이기도 했으나 오히려 성의 장수들은 달아나고,

고을 원들은 창고를 열고 곡식을 흩어버리는 만행을 벌였고, 이런 가운데 백성들은 분통이 나서 관가에 불을 질렀다. 진주부사 서례원과 김해부사 이종인이 분투 끝에 전사했고, 의병장 김천일은 8일 밤 9일 낮을 싸우면서 최후까지 버티다가 아들 상건(象乾)과 함께 남강에 투신, 순국했다.

진주성에서는 고을 군사 2,004명이 전사하고, 도병사 420명, 충청병사가 데리고 온 97명, 김천일을 따르던 의병 60명, 그리고 일반백성과 합해 모두 6만 명이 순사했다.

임진왜란 때엔 왕과 중앙이 무력해 '전투를 피하는 자는 살고 전투에 참여하는 자는 죽는다'는 소문과 같이 모두 피하는 것이 전쟁의 기초가 되어 있었다. 인근의 충성스런 군대와 진주병사 최경회(崔慶會)의 소실 논개(論介) 등도 왜장 게다니[毛谷村六助]의 몸을 안고 촉석루에서 투신, 동반 자살했다(논개는 한때 기생으로 기술되었으나 최경회의 족보에 소실로 기록되어 있다. 이 사실이 고증되어 현재 촉석루에는 논개에 대한 사실이 현지 안내문에 시정되었다).

명군 2,000여 명이 진주성을 구출하려 나섰으나 길을 몰라 방황했다고 이여송 제독이 후에 변명했다. 왜병이 철수한 뒤 수도권의 상태를 살펴본 조선 조정은 처리해야 할 일들이 기막히게 많았음을 알게 되었다. 우선 무더기로 쌓여 있는 시체를 묻어야 하고, 굶어서 시체의 살까지 먹었다는 백성들에게 구제미를 내주는 일들은 시간을 다투는 일들이었다.

상황이 이렇게 절박한데도 중앙의 대책은 한산하였다. 초토사 김성

일(金誠一)이 전 밀양부사였던 박진에게 보낸 문서를 보면,

"왜적이 사천(泗川), 하동(河東), 곤양(昆陽)을 공격하니 각 수령들이 소식만 듣고는 모두 피하여 흩어졌다. 진주(晉州)와 단성(丹城)은 적의 침공으로 민심이 흉흉하여 조석에도 보전하기가 어렵도다. 만약 진주(晉州)를 보전하지 못한다면 내지(內地)의 제읍(諸邑)도 장차 차례로 몰락할 것이요, 경상도가 적의 굴이 된다면, 호남도 침입을 면치 못할 것이다. 호남의 방백은 지금 근왕군(勤王軍)을 거느리고 상경 중이니 내지(內地)의 공허(空虛)가 지극히 한심한 일이다. 지금 진주(晉州)의 형세는 대단히 위급하여 당직수하(當織手下)에는 비록 천 명의 장병이 있으나 백발서생(白髮西生)이 군사에 어두우니 어찌 성공하리오. 사도(使道)가 만약에 단기(單騎)로 이리로 온다면 원컨대 내부하의 의병(義兵)을 모두 그대의 지휘 하에 붙일 계획이니 내외로 상응하여 사천(泗川)의 적은 적을 토별하고 진주(晉州)로 하여금 내지의 거진(巨鎭)을 보전하는 것이 장군이 한 번 출동하는데 달렸으니 좌우도(左右道)가 책임이 다르다고 사양치 말고 망신순국(忘身殉國)하는 종전의 뜻을 펴시기를 바라노라."라고 절박함보다는 논리로 설득하려는 자세였다.

임진왜란 때에 일본군은 조선에서의 전과를 그들의 총지휘관인 도요토미 히데요시에게 실감나게 보고하기 위해 처음엔 조선 군인의 목을 베어 소금에 절여 일본으로 보냈다. 이는 조선에서도 마찬가지로 적의 수급(首級)을 베어 보고자료로 썼다. 그러다가 일본은 수급의 이동이나 보관이 모두 불편하여 그 대안으로 전사자의 귀와 코를 잘라 일본 본국에 보냈다.

도요토미는 이 귀와 코의 수를 보고 상을 내리고 승진을 시켰다. 도요토미는 쌓이는 조선군 전사자의 귀와 코를 감당할 수 없어 교토의 도요구니신사[豊國神社] 앞에 무덤을 만들어 이를 매장했다. 결국 이 귀무덤[耳塚]은 조선 군인의 원혼이 서린 곳이다.

그런데 우리 조선군도 일본 군인들이 하듯 전사한 일본 군인들의 귀를 잘라 상부에 보고했다. 임진왜란 때에 경상도 우병영(右兵營) 순찰사 김수(金睟)의 보좌관으로 임진왜란의 실상을 일기체로 쓰고 또 상부인 승정원에 보고도 한 이탁영(李擢英) 선생의 『승정원장계(承政院狀啓)』에 그런 내용이 나타난다.

지난 5월 12일(임진왜란은 4월) 미명에는 불시에 엄습하여 사력을 다해 싸웠는데 중과부적하여 많은 피해를 보고 분산하여 피하였으나 더욱 모병하여 토적(討敵)하려고 하나 양식이 다하고 화살도 없어 민망한 소식을 치보(馳報. 빠른 보고)합니다.

의령(宜寧)의 가장(假將. 임시장수)인 곽재우(郭再祐)의 치보에는 이달 6월 18일에 왜선 3척이 내려오다가 2척은 침몰하고 1척만이 노 저어 내려오거늘 완전히 잡고 참수(斬首) 17개를 하였다는 치보이옵나이다. 진해현감 권육의 치보에는 6월 21일에 왜적(倭敵) 50여 명이 고성에서 여기를 지나가다가 병사와 현감과 사수 20여 명이 추격하였고 병사 조대곤(曺大坤)은 죽기를 각오하고 적진에 뛰어들어 활을 쏘아 한 머리를 베고 그 밖에 보인(保人) 조처인(曺處仁) 등이 16인을 쏘아 죽였다고 치보하여 왔나이다.

조대곤의 치보안(馳報內)에 21일 진해(鎭海) 땅에서 왜적을 잡아 죽인 일은 진해현감 권육의 치보안에 있다 하옵고 병사가 참수한 1명의 왼쪽 귀[左耳]와 환도 1개를 수송한다 하옵나이다. 또 조대곤의 치보 안에는 진해의 요로(要露)에다가 주야로 복병을 시켰더니 6월 22일 닭이 울 무렵 왜적 5~6명이 창원을 떠나온 것이 지나가거늘 병사는 군졸을 데리고 일시에 공격하니 한 적이 칼을 휘두르며 나타남에 병사가 사살하고 충의위(忠義衛), 홍유례(洪有禮) 등이 왜를 죽이고 왼쪽 귀[左耳]를 베어 소금에 절이고 왜의(倭衣) 1, 환도(環刀) 1을 보내겠다고 치보하였나이다.

칠원현(漆原縣) 이방좌(李邦佐)의 치보에는 6월 20일에 왜적 20여 명이 진해로부터 창원가거늘 복병장(伏兵將) 황여지(黃汝址)도 3명을 쏘아죽이고 참두하려 할 즈음 많은 적이 후원하는지라 참두 1과 왜의(倭衣)와 띠, 참두 1개를 올려 보낸다고 치보하나이다. (…중략…)

왜선 11척이 문득 목책(木柵)에 걸려 내려가지 못하자 적이 당황하는 터에 우리 군이 일제히 활을 쏘아붙이니 적(賊)은 "양반님! 양반님! 싸우지 말아요." 하고 애원하니 인갑이 큰소리로 "너희들이 칼을 버리면 원을 들어주마." 하니 고연 적은 칼을 물에 던졌으나 우리가 여전히 난사하니 적은 옷을 물에 적셔서 뱃전에 걸고 화살을 피하고 가득 실은 짐을 모두 물에 던지니 남은 적은 거의 죽었는데, 배를 끌어 올렸더니 그동안 도주한 적은 불과 15명이라고 하더이다.

길이 막혀 좌도의군정은 상세히 알 수 없으나, 창령(昌寧) 같은 곳은 적의 피해가 극심한 데도 분발하여 토적하고 있사옵는데 기타 많은 군읍(郡邑)이 다투어 싸우고 있나이다. 참수한 이름과 그 수는 뒤따라 장계(狀啓)하옵고 환도는 전용(戰用)으로 나누어 주었나이다. 지난 4월 27일 이전의 변보(邊報)는 승정원(承政院)에서 접수하였고, 27일 이후의 치보는 도로가 막혀서 유체되었을까 두려워하여 그 대략을 다시 적어 5월 12일 신(臣)이 군관 이자해(李自海)를 시켜서 호남의 배편으로 올려 보냈삽더니 충청도 태안 근처에서 풍랑을 다가와 관서로 갔습니다. 그런데 강화도(江華島) 근처에서 적을 만나서 돌아온 것을 신(臣)이 아산 현현에서 만나보고 서방(西方)의 희귀한 부채도 약간 구하여 같이 봉하여 신의 주마 강만담(姜萬潭)을 시켜서 다른 배를 얻어 올렸사오나 득달하였는지 모르겠나이다.

본도의 소식은 계속 치보하여야 하옵는데도 수륙(水陸) 두 길이 막혀서 관인을 시키면 득달하기 어려움으로 군관 전군수 안세희(安世熙)의 자원을 받아들여 이달 23일 서장(書狀) 3통과 왜이(倭耳) 44개를 함께 봉하여 올리오며

각처의 군대들이 얻은 적의 귀는 따로 초토사(招討史) 김성일(金誠一)이 담당하여 올리라고 이문(移文)하였사오니 이런 연유로 잘 아뢰옵소서.

조선 군인도 왜군처럼 전사한 왜군의 귀를 잘라 소금에 절여 보고 했는데, 접수한 이들 귀는 어떻게 처리했는지는 기록이 없다(李擢英의 『征蠻錄』).

$\mathcal{33}$ 왕릉(王陵) 도굴, 사체(死體)까지 증발

수복 후 여러 일들 중에 시급히 처리해야 할 일 중의 하나는 왕릉(王陵) 도굴 대책이었다. 최근 조선시대 왕릉 40기가 유네스코(UNESCO)에 의해 인류 자산으로 등재되었다. 이와 함께 정부는 이를 경축하는 다채로운 행사를 했다.

그러나 이 왕릉 40기 중에는 왕의 시신이 묻혀 있지 않거나 엉뚱한 뼈 조각과 재[灰]가 묻혀 있는 허묘(虛墓)도 상당수 있다는 점에서 웃음을 금치 못한다. 그렇게 허묘(虛墓)가 된 이유는 임진왜란 때 도굴(盜掘)이 되었기 때문이다. 왕릉에 보물도 함께 묻었으리라는 추측과 함께 왕이나 왕비의 시신에 9벌에서 30벌까지 입힌 렴 때의 비단옷을 베껴 갔기 때문이다. 임진왜란 때에 수도가 적진에게 함락되었을 때 일본 군인들과 조선 백성들에 의한 도굴 사실은 대표적인 선릉과 정릉 등 두 묘를 비롯해 도굴 상태와 그 처리 과정 등이 『이조실록』에 상세히 기록되어 있다.

6개월 이상 계속된 정릉, 선릉 두 묘에 대한 논의의 주요 부분을 발췌해서 옮기면 다음과 같다(『이조실록』 제38, 39권. 癸巳年부터 논의 시작).

제38권 논의

선조 26년(1593)은 일본군의 손안에 들어갔던 평양을 수복하고(1월 8일), 4월에는 한성을 수복하고 10월에는 선조왕이 한성으로 환도했다.

"수복해보니 여기저기 시체요, 모화관(慕華館)에는 백골 무더기가 있고 성안에는 쓰러져 죽은 사람과 말이 셀 수 없을 지경이며 더러운 냄새가 길에 가득하여 가까이 갈 수 없습니다. 인가도 4~5분의 1만이 남아 있을 뿐입니다."라고 체찰사(體察使. 전쟁 때 왕의 권한을 대행하는 사람) 유성룡이 왕에게 보고하고 있다.

수도 인근의 전쟁 피해를 살피고 있던 중 6월에 경기좌도(경기도를 좌도와 우도로 나누어 관할했음)관찰사 성영(成泳)이 긴급 보고를 올렸다. "왜적이 선릉과 정릉을 파헤쳐 화가 관에 미쳤으니 신하로서 차마 말할 수 없는 슬픔을 가지게 됩니다."

임금이 승정원에 지시하기를 "이 보고서를 보니 그지없이 슬프다. 속히 해당 조를 시켜 처리할 것이다."

밤 상경에 임금이 대궐문 안에서 여러 대신들과 함께 통곡을 하며 슬픔을 표시하는 의식을 거행했다.

대신이 제의하기를 "능묘에 생긴 일은 한없이 비통한 일입니다. 대신 한 사람이 예조의 관리와 함께 가서 형편을 보아 살펴야 합니다."

경기좌도 성령이 제의했다.

"지난겨울에는 흉악한 적이 태릉과 강릉을 침범한 변고를 일으켰고, 지금은 선릉과 정릉을 또 이렇게 침범했으니 이 적들과는 한 하늘을 이고 살 수 없습니다."

성령의 제의를 보더라도 이미 파헤쳐진 뒤에 도굴당하거나 침범당한 능이 최소 4개가 되는 셈이다. 임금은 영의정 최흥원(崔興源)과 예조참의 이관, 종친인 오산군현 등을 선릉과 정릉에 보내어 살펴보게 했다.

예조와 홍문관 등 각 기관에서는 "무덤의 관(棺)만 보든지 고쳐 장사 지낼 때에도 복식을 갈아입고 석 달 복을 입는 것인데 예법에도 없는 이번 일은 참으로 비통하며 슬픈 변고"라고 규정했다. 그리고 이 참사를 명나라 지원군의 총책인 송응창(宋應昌) 경략(經略)에도 보고하여 "무덤을 다 파헤쳐 영혼과 군민을 놀라게 한 원수들"이라고 일본군을 단죄하고 이 문제를 국제화시켰다. 왕릉을 훼손했을 뿐 아니라 난리 직전에 사망하여 장례절차를 밟고 있던 덕빈(德嬪. 순회세자의 아내로 세자가 등극 전에 사망하여 일생을 궁중 여인들의 예법지도자로 종사하다가 사망)의 시체도 행방불명이었다.

훼손된 왕릉을 돌아보고 온 영의정 최흥원이 왕과 대신들이 참가한 가운데 돌아보고 온 결과를 보고했다.

"선릉의 무덤 안에는 불에 탄 재가 있을 뿐이었는데 종이로 싸서 다른 곳에 두었습니다. 왕후의 릉에도 역시 불에 탄 재가 있었습니다. 정릉은 안팎 관이 다 탔으며 역시 재가 세 곳에 있었는데 한 곳은 분명히 밥을 지은 흔적이 있고, 한 곳은 옷을 불에 태운 것 같은 흔적이 있었으며 무덤 안에는 다른 물건이 더 없었습니다. 그런데 김천일이 덕양령을 시켜 살펴보니 시체가 구덩이 속에 있었다 합니다. 사리로 추측하면 적이 발굴할 때에는 틀림없이 안팎 관이 불에 타기 전에 시체를 다른 곳에 옮겨 놓았을 것입니다. 그래야만 관은 타더라도 시체는 보존될 수 있을 것입니다. 더없이 중한 일인 만큼 반드시 조정 신하들과 널리 토의해서 처리해야겠습니다. 오랜 신하로서는 오직 강섬, 목첨, 심수경이 있을 뿐인데 그때 강섬은 한림으로 있었고 목첨과 심수경은 미처 벼슬하지 못하였다고 합니다. 혹시 늙은 궁녀나 내시가 있다면 자세히 알 수 있을 것입니다. 더없이 중하고도 어려운 일이어서 끝없는 후화(後禍)가 있을까 두렵습니다."

임금이 말했다.

"어떻게 했으면 좋을지 모르겠다. 궁녀와 늙은 내시도 아직 살아 있는 자가 있겠는가?"

최흥원이 말하기를 "구덩이 안에 있는 재도 쉽게 처리해서는 안 되겠으니 중요한 신하를 보내어 다시 살펴보는 것이 마땅하겠습니다. 신도 구덩이 안을 본 다음에야 더욱이 난처하다는 것을 알았습니다."

임금이 흐느껴 울며 말하기를 "이 일은 총호사나 제주가 혼자서는 할 수 없다. 강릉, 태릉, 헌릉도 장마가 지기 전에 고쳐 보수해야 할 것이다."라고 했다.

좌의정 윤두수(尹斗壽)가 말하기를 "최흥원의 말을 듣건대 정릉의 비참한 변고도 선릉과 다름이 없을 것 같습니다. 참판 심충겸의 집에 봉선군의 집에 있던 늙은 여종이 있으나, 한 천인의 말로는 역시 결정하기 어렵습니다. 자세히 알 수 있는 사람으로는 덕양 부인이 있을 뿐이라고 합니다."

임금이 울며 다시 말했다.

"여럿이 의논해서 처리할 것이다."

김응남(金應南)이 말하기를 "정릉에 대한 일은 대신이 살펴보고 온 뒤 처리해야 하겠지만 선릉은 타다 남은 재를 가지고 고쳐 장사를 지낸다면 이것은 정상적인 예가 아닙니다."

홍원이 말하기를 "다른 것은 말할 필요가 없지만 정릉에 대한 문제는 지극히 중요함으로 반드시 자세히 살펴본 다음에 처리해야겠습니다."

정철(鄭澈)이 말하기를 "헌릉, 강릉도 이런 화를 입었으니 비록 동시에 고쳐 수리하지는 못한다 하더라도 수도에 있는 한두 명의 대신을 시켜 살펴보게 한 다음 의렴해서 처리할 것입니다."

임금이 말하기를 "예조의 관리들과 대신이 함께 의논해서 처리할 것이다."

왕릉을 고쳐 수리하는 문제를 가지고 대신들로 하여금 다시 논의케 했다.

"중종(中宗. 제11대) 때에 임금을 가까이 모시던 사람으로서 살아 있는 사람이 전혀 없고 임금 집안 중에는 부안도정 석수와 영원수 덕수가 들어가 모셨으며 덕양군 기의부인 권씨와 심충겸의 집에 있는 먼저 임금 때의 늙은 궁녀가 살았으나 역시 불러다 살펴보게 한 다음에 보고토록 하겠습니다.”

“대왕의 상사(喪事)에는 면류관과 곤룡포를 써야겠는데 당초 명나라에서 준 것이어서 우리나라 사람들이 만드는 법을 잘 알지 못하여 이제 갖추기가 어려우니 어떻게 할 것입니까?”

임금이 말하기를 “설사 한두 가지가 안 맞는 것이 있더라도 전혀 하지 않는 것보다야 낫지 않겠는가?”

예조에서 제의했다. 왕릉을 수리하는 문제를 대신들의 토론에 붙인 결과는 다음과 같다.

정철(鄭澈) “선릉과 정릉의 관은 원래 일정한 규격이 있는 것이니 옛 법대로 집행하는 것이 마땅합니다. 선릉의 경우에 대해서는 구덩이 속을 헤쳐서 자세히 살펴본 다음 버릴 것은 버리고 남겨 둘만한 것은 남겨 두는 것이 낫습니다.”

최흥원(崔興源) “강릉과 태릉은 대신들이 다시 살펴보도록 하고, 선릉, 정릉의 관의 규격과 옷의 가지 수는 ‘오례의(五禮衣)’에 의할 것입니다. 정릉과 선릉을 고쳐 보수할 때에는 파놓은 무덤길에 의거하여 모신다 하는데 불에 탄 흔적이 아직도 그 안에 있으므로 전의 구덩이를 새로 장사 지내는 경우와 같이 다 파내는 것이 마땅할 것입니다.”

윤두수(尹斗壽) “헌릉의 도굴당한 곳은 장마 전에 복구하고, 선릉, 정릉의 관은 높고 크게 할 필요는 없습니다.”

선릉과 정릉의 개장(改葬) 도감에서 질의를 했다.

“선릉이 양위(良位)이고, 정릉이 일위(一位)인데 매 위에 갈아입히는 옷이 9벌, 초렴에는 19벌, 마감렴에는 90벌이 듦으로 이제 준비해야 할 옷이 모두 340벌이며, 안팎 옷감을 다 갖추자면 명주가 630여 필이 듭니다. 그런데 호조와 산의원에 있는 현재 수량이 230필뿐이니 어떻게 하겠습니까?

대왕의 관에는 흰색이 많아도 그런 대로 나쁠 것이 없지만, 왕후의 관내 옷은 물을 들이지 않으면 안 됩니다. 대왕께서 쓰는 옷이 90벌인데 면류관과 곤룡포가 1벌, 단령이 한 벌, 물들인 천릭이 한 벌, 흰 천릭이 35벌, 흰 고도가 50벌입니다. 왕후에게 쓰는 옷은 90벌인데 장삼이 1벌, 고쟁이 39벌에 치마 39벌, 장옷이 50벌입니다. 고쟁이 치마 장옷을 물들인 것으로 짓자면 겨우 2, 3벌밖에 안 되고 그밖에 물들일 수 없는 물건들은 흰 것을 그대로 쓸 수밖에 없습니다.”

임금이 말하기를 “대신들에 붙여 토론을 해서 결정짓자”고 했다.

대신들의 의견은 원칙고수파와 난리 때의 융통성 등 여러 갈래였다. 임금이 대신들과 대궐에 모여 네 번 울어 슬픔을 표했다.

제39권 논의

영의정 최흥원(崔興源)이 보고했다.

“신이 여러 재상들과 선릉, 정릉 등 세 릉을 살펴보았는데, 남은 재 가운데는 모두 뼈가 탄 흔적이 있었는데 그것은 왕의 시체가 탄 재 같습니다. 여러 사람들의 의견은 대략 다음과 같습니다.

송산에 있는 시체에서 증거를 삼을 만한 점들을 덕양 부인, 서릉군의 어머니와 상궁 박씨, 부안도정 석수, 영원수 덕수를 시켜 먼저 써

내게 하여 여러 신하들에게 미리 보여줌으로서 살펴볼 때에 의거할 자료로 삼게 하였습니다.

이른바 왕의 시체에서 털이 다 빠졌으며 코 마루는 부서졌고 얼굴의 살은 다 빠져 없어져서 한 가지도 알아낼만한 단서가 없으므로 분간해내기가 아주 어려우며 사람들은 의심합니다.

여러 신하들이 살펴본 소견을 각각 써냈음으로 봉해서 빈청에 보냅니다. 아직 살펴보지 못한 신하들과 3사의 관리들에게 지시하여 협의해서 결정짓는 것이 마땅하겠습니다."

시신을 살펴보기 전에 제각기 기술한 내용은 다음과 같다.

- 덕양부인 권씨─왕의 얼굴은 여위고 길었으며 턱끝은 약간 내밀었고 수염은 많지 않았는데 뿌리쪽은 누르고 끝쪽은 검었으며 코 마루는 높았다. 몸은 중키에 비하여 좀 컸으며 허리는 날씬하고 뚱뚱하지 않았다.
- 상궁 박씨─두 눈 사이에 검은 사마귀가 있었는데 녹두보다 좀 작았다. 얼굴에는 천연두의 흔적이 약간 있었다. 코 마루는 높았고 코끝은 약간 길고 굽었다. 얼굴은 여위고 길었으며 수염은 약간 누른빛이었다.
- 서릉군의 어머니─왕의 몸은 중키보다 좀 컸으며 코마루는 높았다. 눈은 길게 째졌고 천연두 앓은 흔적이 약간 있었다. 수염은 많지 않았고 그 빛은 누른 가지 빛이 길이는 걷어 올려서 입에 물만 하였다.
- 부안도정과 영원수─왕의 키는 중키로서는 가장 컸으며 살찌지도 여위지도 않았고 수염은 아주 많지는 않았지만 적지도 않았다. 길이는 한 치 반 정도고 빛은 좀 누른 가지 빛이었다. 코 마루는 좀 높았다.

송산에서 시체를 본 다음 제각기 진술한 소견을 적은 시록은 이러했다.

• 덕양부인 권씨–살펴보니 비록 자세히는 알아낼 수 없지만 살아 있을 때의 얼굴과는 다른 것 같았다.

• 상궁 박씨–아무리 몇 번이고 자세히 살펴보았으나 알아낼 수 없었다.

• 서릉군 어머니–살펴보았으나 알아낼 수 없었다. 얼굴이 살아 있을 때보다 짧아 보였다.

이들의 견해는 낯의 살은 다 빠지고, 수염도 빠졌으며 콧대는 부스러졌고, 두 눈이 모두 움푹 파졌으며 두 입술이 모두 없어졌다. 가슴은 높고 두툼하고 살져서 뼈마디가 드러나지 않았으며 손으로 만져보면 부드럽고 단단하지 않았다.

뒤 등은 살찌고 넓었으며 두 손과 두 다리는 단단하였다. 가슴 아래의 배 위에 가로 그어진 금이 3개 있는데 칼에 맞은 흔적 같다. 오른쪽 팔에 크게 뚫어진 구멍이 하나 있고 어깻죽지 뼈 아래쪽 왼편에는 뚫어진 구멍 둘이 있는데 하나는 크고 하나는 작으며 허리 밑 엉치 위에 뚫어진 구멍 하나가 있다. 키는 천 재는 자[才]로 재어 석자 두 치 남짓하다.

중추부 영사 심수경의 의견은 다음과 같다.

"신과 같이 이전에 왕의 얼굴을 한 번도 보지 못한 사람으로는 논의할 수도 없고 다만 말라붙은 피부와 여윈 용모만 보았을 뿐입니다. 그런데 이치로 따져보건대 속관과 덧관이 다 타버렸는데 왕의 시체만은 그대로 남아 있다는 것은 그럴 리가 없을 것 같습니다. 왕의 시체를 끌어내고 관만 태운 다음에 시체를 다시 무덤 안에 넣어 두었다는 것도 이치에 닿지 않습니다. 말라빠진 해묵은 시체를 다른데서 얻어다가 무덤 속에 넣어둠으로서 사람들의 눈과 귀를 현혹시키는 수도 있는 것입니다. 선릉의 두 자리 릉에는 모두 왕과 왕비의 시체가 없는데 정릉에만 있다는 것은 더욱 의심스러운 것입니다. 세 릉의 재는 같은데 만약 선릉의 두 자리 재를 왕의 시체가 탄 재라고 본다면 어째서 정릉의 재만은 왕의 시체가 탄 재가 아니라고 하겠습니까?"

유성룡의 의견은 이러했다.

"송산에 안치한 왕의 시체를 살펴보았는데 오래된 것이 현저하다는 것 이외는 분간할 수가 없었습니다. 릉의 실태를 가지고 참작하는 한편 릉과 가까운 곳의 오랜 무덤을 파헤친 것이 있는가도 찾아보는 등 여러 가지 방법으로 조사해보아야 하겠습니다."

영의정 최흥원의 의견은 이러했다.

"모든 조건이 살았을 때의 체격과는 같지 않은 듯하여 경험할 수 없다는 것이 의심할 여지가 없습니다."

우찬성 최황의 의견은 다음과 같다.

"먼저 임금은 얼굴이 길고 턱 뼈도 길었다고 하였는데 이 시체는 네모난 얼굴을 한 사람 같으며 먼저 임금의 뒷통수는 넓적하고 깎은 듯해서 갓을 쓰기에 불편하다고 했는데 이 시체는 뼈가 둥근 듯하며, 먼저 임금은 나이가 많아서는 조금 여위었는데 이 시체는 가슴이 평평하고 넓은 것으로 보아 평소에는 비대한 사람 같았습니다."

예조판서 김응남과 형조참판 신점이 의견을 말했다.

"오늘 송산으로 가서 시체를 살펴본 대로 말한다면 얼굴이 길지 않으며 몸은 비대해서 부인들이 기록한 것과는 같지 않습니다."

판윤 이헌국은 "신은 갑진년 가을 스물 살 때에 중종(中宗)이 모화관에서 군사를 사열할 적에 한 번 쳐다본 적이 있었습니다. 그러나 시체를 살펴보았으나 감히 알지 못하겠습니다."라고 의견을 말했다.

부안도정 석수와 영원수 덕수가 의견을 말했다.

"송산의 시체를 살펴보건대 전신이 뚱뚱하게 살찐 사람이었고 손으로 만져 보면 움푹 들어가는 감이 있으므로 오래된 시체가 아닌 것 같습니다."

제40권 논의

우부승지 정희빈이 제의했다.

"신이 선릉의 두 분 시체를 살펴보았는데 후세의 저희가 꼭 알아낼 수 없습니다. 그러므로 부인으로 하여금 평상시 임금의 몸에서 기억되는 것을 먼저 기록하게 한 다음 살펴보았습니다. 그런데 이른바 임금의 시체는 몸이 바싹 말라버려 얼굴 모양과 빛이 부인이 기록한 것과는 전혀 다르고 비슷한 곳은 없는 것 같습니다. 부인이 기록한 데서는 말하기를 "임금의 몸은 몹시 여위었다."고 하였는데 지금 보는 시체는 비대한 것 같으며 또 말하기를 "임금의 수염은 자주 빛이었다."고 하였는데 지금의 시체에는 전혀 없으며, 머리칼은 한 오리도 없으니 이것은 증거로 할만한 것이 못 됩니다. 부인은 또 말하기를 "두 눈사이에 녹두 알만한 큰 사마귀가 있었다."고 하였는데 지금은 찾아볼 수 없습니다. 또 가슴 위의 왼편쪽에 칼 맞은 흔적이 세 군데나 있으며 어깨죽지 왼편에 희미한 구멍 두 개가 있는데 어째서 그런지 알 수 없습니다."

이밖에도 많은 관리와 대신들 3사의 간부들의 의견을 물었으나 누구도 확답은 없고 다만 시체는 마르고 살이 없어 생시의 중종과는 일치시킬 수 없다는 것이었다. 봉지에 들은 재에 대해서도 누구의 재인지 알 수 있는 근거가 없다는 것이었다. 다만 시체를 태운 재 같다는 정도만을 말할 수 있다고 했다.

그리고 몸에 칼 맞은 자국과 같은 흔적이 있는데 이의 내력도 알 수 없다고 하여 시체 확인 작업은 모호함에 그쳤다. 대신들은 흉악한 일이 벌어진지 해가 바뀌고 6달이 되었음에도 아직 장례를 치루지 못함은 망극한 일이라고 결론하고 시신확인이 모호한 채 장례를 서두르기로 했다. 임금도 "조정에서 의논해서 하라."고 했다.

예조에서 제의하기를 "선릉을 옮기는 문제와 관하여 이미 초이튿날에 사유를 고하는 제사를 지냈으니 릉을 옮기는 문제는 앞당길 수는 있어도 뒤로 물릴 수는 없다고 했습니다. 무덤에 관을 넣는 일자를 7월 21일이라 했습니다. 해당 관청을 시켜 빨리 서두르도록 하기 바랍니다." 이렇게 하여 정릉의 장사 날짜는 8월 15일로 했다. 선릉을 옮기는 27일에는 잠깐 비가 뿌리기는 했으나 옷은 젖지 않았다.

정릉의 유골을 찾은 경위를 고언백의 군관은 다음과 같다.

도체찰사의 군관인 수문장 이홍국이 와서 언백에게 말하기를 "듣건대 정릉의 유골이 능위에 들어나 있다고 하는데 군사들을 주면 가서 찾겠다."고 했다. 언백이 곧 군사 2명을 주었다. 안세희와 양주에 사는 지천량은 가서 무덤 속에서 찾았으나 찾지 못하고 돌아왔다.

홍국은 자기가 가야 찾을 수 있다고 말했다. 홍국이 돌아와서 말하기를 시체를 찾아 무덤 속에 안치했다고 했다. 이때는 누구나 시체를 찾으면 나라의 상이 있다 하여 서로 찾아 공을 세우려고 했다.

세희가 홍국에게 말하기를 "내가 갔을 때에는 보이지 않던데 너는 어떻게 찾았느냐? 조정에서 만일 신문한다면 어떻게 대답하겠는가?"라고 했다.

홍국이 대답하기를 "나는 어떤 사람의 시체인지 알지 못하나 무덤 밖에 있기 때문에 안에 안치했다. 조정에서 묻는다 해도 이렇게 대답할 것이다."라고 했다.

임금이 "그와 같은 일을 왜 말하겠는가?" 하니 성이 말하기를 "전해지는 말이기는 하지만 이왕 들었으니 보고하지 않을 수 없습니다. 이홍국, 안세희에게 물으면 알 수 있습니다."

신문관이 안세희에 대한 신문 문건을 가지고 와서 보고했다.

"양주목사, 체찰사가 보낸 병사 모두 6명과 함께 홍국이와 세희를 데리고 릉에 갔습니다. 함께 릉안에 들어갔는데 시체가 무덤구덩이 밖에 있는 것을 안아 구덩이에 넣었고 입고 있던 흰 명주 여자저고리와 명주마고자, 검푸른 천릭 등은 독음리 뒷산에 묻어 두었다고 했습니다. 진술 내용이 아주 수상하여 마을 사람들에게 물으니 "이홍국이 임금의 시체를 송산에 옮겨 모셨다."고 했습니다."

이 문제는 더 이상 밝히지 않고 내버려 두었다.

덕양령 충윤의 공술 - 신은 창의사의 진영에서 군사로 종사하다가 올 4월에 선릉, 정릉의 변고에 대해 들었습니다. 자원하여 별장 이준경 등과 군인 30여 명을 데리고 정릉에 도착하여 돌아보니 시체 하나가 무덤구덩이 속에 있었습니다. 갑자기 어찌 할 바를 몰라 신이 입었던 갑옷과 이 준경이 입었던 솜옷으로 렴을 하고 얽어매어 무덤구덩이에 묻었습니다. 다음 선릉으로 가서 찾아보았으나 물건은 얻어내지 못했습니다.

10월 1일에 수복한 수도로 왕이 복귀했다. 뒤이어 을미일에 난리 동안 입고 있던 검은 도포를 벗고 옥색빛깔의 도포를 입고 선릉과 정릉에 가서 곡을 한 후에 위안제를 지내고 저녁에 대궐로 들어왔다.

선릉과 정릉의 시체 확인 작업은 더 이상 진행되지 않았고 인근에 있던 확인 없는 시체를 감식 없이 종친의 손으로 또는 군인의 손으로 구덩이에 넣는 것으로 마무리했다. 또 무엇이 탄 재인지도 정확한 감정 없이 재를 봉투에 넣어 시신을 대신한 채 무덤을 썼다.

선릉과 정릉은 왕족의 묘로 알려지긴 했지만, 실제 내용은 엉뚱한 시체나 무엇이 탄 것인지도 모를 재 한 봉투만이 묻혀 있을 가능성이 높다.

34 조선족, 관동지진(關東地震)에 또 한 번 떼죽음

일본 땅에서 일어난 지진이 어떻게 조선인들과 관계가 있으며, 더욱이 6,000여 명을 죽음으로까지 몰아넣을 수가 있을까? 얼핏 보면 상관이 없다. 그러나 인간 운명의 마법사인 시간과 장소가 조화를 부리면 관계가 깊어진다.

조선은 임진년 전쟁으로 말할 수 없는 인명과 국토의 피폐를 가져왔지만, 이 대지진(大地震) 때의 떼죽음은 상상하기조차 힘든 사건이었다. 조선은 근대사에서 임진왜란과 연해주에서 중앙아시아로 소련의 조선인 강제 이주 사건, 관동 대지진 사건 때 등 3번의 참사를 겪었는데 이중 2번이 일본과 연관되어 있다. 물론 일본은 그 후 조선을 완전 합병하여 수많은 열사와 애국지사들을 학살한 것은 또 다른 사건임은 물론이다. 조선은 역사상 합병사건 이외에도 일본으로부터 제일 큰 피해를 본 셈이다.

1923년 9월 1일 12시.

더 정확히 하면 이날 11시 58분 리히터 지진계로 7.9의 강한 지진이 관동(關東, 도쿄와 이바라기, 도치기, 군마, 사이타마, 치바, 가나가와 등을 말함) 지역을 뒤흔들었다. 이때만 해도 문자 그대로의 지진이었다.

그런데 이날 오후 4시경 입헌노동당(立憲勞動黨) 총리 야마구치 마사노리(山口正憲, 35세)가 요코하마시 아자헤이라구[字平樂] 들판에서 피난민회 대회를 열어 약 1만 명이 참석한 피난민들에게 조선인들에 의한 식료품 약탈에 대한 연설을 했다. 그는 조선인들이 야간에 일본인들을 습격해 해를 끼치고 있다면서 서로가 경계를 강화해야 한다는 취지로 선동 연설을 했다. 이에 따라 조선인들의 불령(不逞)행위에 대한 소문은 삽시간에 인근으로 퍼져 나갔다. 한편에서 건물에 불이 붙고 있고 지진으로 건물이 쓰러지는 긴박한 상황에서 말하는 사람이 어떤 취지로 했건 간에 그 뜻이 왜곡됨이 없이 전달되기는 어려운 것이다. 가령 야마구치의 발언에서도 듣는 사람은 '조선인', '야간에', '일본인 습격' 등의 파탄적인 내용이 우선 기억될 것인즉, "야 이거 조선족을 조심해야겠구나. 잘못하다가는 습격을 당할지도 모를 일이다."이라 정도의 조선인은 곧 불령이라는 공식만을 기억하고 조선인에 대한 극단적인 경계심과 혐오감을 갖게 되었을 것이다. 결국 야마구치의 경계발언은 조선인에 대한 자극적인 말로 조선인에 대해 적대감을 갖게 하는 결과만을 초래했다고 보여진다.

그러면 유언비어의 발원지는 야마구치 한 사람으로 끝나는 것인가. 사건 후 사법성의 조사보고서는 유언비어의 진원지를 다음 두 곳으로 지적했다.

첫째는 야마구치 방면이다. "야마구치의 부하가 9월 1일 또는 2일 아침 일찍 입헌노동당 본부에 도착한 이후 야마구치 부하의 입을 통해 요코하마에서의 조선인 불령행위를 전달한 것"을 증거로 들고 있다.

두 번째 발생 원인은 요코하마와 도쿄 화재 지역으로서, 특히 교토 방면이다. 이 말은 "시내 화재구역에서 조선인의 불령행위목격자가 야마노테 방면에 피신하여 그 사실을 눈물로 호소하여 전파된 것"이라고 말하고 있다.

유언비어의 구체적 이유로는

① 본구(本區) 전차종점 부근에서 발생했다고 하는 김손순(金孫順)의 강도, 강간 사건.
② 본구에서 있은 조선인 강금산(姜金山) 등 30여 명의 떼강도 사건.
③ 상점, 양식당 등에서 조선인 10여 명의 강도 절도 사건.
④ 후가가와구[深川區] 근처의 밀가루 가게 방화 사건 등.

이 모든 사건들이 해진 후에 발생한 것인데, 이를 한데 몰아 한 번에 이런 사건들이 일어난 듯이 선동했다. 이러한 유언비어는 지난날 우리도 체험했다. 광주(광주)사태 때 각종 희귀한 유언비어들(애 밴 사람을 어떻게 했다느니 하는 등)이 쏟아져 나왔음을 우리는 체험했기에 이해가 빠를 수 있다.

결국 요코하마에서는 야마구치 일행의 무분별한 행동에 유언비어 발생의 원인이 있고 재해지 일부인 도쿄에서는 조선인의 비행 행동

일부를 전체로 확대한 데 원인이 있다는 결론이었다. 이와 때를 맞춰 도시 전제가 조선인 범죄 사건으로 뒤덮인 양 계엄령이 실시되고 여기에 덧붙여 사회주의자까지 발흥하고 있는 듯이 확산되어 사태의 수습이 어렵게 되었다.

이무렵 일본인들에 의한 조선인 탄압(총과 칼로 살해)을 중지시키기 위해 열린 한 좌담회에서 일본 형사들의 발언 내용은 조선인들에 대한 민족 차등과 조선인 혐오감을 잘 나타낸다.

동경 형사들
① 조선인들의 거짓말은 말도 마십시오. 거짓말을 하는 것은 조선인의 국민성이라고나 할까요? 그들은 절대 자백하는 법이 없으니까요.
② 조선인은 사상운동을 하지 않으면 부녀자 유혹에 정신이 없습니다. 그러니 내지인에 비해 가벼운 죄라도 엄벌에 처해야 합니다.
③ 조선인은 가정생활이 낮아서 감옥에 있는 것을 더 편하게 생각합니다.
④ 조선인은 평상 자기들의 죄에 대해 눈물을 흘려 사죄해도 전혀 신용할 수가 없으니 딱한 일이지요.
⑤ 조선인을 볼 때 내지인의 사고방식과 전혀 맞지 않는 일을 겪게 됩니다.

이것이 조선인 문제를 다룬 일본 형사들의 사고방식이었다면, 조선인을 가축이나 만성 우범자 이상으로 생각하지 않은 것이라 할 수 있다. 이런 사고의 주인공이라면 조선인들이 설혹 죽음을 당했다 해서 큰 사건으로 보지 않았을 가능성이 크다.

재향군인회(在鄕軍人會)

　사법권을 행사하는 형사들의 조선인 편견에 못지않은 것이 비상시의 치안 보조기구인 재향군인회였다.

　　사이타마현(崎玉縣) 재향군인회 부회장의 보고
　　① 9월 1일 오후 7시
　　경찰서가 정종을 난타한 후 "폭탄 흉기를 지닌 조선인 11명이 우리 동네에 습격하여 1명을 체포했고 나머지는 도망했음. 도망자들은 단도와 육연발총을 휴대하고 있으니 거리는 소등하고 문단속을 철저히 할 것"이라고 경과했다.
　　② 오후 9시경
　　약 80명의 조선인이 오가와 방면에 나타나 폭탄을 투척하고 역정류장에 방화했음. 조선인 8백 명이 습격해 들어와 그 일부는 가네고무라[金子村]에서 소방조와 전투 중이니 재향군인회 소방조는 전투 준비를 할 것.
　　③ 9월 3일 밤
　　약 40명의 조선인이 마을 부근 숲속에 집결, 불꽃이 보였음. 사실무근으로 판명. 불꽃은 메기를 잡은 것으로 판명됨.

　마을 사람들이 분개했고, 1일 이후의 소문은 모두 분서장 자신 및 경찰관으로부터 나왔으니 이에 대해 반드시 그 책임을 물어야 한다. 일부 인사들은 분서장이 사회주의자라는 말에 분노가 극에 달했다.
　이런 사건만 보더라도 당시 일본 사람들이 얼마나 황당한 소문에 따라 움직였나를 알 수 있다. 그리고 이런 소문은 상당수가 관권 아래 있던 사람들임도 알 수 있다.

권력층, 특히 경찰관들은 화재와 비상사태에 대한 급보를 들었을 때 "'불령선인'들은 지금 이 시간에 무엇인가 불온 계획을 세우고 있을 것이다."라는 선입견과 적대감을 내포한 단정을 그대로 활용했던 일은 있어도 그 진위를 확인하는 냉정함은 없었다. 이러한 유언비어들은 조금씩 윤색되어 유포되었고, 자가 발전으로 더욱 퍼졌다는 것이다.

일본 관헌은 계엄령 아래에서 군사 전개를 시도하면서 재향군인회, 청년단, 소방단 등에 내훈(內訓)을 통해 "일부 조선인 및 사회주의자 가운데 불순한 기도를 행하려는 자가 있으니, 그들에게 편승할 기회를 주지 않도록 시민 각자는 군대, 경찰과 협력하여 경계에 만전을 기하도록 할 것이며, 부녀자들은 우물에 독을 푸는 자가 있으니 주의토록 할 것"이라는 지령을 내렸다는 사실이 훗날 사이타마현의 예에서도 확인할 수 있었다.

신문사들은 그들대로 조선인의 습격을 알리는 특보(東京. 日日新聞)까지 찍어냈다. 이쯤되면 조선인을 누가 죽인들 문제를 제기할 사람은 없다. 그야말로 조선인을 죽일 수 있는, 또는 죽여도 좋다는 예비 작업은 모두 끝난 셈이다. 어떻게, 그리고 얼마나 많이 죽일 수 있느냐만이 문제였다.

한 계엄군의 수기 – 나가시노[習志野] 기병 연대소속

우리가 출동한 것은 9월 2일 정오가 조금 못된 시간이었을 것이다. 2일분의 식량과 말들의 여물까지 준비한 뒤였다. 병력이 전시 무장을 하고 영문(營門)에 준비하기까지는 한 30여 분 걸렸을 것이다. 실탄은

60발을 지급 받았다. 장교는 집에서 가지고 온 진검(眞劍)으로 지휘를 했기 때문에 마치 전장에 나가는 기분이었다. 무엇을 해야 할지도 모른 채 질풍처럼 영문을 빠져나가 먼지를 뒤집어 쓴 채 지바(千葉)의 가도를 단숨에 달려갔다. 오후 2시경 가메이도[龜戶]에 도착했다. 이재민들이 마치 홍수처럼 가도를 가득 메우고 있었다. 우리 연대는 행동 개시와 함께 열차를 수색하라는 명령을 받았다. 장교는 칼을 휘두르며 명령을 내렸다. 열차는 초만원이어서 석탄 창고 입구까지 사람들이 매달려 있었다. 그 가운데 섞여 있던 조선인은 모두 끌려 내려왔다. 그러고는 이내 번쩍이는 총검에 의해 쓰러졌다. 일본인 피난 인파 속에서는 "만세" 소리가 일어났다. 장교는 격앙된 목소리로 다시 소리쳤다. "국적(國賊) 조선인은 모두 죽여 버려." 하는 함성 속에 그날 저녁부터 밤늦도록 우리 연대는 피의 축제인 조선인 사냥을 자행했다.

출동하는 군인들을 목격한 한 여행자의 수기

2일 낮이 조금 지난 시간에 나는 논길에서 배급받은 현미주먹밥을 먹으며 걷고 있었다. 하늘에서는 비행기가 날고, 지상에서는 홍의대 소속 기병대 수개조가 달려가고 있었다. 그렇게 1블록 정도를 갔을 때 군중들의 좌측 논 가운데서 벌어지는 참혹한 사실을 보았다. 물들인 작업복을 입은 이, 물빛의 흙옷을 입은 이 등 7~8명이 손을 뒤로 묶인 채 늘어앉아 있었다. 얼굴은 공포로 가득 찬 채 알아들을 수 없는 빠른 말로 무언가를 외치고 있었다.

"지껄이지 마! 이 더러운 자식." 하며 한 군인이 갑자기 개머리판으로 내려쳤다. 그 순간 무리의 앞에서 막 무가내로 발버둥을 치던 사내 머리 위로 "퍽" 하는 소리와 함께 총검이 떨어졌다.

아! 군중들은 외마디 비명도 지르지 못하고 입을 다물고 말았다. 선혈이 사방으로 튀었고 희생자는 사지를 부들부들 떨고 있었다. "이 자식들 다 죽여 버릴 테다." "이 불령선인 놈들아! 죽도록 맞아볼래?" 열 명 남짓한 병사들이 일제히 개머리판을 휘둘러댔다.

계엄군을 필두로 경찰, 지방관, 재향군인회까지 긴급보고가 들어왔다. 모든 보고는 "조선인 2~3백 명, 가나가와현으로 들어와 방화 후 다마가와 상류로 진격 중"이라는 등의 유언비어였다.

돌연히 일어난 대지진으로 이를 처음 경험한 조선인들은 언어도 통하지 않고 사태에 놀라 동포끼리 서로 의지하고 도와 살려고 뭉친 조선인들이었다. 조선인 방화설에 놀라고 피에 굶주린 관민이 이렇게 모인 조선인들을 폭도로 착각한 것이다.

죽음과 죽임에 미숙했던 자경단은 가장 잔인한 방법으로 살인을 했다. 약한 자일수록 약함을 은폐하기 위해 잔인해진다는 이야기다. 자경단이란 부락과 동리의 안전을 위해 스스로 자위하도록 한 것인데 자경단엔 무기 대여 제도란 것을 급조하여 일반 국민들에게 무기를 풀어주었다.

자경단은 어떤 일을 했는가. 학살 목격자의 고백이다.

가장 충격적인 것은 가시덤불 위에 4~5명의 조선인 남자 손을 꽁꽁 묶어 큰대자로 눕힌 뒤, 그 밑에 불을 집혔습니다. 화형(火刑)이었지요. 살이 불에 그슬리면 피부가 갈색이 됩니다. 그렇게 그을린 조선인이 비명을 지릅니다만, 그것은 생명이 꺼지는 소리였지요. 그렇게 살해당한 조선인은 하나 하나 강에 던져졌습니다.

가장 보편적으로 목격되었던 것은 집단처형 광경이다. 이 경우엔 누군가 죽창, 일본도, 갈고리 등 살상가능한 모든 무기가 피해자의 머리에 꽂고 귀를 찢으며 눈을 후벼내는 등 공동분담 살해였다. 자경단에게 이민족 살해의 사명감이 부여되는 순간 계엄 아래 공권력은 자경단의 공공연한 살인을 허용하였고 지나친 도발행위라도 불문에 붙였다.

이렇게 무참하고 비극적으로 살해된 조선인의 수는 조선인 스스로가 파악한 규모만으로도 동경도의 2,711명을 비롯, 이 일대에서 6,412명 이었다.

재해가 지나간 뒤 소위 재판이란 것은 또 한 번 웃음거리를 만들었다. 재판장과 피고인은 서로 웃으며 화기 있게 재판을 진행했고 증거채택에서도 피가 묻어 있는 것만 물증으로 채택했고 다수를 살상하려 했던 자에 대한 심문은 본인의 자백이 있어야만 확증을 했다. 이 결과 12건의 피고 125명 중 무죄 2명, 집행유예 91명, 실형 32명, 최고형은 4년으로 2명뿐이었다. 실형자들은 이듬해 황태자 결혼식을 맞아 은사(恩赦)로 석방되었다. 어차피 조선인들에게는 인권 따위는 없었으니까.

35 목은 일본이, 시체는 북한이

조선 조정은 임진왜란을 겪으며 나라를 지키기 위해서는 무신(武臣)의 필요성을 절감했으나, 그 수효는 턱없이 부족했다. 부족분은 보충하기로 했다.

편법으로 왜병 한 사람을 죽이면 무과에 등과(登科)한 것으로 하고, 활 10발을 쏘아 2발만 과녁에 맞히면 합격시키는 편법 과거를 실시했다.

이렇게 무신의 다량 배출을 목적으로 한 정책을 시행했지만, 싸움만 나면 무신들은 도망치기에 바빴다. 왕이 앞장서 도망가고, 도원수와 대장군이 없어지니 무신 몇 사람만 남아 있을 수는 없었다.

평소에는 모두 높은 사람이었지만, 전쟁이 나니 내가 죽느냐 사느냐의 문제였다. 밑바닥의 병졸까지 높은 사람을 위해 내가 죽을 수 없다는 생각이었다. '죽는 사람만 손해 보는 세태'로 전투도 벌어지기 전에 도망치는 풍조에 따라 무신(武臣)은 계속 부족했다. 조선 무신은 날지 못하는 새처럼 싸우지 못하는 무리가 되었다. 쓰러지는 국가를 세우는 작업을 맡아 할 사람은 아무도 없었다.

결국 조선은 일본의 속국이 되었고 그때서야 조선의 독립이 얼마만큼 값진 것인지를 느끼고 이를 위해 뒤늦은 투쟁에 나서는 모습이었다. 그 후 한 민족이 갈 데까지 간 비극의 실제로서 남과 북이 갈리어 서로 죽이는 비극은 이루 다 말할 수 없는 민족 비극 바로 그것이었다. 한 세대가 비굴하면 그 값은 바로 그들의 후손이 받는다는 사실을 우리는 우리 역사에서 볼 수 있다.

간혹 병졸이 죽음에 맞서듯이, 나라가 망한 뒤엔 독립운동이라는 큰 산에 맞서는 사람들이 가끔 있다. 그 대표적인 예가 만주에서, 미국에서, 소련에서 나타났다. 이들 귀하고 용기 있는 사람들을 위해 후손들은 작은 성의를 보태어 기념을 한다. 그가 살았던 요녕성(遼寧省) 신빈현(新賓縣) 왕청문(汪淸門)의 양서봉(梁瑞奉, 1895~1934. 조선 독립 혁명군 총사령) 장군의 경우도 그 한 예다.

양서봉 장군의 제수 김화실(金花實, 82) 여사 일가는 요녕성 청원현(靑圓縣) 북삼가자향(北三家子鄕) 북삼가촌(北三家村)에 거주하고 있다. 이미 백발이고 허리가 굽은 여사의 기억은 똑똑해서 지나온 내력을 상세히 기억하고 있다.

"내가 13살 때(1924) 흥경 진꼬우수로 시집을 오니 위로는 시할머니와 시어머니, 청춘과부로 난시숙모가 아들 둘을 데리고 함께 살고 있고, 큰 형님(양서봉의 처), 둘째 시형(양원봉) 내외 간에, 시동생(양정봉)에, 시누이(양봉녀), 그리고 우리 내외(양시봉, 24세)까지 12식솔이 한 지붕에서 살았지요. 소작 밭 약간을 빌어 농사를 지었는데 일 년 지어도 남는 것이 없었어요."

양씨네 집은 독립군의 연락처이며 여관이며, 보급, 세탁, 휴식처였고 든든한 후방 부대이기도 했다. 때때로 독립군들이 찾아오면 세 며느리들은 없는 반찬이나마 정성껏 마련하여 따끈한 술 한 잔과 함께 식사 대접을 했다. 맏시형 양서봉은 집에 올 때마다 헌 양말을 한 짐씩 지고 왔다. 그러면 세 동서는 며칠씩 밤을 새우며 세탁과 수선을 해서 보내곤 했다.

그리고 매년 겨울철이면 독립군에서 무기를 가져오고 이를 받아 깊은 산골에 묻었다가 봄철이면 꺼내어 손질을 해서 보내주었다. 양씨 일가는 편제에는 들지 않았지만 독립군이었다.

신빈현왕청 문향 고려 산촌의 김효순(金孝順, 77) 할머니는 양장군의 기억을 다음과 같이 회상했다.

"저의 아버지 김두선은 양서봉 장군을 따라 독립운동을 하던 분이었어요. 나는 어린 나이에 독립군들의 연락을 다녔어요. 양서봉 장군의 장례를 치루고 나서 며칠 안 되는 데 왜놈들이 우리 집으로 들이닥쳤어요. 왜놈들은 아버지를 나무에 비끌어 매어놓고 때리면서 양 장군의 묘소를 대라는 거였소. 아버지가 말을 안 하자 어머니와 나까지도 때렸소. 마을에 변절자가 있어 양 장군의 묘소를 안 그자들은 산에 가서 묘를 파서 양 장군 시신을 끌어다가 아버지의 발치에 놓고서는 아버지에게 도끼로 목을 치라는 거예요. 아버지는 "자식이 어찌 어버이의 목을 치며 백성이 어이 임금의 목을 친단 말이요. 나라를 잃은

처음 듣는 조선족의 역사

■

330

오늘 양 장군은 우리의 어버이며 임금이요."라며 도끼를 끝내 들지 않자, 다른 부락민에게 양 장군의 목을 자르게 하여 보자기에 싸가지고 갔다오. 왜놈들은 가면서 아버지에게 총을 쏘아 죽였어요. 아버지는 이렇게 하여 횡사를 한 거예요."

이에 앞서 양 장군은 변절자에게 암상되어 집안에서는 뒷산에 장례를 치렀다. 얼마쯤 지나서 왜병들이 들이닥쳤다. 그들은 양 장군을 체포하러 온 것이었다. 그런데 그가 이미 별세했다는 말을 듣고 무덤이 있는 곳을 물었으나 누구도 이를 알려주지 않자 그들은 마을 사람들을 잡아다가 양 장군의 묘를 파서 도끼로 목을 치라고 강요했다. 그러나 아무도 나서지 않자 그들은 자신들이 시신의 목을 잘라 보에 싸서 가지고 갔다. 마을 사람들은 목 없는 시신을 다시 그곳에 장례를 지내고 매장했다. 그러자 해방 후 이번엔 독립군을 존중해야 된다면서 북쪽 김일성 정권에서 목 없는 양 장군의 시신을 파 갔다.

두 차례에 걸쳐 양 장군의 죽음 흔적을 모두 잃은 신빈현 사람들은 한동안 빈 묘 자리만을 바라보다가 "우리의 동지인 양 장군이 우리 곁을 영영 떠나가게 할 수는 없다."고 판단하고 적은 돈이라도 모아 작은 기념물을 세우자고 결의하여 기념비 건립 각출운동에 나섰다. 여기에 앞장선 사람은 역시 문화를 생각하는 신빈현 문화관의 전정혁(全正革, 40) 씨였다. 그는 비용절감을 위하여 자전거를 타고 이곳저곳을 돌며 기부금을 모았다.

그는 또 자전거 답사를 하면서 양 장군과 기타 독립운동에 대한 자료를 모아 독립운동박물관도 함께 세우기로 했다.

"지난해 조선족과의 경제문화교류협회가 성립되자 저는 신빈현 당 위원회를 찾아갔습니다. 그리하여 전 현 조선족들을 동원하는 한편 《료녕조선신문》, 《길림신문》 등에 호소문을 실었지요. 그리고는 동삼성(東三省)과 관내 조선족들의 호응을 받았고 이어 성, 시, 국가 민족사무위원회, 연변대학, 연변조선족 사학회, 흑룡강 조선말방송국, 민족출판사 등의 후원을 받았습니다."

협회 구성원들은 모금을 위해 동삼성과 북경, 천진 등지를 자주 갔고 경비절감을 위해 곽밥으로 끼니를 때웠으며 대합실에서 잠을 자기도 했다. 또 신빈현 조선족 문화관 관장 김순화(金淳華) 관장이 무순시(撫順市) 제1조선족중학교에서 양 장군의 업적을 강의한 뒤에 학교 학생들이 2,887원을 모금해서 보냈다. 그리고 전국 조선족단체 50여 곳의 1,400여 명의 개인들이 기증한 돈 10만 원을 모아 조선족의 잠재력을 과시했다.

모금 소식이 전해지자 중국주재 한화집단 각 곳에 흩어져 있던 한국인들이 모금에 응했다. 이렇게 하여 모금한 금액 175,000원으로 한복 차림을 한 양 장군의 반신상을 심양 로신미술관 조각부 주임 전금택(田金澤) 씨가 빚어 세웠다. 그리곤 조선족 모두가 이 석상을 둘러싸고 목이 터져라 하루 종일 만세를 불렀다.

양서봉 장군이 죽음 후에 겪은 인생험로는 우리 조선족 수난의 역사와 한 독립운동가의 비참한 한평생을 말해주는 단면이다.

36 멸망한 서(西)로마 닮아가는 한국

한반도는 1945년 독립이 되었으나 이념적으로 65년간 남과 북으로 갈린 채로 서로 상대방의 체제 비난하기만을 일삼아 백성 간에 증오심을 키웠다.

조선은 과거 삼국 시대부터 때로는 갈리기도 하고 때로는 통합되기도 했으나, 이렇게 오랜 기간 서로 정치 가치의 핵심인 상대편 이데올로기를 죽기 살기로 비난하고, 네가 죽지 않으면 내가 죽는다는 식으로 생사가름의 냉전을 벌여온 때는 많지 않다. 우리 역사상 이보다 더한 상대에 대한 날카로운 적개심을 키운 적은 없었다. 우리는 흔히 '통일', '통일' 하지만 이제 대화와 타협에 의한 통일은 지나갔고, 서로가 경계선 없는 통일은 곧 생사를 건 이념 대립의 폭발로 대 살육(殺戮)을 의미하게 되었다.

현재의 대한민국은 옛날의 멸망해가던 서로마를 닮아 가고 있는 것 같은 인상이다(이하 서술은 에드워드 기번(Edward Gibbon)의 『로마제국 쇠망사(The History of the Decline and Fall of the Roman Empire)』, 송은주 번역의 대략을 따른 것임).

로마의 불행은 서기 376년경 야만족 고트족에게 은혜를 베푼 점에서부터 출발한다. 훈족에게 쫓긴 야만족 고트족은 서쪽으로 밀려와 살 곳이 없었다. 고트족은 자기들의 생존은 오로지 로마 황제의 은혜와 관대함에 있다고 판단하고 로마 북쪽의 황무지를 경작하고 살도록 해준다면, 고트족은 충성을 다해 보은할 것과 북쪽 국경을 수비하면서 로마법에 복종하고 조용히 살아가겠다고 맹세했다.

이에 대해 로마는 "100만 명의 속주민들(고트족)이 징집을 면제 받고자 바치는 막대한 양의 금화가 왕실의 곳간에 쌓일 것"이라고 계산을 하면서 "고트족들은 로마와 유럽의 국경선인 도나우 강을 건너기 전에 주민 100만 명과 20만 전사들의 무기를 모두 내놓아야 한다."는 엄격한 무장해제 조건을 달았다. 고트족은 이에 응했고 이러한 절차를 끝낸 뒤 그들은 로마 국경으로 들어갈 수가 있었다.

그러나 정작 고트인들의 무기소지 여부를 감시한 로마 황제의 장군들은 부패했고, 그들은 자기 이권에만 눈이 어두워 고트족이 소유한 무기를 눈감아주었다. 그 대신 그 장군들은 고트족들의 젊은 처녀와 예쁜 부인들에게 눈독을 돌려 회유와 느슨한 감시 대신 그들의 육체를 요구했다. 고트족들은 살기 위해 로마 장군들의 욕정에 몸을 맡기는 일종의 창녀 같은 헌신과 희생의 수치심을 감수했다. 로마인들은 고트족이 내는 무거운 세금과 그들에게 음식을 팔아 개인 이익을 채웠다.

로마에 들어온 야만족들은 자기들의 딸들과 부인들이 겪은 육체적인 희롱과 로마인들의 멸시와 모욕을 정신적 단결 수단으로 삼았다. 그들은 내부를 정돈한 뒤 분란을 일으켜 로마 군인들을 쳐부수고, 이방인이자 유랑자의 위치에서 차츰 격상되어 로마 시민의 자리로 올라섰다.

불안을 느낀 로마는 서로마와 동로마의 군대가 합치고, 고트족은 동고트족과 서고트족이 합친 가운데 일대 격렬한 전투를 벌였다. 일진일퇴를 거듭한 전쟁 뒤에 로마와 고트족은 휴전과 우호조약에 합의했다. 이 우호조약에 의해 고트족은 로마인들로부터 새삼 동맹군이라는 칭호를 받았다. 동정심에서 살려준 인정으로부터 이제는 동등한 집단이 되었다. 선진 민족이라고 자처하던 로마공화국민이 문자도 제대로 없는 야만족들이라고 깔보던 고트족의 보호를 받는 것인지, 위협을 받는 것인지 공존하고 있는 것인지 구분이 되지 않을 정도의 혼란상태가 되었다.

마치 무기체계가 우수하다면서 맏형같이 하겠다던 대한민국 군대가 북한을 봐주는 것인지 북한의 핵무기에 밀리는 것인지 구분이 되지 않는 것과 같은 형태다. 여하튼 북한은 핵무기를 앞세워 미발표 무기로 한국을 으깨버리겠다면서 서해 5도(島)에 총격을 가하고 있다. 서울 불바다소리까지 공공연히 내놓는다.

고트족들은 점차 거칠고 오만한 태도를 들어내었고 시민들과 속주민(屬州民)들에 대한 노골적인 멸시의 태도를 보였다. 이런 태도는 점차 그 정도를 더해 나중에는 모욕적인 행위로 바뀌었으나 아무런 처벌도 받지 않았다. 남한에서 북한체제를 칭찬했다 해서 처벌 받은 사람이 없는 것과 같다. 고트족의 무력 앞에 이미 처벌할 수 없는 경지에 이르렀다. 그것은 좌파의 극성 앞에 이미 처벌할 수 없는 경지에 이른 것과 같다.

고트족장들끼리는 때가 오면 복수를 하자는 은밀한 밀약이 있었다는 말까지 퍼졌다. 북한은 자기들끼리 핵으로 남한을 친다는 말을 숨기지 않는다.

로마는 사치와 문약에 젖어 이 야만인들의 태도에는 애써 눈을 감았다. 전쟁 중에 돈을 줄 터이니 물러가 달라고 요청했으나 거절되었다. 전쟁보다는 물질의 일부를 나누어 주는 편이 유익하다고 로마 지도층은 국민들을 설득했다. 북측에 너무 퍼준다고 비판한 사람들에게 남한 좌익계 대통령이 "그러면 전쟁을 하자는 것이냐?"고 윽박질러 물은 것과 같다. 이들 대통령이 '평화공존', '민족번영'이라는 단어들을 특히 많이 외친 것과 같다. 우리 과거 지도자들이 북한을 돕기 위해 '전쟁보다는 평화와 번영'의 논리로 국민을 설득하려 한 것도 바로 돈으로 안일을 사려 했던 서로마 지도자들과 같은 것이다. 서로마인들은 전쟁보다 돈으로 안일을 사자는 심리가 팽배했다.

야만인들은 심리적으로 점점 강화되어 로마 포위를 약간씩 강화하면서 사치로 나약해진 국민에 대한 격멸을 한껏 들어냈다. 이제는 오히려 로마에서 물러나는 대가로 양식과 배상금을 내라고 요구했다.

북한은 한국이 주는 물자와 양식 등에 대해 크게 고마워하지 않는다고 한다. 그 이유는 그것이 본질적으로 한국 근로자에게 속한 것이기에 북한이 받을 권한과 자격이 있기 때문이라고 한다.

고트족의 로마 포위 해제 요구 배상금 내용은 국가 소유이든 개인 소유이든 가리지 않고 도시 안에 있는 금과 은 전부, 값나가는 동산 전부, 그리고 야만족 출신임을 입증할 수 있는 노예들 전부를 내놓으라고도 했다. 그리고 이런 배상의 대가는 무엇이냐는 로마 원로원의 질문에 고트족은 "그대들 생명"이라고 오만하게 답변했다. 배상은 여러 차례 조정을 거쳐 로마에게 엄청난 피해를 주면서 타결되었다. 북한이 의도대로 핵을 무기화했을 때 그들이 어떤 태도를 보일지 짐작케 하는 것이기도 하다.

로마인들은 야만인들의 비논리적이며 탐욕스러운 요구를 간신히 들어주고 난 뒤에도 달라진 것이 없었다. 곧바로 평화와 풍요를 즐기는 예전 생활로 되돌아갔다. 로마 시민들은 교외에서 3일간 열리는 자유시장에 싼 물건을 사기 위해 몰려들었다. 고트족은 속으로 웃었고, 상인들의 주머니는 다시 두둑해졌다.

로마시민들의 심한 안보 불감증이었다. 자기 돈을 주어 자기에게 협박 수단이 될 수 있는 핵을 만들 수 있게 하는 정도는 불감증이 아니라 자살을 하는 것과 크게 다르지 않을 것이다. 이런 일을 전직 대통령이 추진했으니 그러고도 이 나라가 망하지 않고 있는 것은 기적 같은 일이다.

동고트족은 갈리아, 에스파냐, 아프리카의 동족들이 승전의 결과로 독립적이고 항구적인 영토를 획득한 것을 부러워하면서 이탈리아 영토의 3분의 1을 자신들에게 분배하라고 요구했다. 이 대담한 야만족은 자신들이 단결하면 이 거절당할 제의를 효과적으로 관철할 수 있다고 동료들을 설득했다. 영토를 잃으면 어떤 민족이나 망할 수밖에 없다. 그러기 때문에 영토의 흥정은 생존조건의 최종적인 것이다.

북한이 북방한계선을 없애고 자신들이 해상 영토를 확대할 것이니 한국은 이를 인정하라고 요구하고 있는 점이나, 한국은 신사도에 도취되어, 북한으로 하여금 우리 해양 영토 안의 항해를 허용하고 있는 점은 이래서 중요한 의미를 갖는다.

오늘 우리의 사치생활은 당시 서로마국민들의 사치생활에 비해 어떨까?

일본에서 수입한 특별한 소고기 와규라야 입맛에 맞는다고 으스대는 사람들도 있다. 높은 빌딩의 식당에 가면 이런 소고기만을 파는 곳도 있다. 이념으로는 썩은 고기인 줄도 모르고 먹는 사람들이 돈으로 하는 음식에는 이렇게 사치를 하고 있다.

동남아와 한국 근교의 나라들, 일본, 태국, 인도네시아, 말레이시아, 베트남, 중국의 골프장들은 한국인이 없으면 장사가 되지 않을 정도다. 달러가 줄줄 새는 소리가 개울, 여울물 소리처럼 들린다. 이들 나라의 골프장에 가보면 내장객의 90%가 한국 사람들로서 골프장만은 한국으로 착각케 한다. 한국인은 어느 사이 동남아의 골프봉이 되어 있다.

고트족 병사들은 로마를 농락하던 끝에 서기 476~490년 사이에 로마와 고트족의 동등 원칙 아래 환호하면서 합의했다. 그리곤 야만족 출신의 황제 근위대장 발렌스를 서로마황제에 추대했다.

우리도 한 전임 대통령이 '남과 북이 우리식으로 공화국을 만들어 대통령을 뽑고 지도자들을 뽑자'는 합의를 한바 있었다. 발렌스 경우에 일 보 다가갔던 것이다. 우리식이라는 것은 미군이 없는 경우다. 로마에서의 고트족황제 선출이 이념 투쟁을 벌이는 판국에서 좌파대통령을 뽑는 것과 같다.

이렇게 해서 로마는 동정(同情)에서 출발했으나 오만과 물질의 탐욕에 눈이 어두워 동정의 대상이었던 바로 그 고트족에 의해 멸망당했다. 야만족 고트민족이 로마 땅에 발을 붙인 후 100년이 지난 뒤다.

고트족들이 왕의 칭호를 발렌스에게 바쳤으나 근위대장 출신의 발렌스는 겸손을 보이기 위해 치세 기간에 황제를 뜻하는 자색옷이나 왕관을 쓰지 않았다. 그만큼 야만족들은 주의 깊게 처신했다. 그래서 서로마의 멸망 시기는 역사상 분명하게 기록되지 않고 있다. 서로마 시민들은 나라가 망해도 망한 줄도 모르면서 살았던 셈이다.

역사상 지구상에 나타났던 어떤 나라보다 부유롭고 지성적이라고 자랑하던 로마 민족이 막상 자기네 문제, 가장 중요한 망국(亡國)과 흥국(興國)을 구별치 못하고 상당기간을 산 것이다.

양심과 도덕을 지켜주는 우리 종교는 상업화, 기업화하여 나라의 경제적 어려움과는 아랑곳없이 서울에만도 수천 억 원의 호화교회가 도처에 서고 있다. 기독 정신의 원초인 예수교의 초대교회가 특급으로 호화로웠다는 말을 우리는 듣지 못했다. 예수님은 호화로운 대리석이나 석조 건물에서 태어나시지 않았다. 성령으로 태어난 그가 왜 부잣집 자녀로 태어나는 대신 마구간 한구석에서 태어났나를 깊이 생각해야 한다. 이것은 인류에 대한 겸손이다. 겸손을 잃으면 망한다는 구절이 성경에는 가득 차 있다.

제도적으로 양식을 지켜주는 사법부는 좌경세력의 등장으로 국민의 법 감정과 다른 판결을 내놓고 있다 하여 시끌시끌하다. 일부 보도에 의하면 이 나라의 체제부인 세력이 일부 판결의 칼자루를 쥐고 있다고도 한다. 고시원 쪽방에서 이미 의식화되었다고도 한다.

우리 민족은 신명이 많고 에너지가 많은 민족이다. 좋은 지도자를 만나 이 에너지를 분출할 때 큰 업적도 이룰 수 있다.

도덕적으로, 이념적으로 병든 사회, 거기에 지도자 복이 없는 민족과 국가가 망하지 않고 얼마나 견디어낼 수 있을까는 의문이다. 우리는 스스로 자문해볼 필요가 있다. 망한 옛날의 강국이며 지성이 넘친 서로마인들과 비해 우리는 어느 길로 가고 있는가.

이대용 씨의 증언

이대용(李大鎔) 씨는 아주 특이한 경력을 가진 사람이다.

그는 월남 말기인 73년부터 주월남(駐越南) 한국대사관에 경제공사로 근무했다. 그러면서 당시 월남 대통령이었던 구엔 반 티우와 미국 참모대학 동창이자 친구로서 사적으로 만나 이야기도 나눈 사이였다. 그러다가 월남이 망한 75년까지 월남에 있다가 월남 붕괴 후 공산군에 포로가 되어 5년 간 월맹에서 억류되었다가 풀려나 귀국했다.

그의 경력이 말해주듯이 그는 누구보다 월남의 멸망과정을 상세히 들여다볼 수 있었다. 그는 그의 저서와 최근에 쓴 많은 글, 그리고 인터뷰를 통해 "오늘의 한국은 월남 말기와 너무나 똑같다."고 우려를 표명했다. 월남과 한국은 마치 일란성 쌍둥이와 같이 닮았다고 지적했다. 그는 월남에 있을 때 티우 대통령을 만나 우려를 표명하고 대책을 말했더니 "식량부족과 물자부족에 허덕이고 있는 월맹은 조만간 붕괴될 체제인데 무슨 힘이 있어 쳐내려오겠느냐."면서 미래에 대해 낙관을 하더라고 회고했다.

그는 "오늘의 우리는 월남 패망 당시 월남이 내부의 갈등으로 무너지던 때와 너무나 흡사하다."고 진단하고 "67년 대통령 선거에서 차점으로 낙선한 쭝딘쥬와 모범적인 도지사로 평판이 자자했던 녹따오를 위시한 많은 정치인과 관료들이 모두 공산 프락치였음이 월남 패망 뒤에 밝혀졌다."고 말했다. 이런 프락치 때문에 월남의 극비 사항들이 하루면 공산당으로 넘어갔다는 것이다.

당시 미국은 "월남의 휴전체제가 10년은 갈 것"이라고 전망했지만, 화해와 평화의 분위기가 퍼져나가자 공산군에 대한 월남 국민들의 경계심도 같이 사라져 버렸다고 우리의 경우와 흡사한 점을 지적하고, 이것이 월등히 높은 경제력과 막강한 화력을 가졌던 월남군이 먹지도 못해 세 끼를 소금과 함께 먹던 (본인이 직접 목격했음) 월맹군에게 패한 원인이라고 지적했다.

이씨는 "당시 월남의 시민 단체와 종교 단체를 좌익이 장악했고 반부패운동을 펴던 시민연대까지 좌익프락치들이 침투하여 이를 반체제세력으로 변질시킨 것이 문제였다."고 말했다. 오늘날 한국의 언론인과 지식인들이 말과 글, 구호로 무장한 좌파 인사들의 공세에 밀려 다수가 침묵하는 것도 월남 말기의 상황과 너무도 흡사하다고 지적했다.

이씨는 "경제가 우수하다거나 체제가 안정되었다는 것은 충성하는 국민의식이 이를 뒷받침할 때에 비로소 의미가 있는 것"이라면서 "우리가 공산화를 우려하면 많은 인사들은 속으로 '설마'라고 생각하겠지만 월남도 우리처럼 '설마 설마' 하다가 결국 망하더라."고 결론지었다.

'한국의 국민총생산이 $20,000을 넘는 시기가 곧 온다.'고 우리는 샴페인을 터뜨렸으나 그런 시기는 그리 쉽게 오지 않았다. 왜 그런가? 외국인의 투자가 들어오지 않기 때문이다. 외국인들은 한국의 노동 시장이 경직되어 있음을 지적한다. 투자보다 돈을 빼가지고 가기가 바쁜 모습이다. 외국인들은 왜 한국의 노동 시장이 경직되어 있다고 하는가. 한국의 노동 시장이 다른 나라와 다른 점이 있다. 우리의 노동 시장은 노동폭력이 빈발하고 있다는 점이다. 그 폭력은 1964년 혁신계 교회목사 300명이 도시산업선교연합회(都産)를 구성하여 해방신학, 민중신학으로 노동자들을 의식화시켜 노사분규를 연출하기 시작한 때로부터라고 진단하는 사람들이 많다. 1972년 3월의 동일방적, 5월의 남영나일론, 1979년 8월의 Y.H.무역, 1980년의 반도상사들이 대표적인 사례로 꼽힌다. 1976년엔 영등포에서 사회선교협의회가 결성됐고 이 조직을 중심으로 제조업체에 지하조직을 은밀한 방법으로 심기 시작했다. 1981년엔 비밀 지하 조직기관인 '다락원'을 설치하여 위장 취업자들에게 4개월 코스로 합숙훈련을 시켰다. 여기에서 도산이론을 무장시켰다. 1기에 30~40여 명, 82년 말까지 1년에 배출된 200여 명의 전문 세포들은 구로, 인천, 부천, 성남지역의 문제 많은 기업체에서부터 위장취업을 하기 시작했다.

이들은 기존의 노조를 어용노조로 몰고, 민주노조라는 이름으로 수많은 기업체의 노조를 장악했다. 핵심세포들에 의해 포섭 훈련된 노동 투쟁 세력은 1983~1988년 사이 2,696명에 이르렀다. 이들은 80년대를 혁명을 실천할 결정적 시기라고 판단, 노동자들을 혁명의 주 역군으로 전력화하는데 열을 올렸다. 근로조건 향상, 인금 인상 등의 순수 노동운동을 하는 기존 노조를 어용노조라고 매도하면서 사용자를 적(敵)으로 하는 '노동자가 주인이 되는 세상'을 만들자고 부추겼다. 청계천 피복노조의 전태일 사건, 「난쟁이가 쏘아올린 작은 공」, 우리들 가진 것 비록 없어도, 노동의 새벽 등 많은 노동자의 생활을 절망적으로 묘사한 사건과 수기, 소설 등이 이 무렵 발표되었다.

민주노조는 임금인상이나 노동조건 개선 같은 것이 아니라 자본가를 몰아내고 노동자에 의한 기업지배를 목표로 했다. 한나라당의 윤리위원장을 지낸 ○목사는 당시 영등포도산에서 위장 취업을 했던 사람이며, 손(孫) 모 전 경기지사도 위장 취업의 경력 소지자다. 그는 2006년 11월 한국발전연구원에서 한 강연에서 "저는 실제로 대학을 졸업하면서 취직할 생각은 하지 않고 소설가 H씨와 구로동 수출 공단에 들어가서 일을 했습니다. 제가 거기에 취직하려고 들어간 것이 아닙니다. 어떻게 노동자들을 조직해서 이 사회의 모순을 시정할까 하는 생각만 했습니다. 공장에 취직해서 다니다가 친구에게 들킬 형편이 되어서 다른 공장을 찾고 있던 중에 박형규 목사님께서 '노동운동보다 더 중요한 것이 빈민운동'이라고 해서 청계천 판자촌에 가서 살았습니다."

이들 대학생 위장 취업자들의 세뇌공작에 의해 순진했던 노동자들이 과격한 구호를 외치기 시작했다. 이들은 교육 자료를 활용하여 일반 국민들에게는 군부 독재의 비인간성을 부가시켰다. 어떤 교육을 했건 이들에게는 이념적 특성이 있었다.

1987년 6 · 29 선언으로 민주화의 물결이 사회의식을 지배하면서부터 노동상담소, 민족학교, 민주시민학교, 노동자대학 등 의식화교육 기관들을 공공연히 차려놓고 혁명 인자들을 유인했다. 1989년 재야단체가 운영하는 노동상담소는 72개소, 민족학교 등 의식화교육 기관이 52개였다. 노동상담소는 서울 20개소, 경기 · 인천 33개, 부산 · 경남 11개, 대구 · 경북 4개, 광주 · 전남이 4개였다. 의식화교육 기관은 서울 18개, 부산 · 경남 8개, 경기 · 인천 9개, 대구 · 경북 1개, 대전 · 충남 1개, 광주 · 전남 5개, 강원 3개, 전북 2개, 제주 1개소였다. 이들 조직들은 공단부근에 자리를 잡고 근로자들을 '노동해방'이라는 표제로 의식화했다.

이러한 사회적 분위기와 맞춰 노무현(盧武鉉) 전직 대통령도 이들 노동 세력과 한편이었다. 그는 1988년 7월 8일 국회 대정부질문을 통해 "만일 노동자, 농민, 도시서민의 고통이 돈과 힘을 한손에 쥔 소수 특권 계급의 착취와 억압에 기인된 것이라면 그들은 착취와 억압에서

해방되어야 합니다. 지금 우리 경제는 근본적인 개혁 없이는 경제민주화가 불가능하다고 생각하지 않습니까. 재벌은 해체되어야 합니다. 재벌 총수와 그 일족이 독점하고 있는 주식을 정부가 수매해 노동자에게 분배합시다. 매수와 분배 20년 거치, 20년 분할 상환 정도면 노동자들도 감당할 수 있습니다. 집 없는 서민들, 중소 상공인, 농민들을 위해 부채탕감과 아울러 토지도 모두 같은 방법으로 분배합시다. 지금 제가 하는 주장은 공연히 한 번 해보는 소리가 아닙니다."

1988년 12월 26일 노무현은 현대중공업파업 현장에 가서 "법은 정당할 때 지키고 정당치 않을 때는 지키지 않아야 한다." 말했다. 그는 또 1990년 5월 4일 현대중공업의 총파업 현장에 국회의원자격으로 분규를 해결한다며 내려가 다음과 같이 말했다.

"노동자가 하루 놀면 온 세상이 멈춥니다. 그 잘났다는 대학교수, 국회의원, 사장님 전부가 뱃놀이 갔다가 물에 풍덩 빠져 죽으면 노동자들이 어떻게 세상을 꾸려 나갈 것입니다. 그렇지만 노동자가 모두 염병을 해서 자빠져 버리면 우리 사회는 그날로 끝입니다. 그럼에도 불구하고 법률, 경제, 사회관계 등 모든 것을 만들 때 여러분이 만듭니까? 아닙니다. 이제 여러분의 대표가 만들어야 합니다. 그게 바로 오늘 한국의 노동자가 말하는 '노동자가 주인이 되는 세상' 입니다. 그런 사회를 위해 우리 다 함께 노력합시다."

노무현 대통령의 이러한 생각의 많은 부분은 정치 초기와 달리 대통령이 된 후에 스스로 수정했다고 하지만 어느 정도 수정을 했는지는 알 수 없는 일이다.

C씨가 포섭한 한 노동자의 의식화운동은 이렇게 시작되었다.

　　노동자가 주인이 되는 세상을 만들기 위해서는 때로 피를 필요로 합니다. 우리는 민주 제단에 피를 뿌릴 때 비로소 노동 해방은 쟁취될 수 있고 노동자가 주인이 될 수 있습니다. 피를 바칠 각오가 돼 있어야 합니다.

　　여러분들은 스스로를 노예라고 생각해본 적이 없을 것입니다. 그러나 생각해보십시오. 여러분과 옛날 노예들과 무엇이 다른가를……. 옛날 로마나 그리스 사회에서 노예들은 절대 다수를 차지하고 있으면서도 억눌려 지내야 했습니다. 그들은 죽지 않을 정도의 먹이를 받아가면서 지배계급의 부귀와 영화를 짐승과 다름없는 삶을 살았습니다. 우리나라 역시 마찬가지입니다. 소수양반들은 손 하나 까닥하지 하지 않고 온갖 부귀영화를 누렸습니다. 이를 위해 얼마나 많은 노비들이 희생을 강요당했습니까? 귀족과 노비가 서로 타협하고 화해한다는 것은 불가능합니다.

　　귀족들이 자기 것을 나누어 주면서 노예들을 해방시켜 주었다는 애기는 어디에도 없습니다. 그런 귀족에게 타협한 노예라면 그건 타협이 아니라 굴종입니다. 자본가가 그런 귀족이고 노동자가 바로 그런 노예입니다.

　　자본가와 노동자 사이에 타협은 없습니다. 오직 투쟁만 있을 뿐입니다. 우리는 자본가를 상대로 싸워서 뺏을 수밖에 없습니다. 내가 말하는 것이 빨갱이 이론하고 무엇이 다른가 라는 질문을 할 분이 있을 것입니다. 이는 자본가와 파쇼정권이 노동자들을 탄압하기 위해 만든 논리입니다. 여러분들은 초등학교 때부터 이런 교육을 받았습니다. 그러나 생각해보십시오. 노동자가 없으면 자본가도 있을 수 없습니다. 우리 노동자는 우리의 정당한 몫을 찾자는 것입니다. 이걸 공산당으로 몰아붙이는 것은 착취와 억압을 계속하자는 것입니다."

　　　　　　　　　　— 池萬元 씨의 수사기록으로 본 12.12와 5.18

우리나라가 명색이 자본주의 국가인데 이처럼 반(反)자본주의 이론으로 많은 노동자와 근로자들이 무장을 하고 있고 그들의 사회참여가 개방되어 있는 상태에서 나라가 이 정도 굴러 가는 것이 이상할 뿐이다.

'노동자가 주인이 되는 세상'을 강조하던 사람이 대통령까지 지냈으니 생각하면 아슬아슬할 뿐이다. 이러고도 나라가 안 망했으니 말이다. 우리는 지금 이 시간에도 아슬아슬하게 존재하고 있다.

| 참고문헌 |

1. 전집과 단행본

강덕상, 홍진희 옮김, 『조선인의 죽음』, 동쪽나라, 1995.

姜沆, 『看羊錄』, 임진왜란 직후(1593), 국립 중앙도서관 보관.

金秉模, 『韓國人의 발자취』, 集文堂, 1985년.

김부식, 최호 역, 『三國史記』 1 · 2, 홍신문화사.

김용만, 『고구려의 그 많던 수레는 다 어디로 갔을까』, 바다출판사, 1999.

김재선 · 엄애경 · 이경, 『한글 동이전』, 서문 문화사, 1999.

김창현, 『신돈과 그의 시대』, 푸른역사, 2006.

김택수, 『위대한 백제왕국』, 고려서적, 1995.

김학준, 『러시아사』, 대한 교과서 주식회사, 1991.

김헌식, 『신돈, 미천하니 거리낄 것이 없네』, 창해, 1993.

김희영, 『이야기 日本史』, 청아, 2006.

馬大正 · 楊保隆 · 權赫秀 · 李大龍, 서길수 옮김, 『중국인이 쓴 고구려역사』, 여유당, 2006.

문안식, 『한국 古代史와 鞨鞨』, 혜안, 2003.

문안식, 『한국고대사와 말갈』, 도서출판 혜안, 2003.

朴龍雲, 『高麗時代史』 上 · 下, 一志社, 1998.

朴宗基, 『5백년 고려사』, 푸른역사, 1997.

북한사회과학연구소, 『李朝實錄』 385권 전집, 한국 여강출판사 재간행.

司馬遷, 『史記本紀』, 까치사.

徐吉洙, 『고구려 유적 답사』, 사계절 출판사, 1998.

신용하, 『한국 원민족의 형성과 역사적 전통』, 나남, 2005.

안드레 사하로프, 고직만·김희매 옮김, 『안드레 사하로프 회고록』 상·중·하, 도서출판 하늘과 땅, 1992.

웨인 패터슨, 정대화 역, 『아메리카로 가는 길』, 들녘, 2002.

柳成龍, 구지현 역주, 『懲毖錄』, 임진왜란직후, 2008.

柳燃山, 『혈연의 강들』, 연변인민출판사, 1999.

柳元秀 역주, 『몽골비사(元朝秘史)』, 사계절, 2006.

이노우에 야스시[井上靖], 金振元 역, 『풍도(風濤)』.

李林, 『滿族 宗譜硏究』, 遼寧 民族 出版社, 2006.

李舜臣, 『亂中日記』.

이씨조선·奧膽蹼趾 등, 『高麗史』 1~5, 북한 고전 과학연구원 신서원 편집발행, 2002.

이유섭, 『역동적 고려사』, 필맥, 2004.

李埰衍, 「임진왜란 포로 실기 연구」, 박이정, 1995.

李擢英, 李虎應 역주, 『征蠻錄』, 임진왜란 직후(1593), 202년 의성군 재발행.

일본 九州 安養寺 주지 케이넨[慶念], 나이토오 슌보 校注, 辛容泰 譯註, 『임진왜란 종군기(원 제목은 朝鮮日日記)』.

정경원, 『멕시코 쿠바 韓人移民史』, 한국외국어대학교출판부, 2005.

정상진, 『아무르만에서 부르는 백조의 노래』, 지식산업사, 2005.

崔茂藏, 『渤海의 起源과 文化』, 한국학술정보, 2002.

한국역사연구회 고대사분과, 『한국고대사 산책』, 역사비평사, 1994.

Edwward Gibbon, 송은주 역, 『로마제국의 쇠망사 The History of the Decline and Fall of the Roman Empire』 1~4권, 민음사, 2009.

Thomas Nelson, 『Slavery in Medival Japan』, Sophia University, 2004.

2. 논문

이헌종, 「신립에 대한 수정적 비판」, 1992.

장호식, 「신립 장군전설 연구」, 2006.

고구려 연구회, 서희(942-998) 서거 1000주년 추모학술회의, 1999.

3. 잡지

중앙아시아 문인협회, 《고려문화》 통권 1 · 2호, 황금두뇌, 2007.

4. 인터뷰

*이 책의 모든 인터뷰는 필자인 주돈식이 했음.

정상진, 모스크바 정씨 거소. 정씨는 1937년 하바롭스크에서 조선인의 강제이동
　　에 조선사범대학생으로 강제이주 되었음. 소련 군인으로 조선 해방전쟁에
　　참전했고, 해방이 된 후 북한에서 문화성 차관이 되었음. 남한의 월북 예
　　술인을 담당했음(2009년 4월).

고흥(高興), 중국 하얼빈 高씨 자택. 高씨는 고구려 長壽王 직손이라고 주장. 부인
　　고화(高華) 씨도 인터뷰에 참가(2009년 여름).

황마이, 알마타 자택. 독립운동가 황정연 씨 아들. 카자흐스탄 체육대학 부총장
　　(2009년 봄).

문창무(문 콘스탄틴), 알마타 자택. 알마타 대학 교수, 수학박사. 37년 아버지를
　　따라 알마타에 왔음(2009년 봄).

| 찾아보기 |

ㄱ

가토 기요마사[加藤淸正] • 239, 257
간도협약(間島協約) • 62
『간양록(看羊錄)』• 258, 260
갈마혈(渴馬穴) 전설 • 251
강감찬(姜邯贊) • 179, 185, 249
강겐리에타 • 141
강사준(姜士俊) • 260
강안전 • 188
강알렉산드로 • 141
강종(康宗) • 186, 187
강천추(姜天樞) • 260
강태수 • 140
강항(姜沆) • 259, 260
갤릭(Gaelic)호 • 153
거란(契丹) • 146, 164, 174
게다니[毛谷村六助] • 288
게이넨[慶念] • 259, 261, 263
견훤(甄萱) • 16, 64-75, 163-5, 224
경대승(慶大升) • 184
경순왕(敬順王) • 66-8, 163, 164, 224
경애왕(景哀王) • 64, 65
경종(景宗) • 168
계국대장공주(薊國大長公主) • 215
고가멜라전투 • 165

고경명(高敬命) • 267
고국천왕(故國川王) • 148
『고기(古記)』• 69
고니시 유기나가[小西行長] • 239
『고려사』• 163, 183, 189, 192, 197-9,
        202, 214, 216, 218, 220, 222-6
고복수 • 39
고조선(古朝鮮) • 11, 13, 17-20, 23, 25-
        37, 59, 62
고종 • 154
고트족 • 322-7
공민왕 • 40, 41, 62, 162, 169-71, 227,
        228, 230, 231, 233-5
공음전시법(功蔭田柴法) • 181
곽재우(郭再祐) • 267
관음보(觀音保) • 41, 43
광개토 대왕 • 52
광종(光宗) • 167
교정도감(敎定都監) • 186
구로타 나가마스[黑田長政] • 240
구텐베르크 • 188
권진 • 235
귀무덤[耳塚] • 260, 290
『규원사화』• 22

글안 • 161, 174-6, 179

금강(金剛) • 70

「금강산 처녀」 • 135

금속활자 • 188

기자조선(箕子朝鮮) • 11, 12, 20, 25, 62

김경희 • 142

김기철 • 143, 144

김동환 • 138

김란 • 231, 234

김로만 • 141

김방경(金方慶) • 207

김보당(金甫當) • 183

김사미(金沙彌) • 184

김성일(金誠一) • 288

김세일 • 137

김수(金晬) • 290

김순화(金淳華) • 320

김아나톨리 • 141

김여물(金汝岉) • 249

김우정(金禹鼎) • 260

김원명(金元命) • 230

김유(金庾) • 40

김응남(金應南) • 297, 302

김응함 • 277

김일성 • 114, 133, 171, 319

김종송 • 140

김준(金俊) • 189, 209

김천일(金千鎰) • 267, 296

김치양(金致陽) • 168

김해운 • 140

김형윤 • 143

김호걸 • 100

김홍경 • 170, 235

김화실(金花實) • 317

김효순(金孝順) • 318

「까마귀」 • 132

ㄴ

낙랑공주(樂浪公主) • 68

난생설화(卵生說話) • 19

「난쟁이가 쏘아올린 작은 공」 • 331

『난중일기(亂中日記)』 • 273, 275, 278

노국대장공주 • 170, 227-31

노숙(盧璹) • 229

노일전쟁(露日戰爭) • 98

논개(論介) • 288

능환(能奐) • 74, 75

니탕개(尼蕩介) • 246

ㄷ

다리우스 대왕 • 165, 166

단군(檀君) • 11, 19-26, 33

단군신화 • 17, 18, 20, 23, 25, 33, 59

단기(檀紀) • 26

단주(亶洲) • 36, 37

달루가치[達魯花赤] • 188, 194, 196, 228

당(唐) • 15, 46, 49, 146

당회요(唐會要)』 • 38

대륙식민합자회사 • 158

대복모(大福暮) • 163

대심리(大審理) • 163

대원균(大元鈞) • 163

「대위의 딸」 • 134

대화균(大和鈞) • 163

덕술(德述) • 74

도단(都旦) • 194, 196

도요토미 히데요시[豊臣秀吉] • 240, 259, 262, 265, 289

도쿠가와 이에야스(德川家康) • 259

독보파대(禿甫波大) • 199

돌궐(突厥) • 147

『동국여지승람(東國與地勝覽)』 • 58

동래설(東來設) • 13

동명왕(東明王) • 163, 224

「동변 빨찌산」 • 144

동천왕(東川王) • 149

「동트는 아침」 • 140

「동해의 기적」 • 140

둥지란(佟之蘭)=이지란 • 15

「뜨락또리쓰트의 노래」 • 140

ㄹ

레닌 • 79, 99

레르몬토프 • 140

《로려자의 고향》 • 139

루이 코웨리오(Luis Cerquerira) • 263, 265

ㅁ

마별초(馬別抄) • 186

마의태자(麻衣太子) • 68

마한(馬韓) • 35, 60

마호부 • 40

만적(萬積) • 185

만조장(萬趙莊) • 43

말갈(靺鞨) • 11, 15, 16, 32, 49, 51, 52, 60, 104, 146, 147

망소이(亡所伊) • 184

망이(亡伊) • 184

매장 문화재 • 31

맥(貊) • 17, 18, 23

명길(明吉) • 74

무신정권 • 180, 182, 186, 189-91

「무지개」 • 140

무천(舞天) • 17

문벌귀족(門閥貴族) • 181

문아단불화(文阿但不花) • 40

문예봉(文藝峰) • 114, 135

문종(文宗) • 168

민수생(閔壽生) • 229

민인해(閔仁解) • 199

민족자결주의 • 125

민주노조 • 331

ㅂ

박미하일 • 141

박보리스 • 141

박양유(朴良柔) • 175

박여즙(朴汝楫) • 260

박윤청 • 43

박진(朴晉) • 242, 245, 289

박팔양 • 138
박혁거세 • 19
반고 • 11
반동문학 • 132
반조선인운동 • 126
발기(發岐) • 148
발렌스 • 326, 327
방효태 • 46
배수진(背水陣) • 247
「백두산과 생의 노래」 • 141
변기(邊璣) • 249
변안열 • 42
별종설(別種說) • 16
병자호란 • 255
보장왕(寶藏王) • 48, 51, 53
복국장공주(濮國長公主) • 219
볼셰비키 혁명 • 79
봉산군(蓬山郡) • 174
부달(富達) • 74
「불속의 조선」 • 140
「붉은 별들이 보이던 때」 • 144
비류 • 56
비파형 동검 • 31, 37
「빨지산 처녀」 • 135

ㅅ

『사기(史記)』 • 11-3, 26, 29, 145
「사랑스러운 사람」 • 140
사마천(司馬遷) • 11, 13, 145
산상왕 • 149

『산해경(山海經)』 • 29
살례탑(撒禮塔) • 188
『삼국사기』 • 15, 57, 145, 146, 163
『삼국유사』 • 12, 13, 20, 25, 26, 58
『삼국지(三國志)』 • 18, 29, 30, 31, 35
삼별초(三別抄) • 186, 190, 191, 201
《삼천리》 • 138
「38도선 이남에서」 • 141
상사(相思)바위 전설 • 251
『상서대전(尙書大全)』 • 11
『상정예문(祥定禮文)』 • 188
「생명」 • 141
서경춘(西景春) • 260
서례원 • 288
서옥제(壻屋制) • 147
서희(徐熙) • 174-9, 185
석다시(石多時) • 43
석질리필사(石迭里必思) • 41, 43
《선봉》 • 77, 78, 138-42
설례탑(撒禮塔) • 193, 195, 201
성령 • 295
성세녕 • 257
성종(成宗) • 168, 174-6
성주덕 • 40
『세종실록지리지(世宗實錄地理誌)』 • 173, 174
「소나무」 • 141
소손영(蕭遜寧) • 174, 175, 177, 178
소진열전(蘇秦列傳) • 29
송군비(宋君斐) • 202
송응창(宋應昌) • 295

수(隋) • 15, 46, 49, 147

숙공휘령공주 • 222

숙신(肅愼) • 15, 104

숙창원비(淑昌院妃) • 213, 214

순수문학 • 132

술희(術希) • 74

스탈린 • 81, 97, 102, 109, 118

「승리와 사랑」 • 142

「승리자의 사랑」 • 140

『승정원장계(承政院狀啓)』 • 290

시마즈 요시히로[島津義弘] • 258

신검(神劍) • 69

신경진(申景禛) • 249

『신당서(新唐書)』 • 38

신돈(辛旽) • 229-32, 235

신립(申砬) • 245, 246, 249, 251, 252

신용하(慎鏞廈) • 16, 23

신의군 • 187

신점 • 302

심수경 • 301

「심청전」 • 138, 140, 142

「씨를 활활 뿌려라」 • 141

안막(安漠) • 130, 131

안세희 • 304, 305

안승희 • 131

안위 • 277

안중근 • 137

알렉산드르 대왕 • 165, 166

애술(哀述) • 74

야굴(也窟) • 198

양검(良劍) • 69

양맥족 • 37, 38

「양산백」 • 140

양서봉(梁瑞奉) • 317, 318, 320

언백 • 304

에네껜 • 157, 158

N. K. V. D. • 96, 101, 102

여속(余速) • 199

여진(女眞) • 14, 15, 32, 60, 104, 178

역옹패설(櫟翁稗說)』 • 173

연(燕) • 19, 26

연개소문(淵蓋蘇文) • 44-9

연용성 • 140, 142, 143

연우(延優) • 148

열두대(閱琴臺) 전설 • 251

염흥방 • 41, 43

영걸 대망론 • 63

영규(英規) • 73

영류왕(榮留王) • 46, 49

「영웅 김일성」 • 133

예맥(濊貊) • 16, 29

예족설(濊族設) • 16

오계남 • 40

「아리랑」 • 140

아리패가(阿里孛哥) • 200

아모간(阿母侃) • 196

『아방강역고(我邦疆域考)』 • 58

아카마쓰 히로미치[赤松廣通] • 259

안드레이 사하로프 • 120

오다 노부나가[織田信長] • 240

오백룡(吳白龍) • 113

오산군현 • 295

옥관자(玉貫子) 전설 • 251

온조(溫祚) • 56

왕건 • 67-9, 162-4, 167, 170, 178, 179, 224, 233

용검(龍劍) • 69

우끼다 히데이[宇喜多秀家] • 258

「우승기」 • 141

우씨 왕후(于氏王后) • 148, 149

우왕(禑王) • 63, 162, 235

운덕 • 280

원종(元宗) • 190, 204, 205, 210

위구대(慰仇臺) • 31

위만조선(衛滿朝鮮) • 11, 13, 14, 20, 25, 62

위왕(魏王) • 227

유경(柳璥) • 189

유경원 • 40

유렴(裕廉) • 164

유리왕 • 56

유성룡(柳成龍) • 247, 253, 268, 269, 271, 272, 294, 302

유연 • 41

유인열 • 40

유일룡 • 140

유카탄 • 157, 158

6 · 29 선언 • 332

윤관 • 14, 185, 226

윤두수(尹斗壽) • 296, 298

윤서안(尹庶顔) • 174

윤시우 • 39

을지문덕 • 137, 249

음서제(蔭敍制) • 181

읍루(挹婁) • 15, 29

이각(李珏) • 242, 245

이고(李高) • 183

이관 • 295

이광(李廣) • 202

이광수 • 114, 138

이기영 • 114

이대용 • 328

이동휘(李東輝) • 99

이산해(李山海) • 253

이상화 • 138

이서스(Issus)전투 • 165

이성계(李成桂) • 15, 25, 62, 63, 223, 228

이성중 • 268

이순신(李舜臣) • 137, 269, 272, 275-8, 280-6

이승만 • 172

이안사 • 228

이여송(李如松) • 268

이용장 • 40

이원익(李元翼) • 254

이은영 • 140

이의민(李義旼) • 183, 184, 187

이의방(李義方) • 183, 187

이일(李鎰) • 247

이자겸(李資謙) • 169, 185

이자연 • 169

이자춘(李子春) • 228

이장(李長) • 199

이정형 • 268

이정희 • 141

이제현(李齊賢) • 173, 174, 227

『이조실록』 • 225, 255, 256, 261, 266, 293

이종인 • 288

이종장(李宗長) • 249

이주(夷洲) • 36

이준 • 137

이준의 • 187

이춘부 • 234

이케다 하야토 • 286

이탁영(李擢英) • 290

이태준(李泰俊) • 132, 133

이토 히로부미 • 137

이하생 • 40

이헌국 • 303

이현장(里玄奬) • 49

이흥국 • 304

「인간 김일성」 • 133

인종(仁宗) • 169

일만의정서(日滿議定書) • 99

일연(一然) • 13, 20, 25, 58

임군보 • 234

「임꺽정」 • 133, 134

임밀(林密) • 41

임선규(林仙圭) • 135

임연(林衍) • 189, 190, 209

「임자없는 나룻배」 • 135

임진왜란 • 239, 249, 256, 264, 272, 276, 285, 290

ㅈ

자제위(子弟衛) • 234

「장군 김일성」 • 133

장수왕(長壽王) • 39, 45, 52-4

장웨이링 • 282, 285

장자온 • 40

장청년 • 39

「장평동의 횃불」 • 140

재향군인회(在鄕軍人會) • 311

『전국책(戰國策)』 • 26

전금택(田金澤) • 320

전동혁 • 140

전민변정도감(田民辨整都監) • 229, 233

전시습(全時習) • 260

전태일 • 331

『정만록(征蠻錄)』 • 243

정문부(鄭文孚) • 267

정상진 • 113, 114, 129, 136

정안국 • 60, 62

정약용 • 58

정여립(鄭汝立) • 247

정유재란 • 259, 261

정인홍(鄭仁弘) • 267

정중부(鄭仲夫) • 183

정창세(鄭昌世) • 260

정철(鄭澈) • 297, 298

정화공주(靖華公主) • 220

정희빈 • 303

제국대장공주 • 206, 211-3

조기천 • 141

조명희(趙明熙) • 139, 140

조선국왕 • 54

《조선지광(朝鮮之光)》 • 138

조영규(趙英圭) • 245

조위총(趙位寵) • 183, 184

조지 허버 존스(George Herber Jones) • 154

조헌(趙憲) • 267

족내혼 • 171

「종군기」 • 263

주원장 • 40, 41

죽동(竹同) • 184

준왕 • 35, 36, 37

『중세 일본에서의 노예문제(Slavery in Mediyeral Japan)』 • 264

중앙군 • 16

지천량 • 305

직산설 • 58

진(秦) • 19, 34

진개(秦開) • 34

진대덕(陣大德) • 46

진린(陳璘) • 269, 281

진성여왕 • 70

「짓밟힌 고려」 • 139

징기스칸 • 61, 193

『징비록』 • 271

ㅊ

차라대(車羅大) • 199, 200

채영 • 140

천손설화(天孫說話) • 19

초고독불화(肖古禿不花) • 41, 43

최경회(崔慶會) • 288

최남선 • 138

최량(崔亮) • 175

최서해 • 138

최수(崔守) • 198

최승희 • 114, 130, 131, 135

최영(崔瑩) • 41-3, 62, 63, 233, 234

최우(崔瑀) • 187, 188, 194

최유엄(崔有渰) • 215

최의(崔竩) • 189, 200

최진 • 133

최충헌(崔忠獻) • 184, 186, 187, 190

최항(崔沆) • 189

최황 • 302

최흥원(崔興源) • 254, 295, 296, 298, 299, 302

「춘향전」 • 138, 140

충렬왕(忠烈王) • 206, 207, 211-4, 216, 226

충선왕(忠宣王) • 213, 215-7, 226

충숙왕(忠肅王) • 169, 170, 217-22

충정왕(忠定王) • 225

충혜왕(忠惠王) • 169, 170, 220-4, 226

치외법권(治外法權) • 197

ㅋ

카스트 전쟁 • 156

쿠빌라이 • 200, 204, 205, 206, 207, 210, 211

ㅌ

탐라국 • 38, 43
탐라국(濟州道) • 34
태장춘 • 141, 144
토마스 넬슨(Thomas Nelson) • 264
통혼(通婚) • 181
퇴폐문학 • 132, 133

ㅍ

파달(巴達) • 72
8만 대장경 • 196, 197
평양성(平壤城) • 20
푸슈킨 • 134, 140

ㅎ

한(漢) • 19, 34, 59
한극함 • 257
『한단고기(桓檀古紀)』 • 22, 23
한미수호조약 • 154
한사군(漢四郡) • 11, 14
『한서(漢書)』 • 11
한설야(韓雪野) • 114, 132, 133
한아나톨리 • 140
한안 • 235
한안드레이 • 141
한언국(韓彦國) • 183
할지론(割地論) • 174, 178
합해 • 288

허묘(虛墓) • 293
허승(許升) • 184
현종(顯宗) • 168
형사취수제(兄死娶嫂制) • 147
호국불교(護國佛敎) • 267
호레이스 알렌(Horace Allen) • 154
혼인동맹(婚姻同盟) • 18
홀고손(忽古孫) • 43
「홍길동전」 • 138
홍다구(洪茶丘) • 195, 199, 207
「홍도야 우지마라」 • 135
홍륜 • 170, 235
홍명희(洪命熹) • 133
홍범도 • 141
「홍범도」 • 137, 143, 144
홍복원(洪福源) • 195, 199
홍사우 • 41
화상(畵像) 전설 • 250
환권(桓權) • 47
환옥(環玉) • 37
「황조가(黃鳥歌)」 • 55
황철(黃澈) • 135, 136
효봉(孝奉) • 74
효심(孝心) • 184
효종(孝宗) • 61, 63
후지와라 세이카[藤原惺窩] • 259
『후한서(後漢書)』 • 17, 29, 35, 36
『흉노전(匈奴傳)』 • 29
흔도 • 207
「흥부전」 • 138
희종(熙宗) • 187

저자 **주돈식**(朱燉植)

충남 천안시 입장면 출생.

서울대학교 사범대 국어과 졸업.

조선일보사 정치부장, 편집국장, 논설위원,

청와대 정무, 공보수석(대변인 겸임) 비서관(김영삼 정부),

문화체육부장관, 무임소장관,

미국하바드대학교 연구원,

미국 아메리칸 대학교 교환교수,

세종대학교 신방과 교수 및 대학원장 역임.

저서 『우리도 좋은 대통령을 갖고 싶다』,

『문민정부 1200일』,

『아기와 함께 디스코를』,

『조선인 60만 노예가 되다』.

처음 듣는 조선족의 역사

1판 1쇄 발행 2010년 8월 10일
2판 1쇄 발행 2011년 2월 10일

지은이 · 주돈식 | 펴낸이 · 한봉숙 | 펴낸곳 · 푸른사상사

등록 제2-2876호
주소 서울시 중구 을지로3가 296-10 장양B/D 7층
대표전화 02) 2268-8706(7) | 팩시밀리 02) 2268-8708
메일 prun21c@yahoo.co.kr / prun21c@hanmail.net
홈페이지 www.prun21c.com

@ 2011, 주돈식

ISBN 978-89-5640-761-6 03910

값 25,000원